Muchas iglesias y líderes de hoy quieren *la popularidad,* pero no entienden los principios que se necesitan. Porque he visto *eso* suceder en mi propio ministerio, sé que la popularidad se desvanecerá, pero los principios perdurarán y te digo que si aplicas los siete ingredientes fundamentales de Craig, llevará tu ministerio de lo bueno a lo grandioso. Este libro es una herramienta esencial para cada líder de la iglesia. Craig es real y auténtico y enseña desde una posición de experiencia que todos necesitamos.

—**Michael Todd**, autor de *best sellers* del *New York Times*;
pastor principal, Transformation Church

Algunas organizaciones tienen el factor *eso.* Otras no. Quizá te preguntes: «¿Lo tengo yo?». Si quieres la respuesta, puedes encontrarla aquí. Tu liderazgo nunca ha sido tan importante como ahora. Lee este libro para poder liderar como con el factor *eso.*

—**John C. Maxwell**, Maxwell Leadership

Vaya. Todo pastor, ministro, empleado de la iglesia y voluntario *tiene que* leer este increíble libro y dar una copia a sus colegas. Y luego deben hablar de él. Groeschel ha identificado algo que es esencial, transformador y extremadamente importante.

—**Patrick Lencioni**, consultor, autor de *best sellers* del *New York Times* y seguidor de Jesús

Con tanta discusión en torno al factor *eso*, ¿quién no *lo* quiere? El pastor Craig no solo ayuda a identificar lo *que* es, sino que nos enseña acertadamente cómo encontrarlo. Esto es más que un libro; es el mensaje del corazón de Craig. No solo me ha ayudado a identificar al líder que hay en mí, sino que sé que te ayudará a identificar al líder que hay en ti. ¡Vamos por *eso*!

—**Bianca Juárez Olthoff**, pastora de The Father's House OC; podcaster; autora del *best seller, How to Have Your Life Not Suck*

Cuando se trata de liderazgo, mi amigo Craig Groeschel *lo tiene*. Es uno de los mejores líderes que conozco en cualquier ámbito. La calidad de su trabajo y de su equipo son la prueba de que deberías leer y poner en práctica cada palabra de este libro. No lo dudes. Hazlo.

—**Dave Ramsey**, autor de *best sellers*

Mi amigo Craig Groeschel es el visionario y pionero de la mayor iglesia de Estados Unidos. En *Lo esencial de un buen líder*, es lo suficientemente generoso como para compartir las lecciones más importantes que ha aprendido en el camino. Este no es solo un libro perspicaz e interesante; es una guía que cambia el juego para liderar con propósito.

—**Steven Furtick**, pastor principal de Elevation Church; autor de *best sellers* del *New York Times, Crash the Chatterbox, Greater* y *(Un)Qualified*

En *Lo esencial de un buen líder*, Craig vierte de todo corazón y sin reservas la sabiduría, la perspicacia, el conocimiento y la comprensión que son vitales para desarrollar una iglesia próspera. Este libro es un regalo de uno de los más grandes líderes de la iglesia en la historia. Inspirará, equipará y capacitará a los líderes de la iglesia no solo para identificar *eso*, sino para aprender a sostenerlo y protegerlo.

—**Christine Caine**, fundadora de A21 y Propel Women

LO ESENCIAL DE UN BUEN LÍDER

Otros libros de Craig Groeschel

Anormal

Ego en el altar

El cristiano ateo

Esperanza en la oscuridad

La dirección divina

Pelea

Desde ahora en adelante, con Amy Groeschel

Desintoxicación espiritual

Gana la guerra en tu mente

CRAIG GROESCHEL

LO ESENCIAL DE UN BUEN LÍDER

Siete principios para una iglesia que perdura

 Vida

La misión de Editorial Vida es ser la compañía líder en satisfacer las necesidades de las personas con recursos cuyo contenido glorifique al Señor Jesucristo y promueva principios bíblicos.

LO ESENCIAL DE UN BUEN LÍDER
Edición en español publicada por
Editorial Vida – 2022
Nashville, Tennessee

© 2022 Craig Groeschel

Este título también está disponible en formato electrónico.

Publicado originalmente en EUA bajo el título:
Lead Like it Matters
Copyright © 2022 por Craig Groeschel
Publicado con permiso de Zondervan, Grand Rapids, Michigan 49530.

El autor está representado por Thomas J. Winters of Winters & King, Inc., Tulsa, Oklahoma.
Todos los derechos reservados

Prohibida su reproducción o distribución.

Traducción: *Adrián Aizpiri*
Adaptación del diseño al español: *Interpret the Spirit*

ISBN: 978-0-82977-173-2
e Book: 978-0-82977-172-5

Número de control de la Biblioteca del Congreso: 2022934067

CATEGORÍA: Religión / Iglesia Cristiana / Crecimiento

IMPRESO EN ESTADOS UNIDOS DE AMÉRICA
PRINTED IN THE UNITED STATES OF AMERICA

22 23 24 25 26 LSC 9 8 7 6 5 4 3 2 1

Dedicatoria

Este libro está dedicado a mi pastor, Nick Harris.

No sería pastor sin tu influencia. Te agradezco el impacto que has tenido en mí y en tantos otros. Eres un héroe y un padre espiritual para mí.

La Biblia dice que hay que dar honor a quien lo merece.

Ese eres tú.

Te honro.

Te quiero.

Te echo de menos.

Nos encontraremos de nuevo en el cielo.

Contenido

Prefacio

En 2008, Britney Spears regresó, Brangelina (Pitt y Jolie) dieron a luz gemelos, los mercados de valores de todo el mundo se desplomaron con los temores de una recesión mundial, y yo publiqué un libro, *It: How Church Leaders Can Get It and Keep It* [Eso: cómo los líderes de la iglesia pueden tenerlo y conservarlo] (Supongo que no recuerdas el lanzamiento de mi libro, pero no me ofendo).

En el momento de publicar el libro, nuestra iglesia, Life.Church, tenía doce años y yo estaba al final de la década de mis treinta años. Por la gracia de Dios, muchos pastores y líderes eclesiásticos de todo el mundo se sintieron atraídos por los conceptos de ese libro. Algunos dijeron que expresaba en palabras algo que sabían y sentían, pero que nunca pudieron explicar del todo. Algunos pastores dijeron que el libro les ayudó a seguir adelante y a no abandonar sus iglesias. Otros líderes ministeriales dijeron que el libro encendió un fuego en ellos y en sus iglesias que sigue ardiendo hasta el día de hoy.

De todos los libros que he escrito, este es probablemente mi favorito. ¿Por qué? Porque amo a la iglesia con todo mi corazón. No solo a nuestra iglesia, sino a *la iglesia*. La iglesia de Dios.

En la actualidad, Life.Church lleva más de un cuarto de siglo ejerciendo su ministerio. Nuestra iglesia desafió los pronósticos y continuó creciendo, expandiéndose y prosperando. Quiero compartir lo que hemos aprendido para que tú puedas construir una iglesia que perdure.

Mirando hacia atrás las ideas que expresé en 2008, en una época anterior del ministerio, me sorprende lo que creo que acerté. Todavía era un joven estudiante de liderazgo y crecimiento de la iglesia. Sin embargo, con la ayuda de algunos líderes de confianza, seleccionamos siete principios que seguían las iglesias que tenían *eso*. (Explicaré lo que es *eso* y lo que no es a lo largo del libro). Incluso si hoy comenzara este libro desde cero con más experiencia y conocimiento, seguiría eligiendo escribir sobre estos siete principios.

Aunque me asombra lo que creo que acerté, también me sorprende lo que no sabía y no dije. Ahora, a mediados de mi quinta década de vida, he descubierto que mi visión, mis puntos de vista y mi comprensión del liderazgo espiritual han madurado más de lo que esperaba. Sabía que tenía mucho que aprender en los próximos años. Pero no tenía ni idea de cuánto. Como dicen, uno no sabe lo que no sabe. Por eso estoy revisando y ampliando este libro. Me han dicho que era útil en 2008, pero el mundo es diferente ahora y tengo mucho más para compartir.

Piensa en lo que ha cambiado desde 2008. En 2008, el iPhone era una novedad y casi nadie tenía uno. Pensabas que tu teléfono plegable era genial. En 2008, Twitter, Instagram y Snapchat no existían. (Lo que hace que te preguntes: ¿Existía *yo*? Si no podía compartir opiniones o fotos, ¿cómo vivía?). En 2008, si querías ir a algún lugar, llamabas un taxi, porque Uber aún no había aparecido. Si ibas en automóvil y no sabías cómo llegar a tu destino, con suerte tenías un GPS, porque no había una aplicación para eso en tu teléfono. En 2008, los viernes por la noche eran para ir a Blockbuster (un videoclub para buscar una película; suena un poco prehistórico ahora). Por supuesto, si eras supermoderno, tenías una cuenta de Netflix, lo que significaba que pedías una película y Netflix te enviaba un DVD por correo a tu casa.

Muchas cosas son diferentes hoy de lo que eran en 2008, y para mí, el ritmo de cambio en el mundo se sentía estimulante. Así fue hasta principios de la primavera de 2020, cuando varios factores provocaron lo que parecía un cambio sísmico. Comenzó cuando llegó el covid-19. De la noche a la mañana, la gente enfermó, algunos murieron y, de repente, nos enfrentamos a la explosión de este misterioso virus y los cierres que siguieron. Todos nos quedamos atrapados en nuestras casas y desarrollamos nuevas formas de vida. En medio de una pandemia mundial, nos enfrentamos a un barril de pólvora con problemas de injusticia y tensiones raciales constantes, seguidos de división y polarización política.

Así que… mucho cambio.

Por otra parte, muchas cosas no han cambiado. En 2008, a la gente le encantaba los helados. Y todavía le encanta. En aquel entonces, a la gente le gustaba pertenecer, encajar, importar. Todavía sigue siendo así. La gente soñaba con casarse, tener una carrera, criar buenos hijos, marcar la diferencia. Hoy, la mayoría sigue aspirando esas cosas.

Hay muchas cosas diferentes.

En gran parte sigue siendo igual.

Lo mismo ocurre en las iglesias de todo el mundo. Algunas cosas son nuevas. La transmisión en línea se hizo algo real, especialmente después de que las iglesias no pudieran reunirse físicamente durante meses. Antes no era así. Las redes sociales forman parte de la estrategia de muchas iglesias. Eso habría parecido una tontería hace poco tiempo. Los estilos de culto han evolucionado en muchas iglesias. Los edificios a menudo tienen un aspecto y una sensación diferentes. La forma en que los pastores son formados (o no) ha cambiado en muchas partes del mundo. Lo que no ha cambiado es la misión de la iglesia. Todavía estamos llamados a ser las manos y los pies de Jesús. Jesús nos sigue encargando que vayamos por todo el mundo, prediquemos su reino, sirvamos a la gente y hagamos discípulos.

Por el otro lado de la pandemia del covid-19, los pastores y líderes de la iglesia se están haciendo preguntas diferentes. En lugar de querer saber cómo lanzar un servicio contemporáneo o cómo tener varios lugares de reunión, muchos se preguntan: *¿Cuál es el futuro de la iglesia? ¿Volveremos alguna vez a la normalidad? ¿Podemos crear una nueva y mejor normalidad?*

A la luz de todos los cambios dramáticos, sin dejar de reconocer lo que ha permanecido igual, me sentí obligado a actualizar este libro.

Voy a compartir con ustedes todo tipo de cosas nuevas que he aprendido, como:

- Lo que realmente significa estar centrado en las personas y en Jesús.
- Por qué debemos permitir las conversiones en proceso.
- Cómo deberíamos obsesionarnos con regalar llaves y camisetas.

Es vergonzoso, pero reconoceré dónde me equivoqué en el pasado. Un ejemplo evidente es el objetivo de la participación. Las iglesias necesitan involucrar a los creyentes en la vida y actividades más amplias de la iglesia para el crecimiento espiritual y el impacto en la comunidad. En el pasado, creía de todo corazón que teníamos que llevar a la gente a la iglesia para comprometerla durante la semana. Estaba equivocado. En lugar de ello, nuestro objetivo debería ser involucrarlos durante la semana *donde se encuentren*. Para tener alguna posibilidad de que vengan a adorar con nosotros los domingos, tenemos que encontrarnos con ellos donde estén de lunes a sábado.

Este es nuestro plan de juego:

En la primera parte, hablaremos de lo que es *eso* y de por qué tenemos que liderar como si fuera importante.

En la segunda parte, exploraremos los siete principios de liderazgo para una iglesia que perdura. Pero haré una inmersión más profunda en lo que ha cambiado y en cómo tenemos que pensar de manera diferente, y plantearé las preguntas que trabajaremos juntos para responder.

Luego, en la tercera parte, estoy emocionado de expandirme a nuevas áreas que no tenía idea de que fueran importantes años atrás. Presentaré y desentrañaré tres importantes ámbitos del liderazgo que todo líder de iglesia debe dominar para dirigir como *es* debido y maximizar el potencial que Dios le ha dado a su ministerio:

1. Por qué hay que priorizar la mentalidad por encima del modelo.
2. Cómo crear sistemas que *lo* empoderen.
3. Una forma equilibrada de liderar para que te mantengas centrado en *ello*.

Se ha dicho que «la iglesia es la esperanza del mundo». Algunos cristianos sinceros y bienintencionados se oponen, explicando que, técnicamente, Jesús es la esperanza del mundo. Aunque nunca discutiré la importancia del Hijo de Dios resucitado, creo firmemente en el poder de Jesús *a través de la iglesia*. Después de todo, la iglesia es el cuerpo de Cristo. Jesús se manifestó a través de la iglesia. La iglesia no es un lugar al que vamos. La iglesia es lo que somos. Y somos elegidos y llamados por Dios para ser luz en las tinieblas y dar esperanza a los desesperados. Más que nada, quiero ayudarte a liderar como es debido.

Si crees que Dios quiere usarte en su iglesia y como su iglesia, sigue leyendo. Mientras lo haces, lee en oración. Si es posible, no leas solo. Invita a amigos de tu grupo pequeño, del equipo de trabajo o de liderazgo de la iglesia para que te acompañen.

Si crees que Dios quiere usar tu iglesia para glorificarse a sí mismo y marcar la diferencia en este mundo, busquémoslo juntos. Mantén una mente abierta, persevera atento a su dirección y cree por fe que él escuchará el clamor de tu corazón y se moverá poderosamente a través de tu iglesia. Si estás preparado para que tu iglesia entienda qué es *eso* y por qué es importante, y que lo desate para marcar una diferencia eterna, entonces esta es mi oración para ti:

Padre Celestial, te doy gracias por cada líder espiritual que ama a tu novia, la iglesia. Te pido, Dios, que le des a cada pastor, a cada líder, a cada voluntario un amor renovado por el

Evangelio, una carga abrumadora por los que no conocen a Jesús y una pasión imparable por desatar el poder de la iglesia para transformar al mundo.

Edifica la fe de cada persona que está leyendo este libro, porque sé que quieres hacer en ellos y a través de ellos más de lo que jamás creyeron posible. Silencia la voz distractora y desalentadora del enemigo. Derriba las mentiras que inmovilizan a tu ejército espiritual. Quema la apatía espiritual con un fuego por la santidad, la verdad y las vidas transformadas.

Sustituye nuestra apatía por la pasión del cielo.

Transforma el miedo en una fe ardiente.

Renueva nuestro amor por los que no conocen a Jesús.

Capacita a tu iglesia para satisfacer las necesidades de los quebrantados.

Devuelve la vida a las iglesias muertas con tu poder de resurrección.

Cuando el mundo se oscurece, ayuda a que la luz de tu iglesia brille más.

Todo para que el mundo conozca a Jesús y te glorifique, Padre.

En el nombre de Jesús, amén.

Introducción

Algunos ministerios *lo* tienen. Otros no.

La mayoría de las iglesias *lo* desean. Pocas lo tienen.

La buena noticia es que cuando una iglesia *lo* tiene, todo el mundo lo sabe. Pero cuando una no lo tiene… bueno, todo el mundo lo sabe también.

Lo mismo ocurre con los pastores y líderes. Algunos *lo* tienen. Otros no. Es obvio cuando alguien lo tiene y cuando alguien no lo tiene.

Siempre es único. Siempre es poderoso. Siempre cambia la vida.

Ese es el lado bueno. También tiene otro lado. Atrae a los críticos. Es controvertido. Mucha gente lo malinterpreta. Es difícil de encontrar, pero es imposible de perder.

A estas alturas, probablemente te estés preguntando: *¿Qué es?* Mi respuesta es…

No lo sé.

De verdad, no lo sé.

Es difícil de definirlo porque no se puede ver. Pero a diferencia del monstruo del lago Ness, de Pie Grande o de una sirena montada en un unicornio, es real.

¿Y qué es?

No lo sé.

Esto es lo que sé: si alguna vez has participado en un ministerio que *lo* tenía, tenías esa sensación de formar parte de algo especial. Aunque probablemente no podías describirlo, lo sabías cuando lo

17

veías. Era una obra de Dios indescriptible que no se podía explicar ni contener.

Si nunca *lo* has visto de cerca, pregunta por ahí a ver si lo encuentras. Solo escucha lo que dice la gente a tu alrededor. Te aseguro que, si un ministerio o una iglesia cerca de ti lo tiene, la gente hablará de él. Cuando un ministerio lo tiene, hay electricidad en el aire, el suelo parece retumbar. Todo el mundo se da cuenta de ello. Lo verás en las redes sociales. La gente hablará de eso en la oficina. Tus amigos te dirán que se han enterado por sus amigos. «Tienes que visitar esta iglesia. Nunca he visto algo igual. Lo que está pasando allí es increíble. Créeme. Te dejará boquiabierto. Te aseguro que te encantará».

A causa de la expectación, la gente acude en masa a las iglesias que *lo* tienen. No solo se interesan por ellas, sino que muchos se unen a ellas. Y no solo se unen, sino que muchos se obsesionan con el ministerio y dedican todo su corazón y su vida a él. Parecen captar intuitivamente lo que es. No se cansan de ello.

Para una persona de afuera con un corazón crítico, estos conversos simplemente se convirtieron en fanáticos. Pero para los que *lo* experimentan, la vida es diferente. Se convierten en una parte apasionada de un movimiento. Cambian al verse envueltos en algo que solo Dios puede hacer.

Están tan emocionados que quieren que todo el mundo lo sepa.

Si todavía no estás seguro de lo que estoy hablando, este libro debería arrojar algo de luz al respecto. Quizá pienses: *Pero no lo entiendo. ¿No es que algunas personas nacen con eso mientras que otras nunca lo encuentran?* Sin duda, *eso* es siempre y solo un don de Dios. Pero creo que Dios lo pone a disposición de quien lo quiera. Creo que quiere dártelo a ti y a tu ministerio. Y creo que puedes aprender a liderar como si *eso* fuera esencial. Puede que te resulte difícil de imaginar, pero es cierto.

Para ser claro, compartiré lo que he aprendido en más de veintiséis años de dirigir nuestra iglesia, pero no voy a darles una fórmula de «enchufar y listo». Veremos siete factores que contribuyen a *eso* (o al menos no van en su contra):

1. Visión
2. Enfoque divino
3. Camaradería inconfundible
4. Mentes innovadoras
5. Disposición a fallar
6. Corazones enfocados hacia afuera
7. Mentalidad de reino

Aunque no puedo prometerte *eso*, puedo decirte que estos siete principios de liderazgo te llevarán a conseguirlo. Y puedo ayudarte a liderar como si *eso* fuera esencial. Después de estudiar los siete factores, descubriremos tres principios simples y combustibles que te ayudarán a liderar como si *eso* fuera esencial y que pueden encenderlo en tu corazón, vida e iglesia.

Es mi oración que el ministerio que amas *lo* encuentre.

Y nunca lo pierda.

PARTE 1

¿QUÉ ES *ESO*?

CAPÍTULO 1

Algunos *lo* tienen, otros no

*El servicio religioso perfecto sería aquel del que apenas
nos percatáramos, aquel en que toda nuestra atención
estuviera en Dios.*[1]

—**C. S. Lewis**

Fui un chico de fraternidad, bebedor de cerveza, perseguidor de chicas y que se iba al infierno. Luego fui un fanático de Jesús.

Me convertí en un seguidor de Cristo a mitad de la universidad. Estaba caminando por el campus cuando alguien me dio una Biblia de Gedeón gratis. Yo había ido a la iglesia, pero tenía poca o ninguna fe y nunca había profundizado en la Biblia. Decidí leerla y no se parecía a nada que hubiera leído antes. Conocí a Jesús a través de esa pequeña Biblia verde gratuita y decidí que pasaría el resto de mi vida siguiéndole.

Incluso siendo un nuevo creyente, sabía que tenía que encontrar una iglesia.

¿Cómo se encuentra una iglesia? No tenía ni idea. Suponía que las iglesias eran más o menos todas iguales, así que no me preocupaba demasiado. Ser salvo era importante, pero también lo era ahorrar dinero en gasolina, así que busqué la iglesia más cercana a mi campus universitario.

Rápidamente, ¡la encontré! Una iglesia preciosa y verdaderamente histórica. Lo tenía *todo*: vitrales, un campanario a un kilómetro de altura y, lo mejor de todo, una enorme campana. (No tenía ni idea de por qué una iglesia necesitaba una campana, pero aun así, me impresionó. Incluso al día de hoy sufro un poco de envidia por la campana).

Hice todo lo posible para causar una buena primera impresión en mi posible iglesia-hogar. No tenía traje, así que me puse mis pantalones caquis más bonitos, mi cinturón de cuero trenzado, unos mocasines brillantes y una camisa blanca arrugada (sin corbata), con el cabello perfectamente partido al medio y levantado a los lados. (Era la década de los años ochenta). Parecía que había salido directamente de una escena de la serie *Miami Vice*, excepto, por supuesto, que llevaba medias puestas. (Y no vivía en una casa flotante con un caimán llamado Elvis, aunque eso formaba parte de mi plan a diez años).

Recuerdo haber subido las escaleras delanteras de una de las iglesias históricas más hermosas de nuestra ciudad. La subida parecía interminable, en dirección a las enormes puertas de madera perfectamente talladas. (No te diré acerca de mi envidia por la puerta). El gorila de la puerta (ahora sé que las iglesias no llaman a ese tipo el gorila) parecía que acababa de comerse un tazón de rábanos picantes. Me miró con desaprobación. Tal vez fuera porque me había olvidado la corbata, no había planchado mi ropa y no llevaba una Biblia. En cualquier caso, no me sentí bienvenido.

Ya estaba nervioso y su saludo poco amistoso aumentó mi ansiedad. Mi siguiente saludo fue adentro, donde el portero número dos parecía mirarme de arriba abajo con desconfianza. Estaba paranoico y supuse que estaba evaluando si debía gastar uno de sus boletines en mí. Evidentemente, yo era digno de un boletín. Pero apenas.

Agarrando mi tesoro, entré reverentemente en el hermoso santuario, casi vacío. Como no quería llegar tarde la primera vez, había llegado varios minutos antes de la hora prevista para el inicio de la reunión. Supuse que estaba vacío porque el público llegaría precisamente a la hora.

Algunas personas saludaron, pero nadie me saludó a mí, ni a nadie que no conocieran.

Un par de feligreses ya estaban sentados, dispersos por aquí y por allá, solos. Me guie por ellos y busqué un asiento. Un minuto más tarde, una mujer de cabello blanco y de cara amargada me dijo que estaba en su asiento. (Me pregunté si una sección de un banco de madera podía llamarse siquiera asiento, si ella había reclamado ese «asiento» por primera vez en 1879 y por qué no podía sentarse en una de las cuatro filas vacías cercanas). En lugar de reclamar los derechos de los ocupantes ilegales, me levanté tímidamente y busqué un nuevo lugar para sentarme. No fue difícil. El lugar estaba casi vacío.

El público nunca apareció.

Finalmente, un hombre con una túnica religiosa se acercó majestuosamente al podio y con los brazos extendidos nos ofreció, con una voz muy pastoral: «Saludos en el nombre del Señor». Todos murmuraron algo que no pude entender y se pusieron de pie casi como una sola persona, y el órgano cobró vida. Cantamos tres himnos como si fuéramos robots sin vida.

Para cada himno, cantamos los versos uno, dos y cuatro. ¿Qué tenían en contra de la tercera estrofa? ¿Alguien había secuestrado todos los versos del tres? ¿Habían avisado a las autoridades competentes?

Después de las canciones, se acercó otro tipo en túnica, menos majestuoso, y zumbó algunos anuncios. Creo que se mencionó un círculo femenino de costura, pero no estoy seguro porque me perdí en su voz monótona. Por último, llegamos a la presentación del programa. El tipo con la túnica más bonita y elegante, supongo que era el pastor principal (¿reconociendo los otros dos pastores menores?), se levantó para dar un sermón que alimentaría nuestras almas hambrientas. Habló. Y habló y habló. Y, por desgracia, me quedé con hambre.

Cuando por fin terminó, todo el mundo se levantó y se marchó sin miramientos. Yo seguí obedientemente el flujo de tráfico hacia la puerta y me subí a mi automóvil. Mientras volvía a casa, me sentía desconcertado, luchando por entender por qué Dios, ese Dios que había transformado tan radicalmente mi vida con su gracia irresistible y su poder insondable, que había soplado en mí una nueva vida y una nueva pasión, me exigía que desperdiciara así mis mañanas de domingo.

Mirando hacia atrás, sé que estos eran miembros fieles de la iglesia que nunca tuvieron la intención de enviar un mensaje indiferente. Pero las buenas intenciones no siempre se traducen en una comunidad eclesiástica buena y saludable.

> Las buenas intenciones no siempre se traducen en una comunidad eclesiástica buena y saludable.

Me fui sin tener idea de lo que *es*, pero sabiendo que acababa de experimentar su ausencia. Y pensé que si esa hermosa y majestuosa iglesia no *lo* tenía, ¿qué esperanza tenía de encontrarlo en cualquier otra iglesia?

¿Puedes sentirlo en el aire esta noche?

Todavía recuerdo esa experiencia vívidamente. Nadie fue amable. Nadie sonrió. Nadie me dijo que se alegraba de mi visita. Nadie me invitó a volver. Nadie parecía entusiasmado por nada. Era como si la iglesia hubiera muerto hace años, pero nadie se hubiera dado cuenta.

Volví a mi campus universitario decepcionado y un poco confundido. Fui a la cafetería a almorzar. Mientras comía la triste versión de nuestra cafetería de lo que pretendía ser un perrito de maíz, me distrajo un bullicioso grupo de unos veinte estudiantes que entraron riendo, interrumpiéndose y hablando por encima de los otros, ¡y llevando Biblias!

Los observé con atención, tratando de no mirar. Oraban antes de comer, pero no se limitaban a solo «dar las gracias». *Oraban* de verdad. Con sinceridad. Durante un tiempo incómodamente largo.

Cuando empezaron a comer, su electricidad relacional se reanudó. Cuando no pude contener más mi curiosidad, me levanté y caminé en su dirección. Al acercarme, la cabeza de uno de ellos se giró hacia mí y una amplia sonrisa se dibujó en su rostro. Se levantó de golpe y se abalanzó hacia mí con la mano extendida. «¿Es cierto? ¿Es cierto? Hemos oído… ¿*Realmente* has encontrado a Cristo?».

Aunque no nos conocíamos, evidentemente él había oído hablar de mi nueva fe. Nos unimos al instante. Sus ojos se llenaron de lágrimas cuando me dijo que él y otros habían estado orando durante más de un año para que yo viniera a Cristo. Yo me quedé atónito. Sin palabras. Humilde. Sorprendido. E inundado de gratitud. *¿Alguien ha estado orando? ¿Por mí? ¿Cómo lo sabían? He estado sufriendo tanto. He estado tan lejos de Dios, tan desesperado. Buscando algo, cualquier cosa. ¿Cómo lo sabían?*

Me invitó a unirme a ellos y me presentó a todos los que estaban en la mesa. Estas personas eran diferentes. Apasionados, piadosos, sinceros, auténticos, transparentes, hambrientos de Cristo. Tenían algo diferente. Ellos tenían *eso*. Y era reconocible al instante. Era demasiado obvio para pasarlo por alto.

> Apasionados, piadosos, sinceros, auténticos, transparentes, hambrientos de Cristo. Tenían algo diferente. Ellos tenían *eso*.

Después de unos minutos, me invitaron a ir a la iglesia con ellos, esa misma noche. Al igual que yo, la mayoría de ellos acababa de llegar de la iglesia. ¿Cómo es posible que alguien *quiera* ir a la iglesia dos veces en un día? ¿Cómo es posible que alguien pueda soportar esa gente de mal genio y a un gorila irritable dos veces en un día?

Sin embargo, querían volver a ir. Más tarde descubrí que la razón era que su iglesia *lo* tenía. Y lo que tenían era contagioso.

Insistieron en que me vistiera de forma informal, así que cuando me reuní con ellos más tarde, llevaba mis pantalones cortos OP y mi camiseta azul favorita. (Por si no lo sabes, OP son las siglas de Ocean Pacific. OP era una marca de tercer nivel en la escala de lo genial. La marca de tercer nivel era apenas aceptable. Un nivel por debajo de Izod y dos niveles por debajo de los preciados Polos). Agarrado a mi reluciente Nuevo Testamento de los gedeones, verde y de bolsillo, me apiñé en el automóvil con otras personas mientras hacían sonar el equipo de música Pioneer con un grupo cristiano llamado Petra.

Al acercarnos a su iglesia, me sentí confundido. No tenía sentido. El edificio no parecía una iglesia. No era nada bonito. Sin escalones.

Sin campanario. Sin vitrales. Y absolutamente ninguna campana. Era solo una simple estructura de metal. En realidad, llamarla simple es generoso. Era fea. Totalmente fea.

Como el tráfico estaba media cuadra atascado, tuvimos que esperar mucho tiempo, pero a nadie pareció importarle ni darse cuenta. Ancianos, jóvenes, ricos, pobres y todo tipo de personas de cualquier origen étnico y económico se abrieron paso con entusiasmo hacia el interior. Cuando por fin estacionamos el auto y entramos, me rodearon personas sonrientes que me dieron una calurosa bienvenida. Un tipo incluso me dio un abrazo. Evidentemente, salió desaprobado de la escuela de porteros-gorila de iglesia, que los dos ancianos gruñones de esa mañana habían aprobado.

Por dentro, nada de ese edificio era especial. Incluso si hubiera habido algo digno de mención, lo habría pasado por alto a causa de toda la gente.

Estaban por todas partes.

También era *ruidoso*. Imagina un vestíbulo lleno de adolescentes esperando un concierto de Bieber. Eso es lo que parecía. Pero en lugar de drogas y alcohol, como se ve en la mayoría de las fiestas o conciertos, encontré sonrisas cálidas, risas contagiosas, abrazos cariñosos y Biblias por todas partes. La sala estaba encendida. Al jefe de bomberos probablemente le habría dado un ataque si lo hubiera visto. Pero todo el mundo estaba demasiado emocionado para darse cuenta y demasiado apasionado para preocuparse.

Y eso era solo el área del vestíbulo.

Prepárate para *eso*

Algo especial estaba a punto de suceder. Todos lo sabían. Más que anticiparlo, lo esperaban positivamente. Yo no tenía ni idea de lo que iba a pasar cuando acepté venir, pero ahora también lo esperaba. Incluso siendo un visitante novato, podía sentir que algo importante estaba a punto de ocurrir.

Todavía estábamos en el vestíbulo cuando la música empezó a entrar por una puerta doble. Como una manada de pirañas hambrientas, este enjambre de gente se precipitó. Nos subimos a la ola y entramos en... ¿Cómo llamarías a una sala tan grande como esa? ¿Un santuario? ¿Un auditorio? ¿Un salón de usos múltiples? ¿Un lugar ideal para un juego del quemado? Con su atmósfera contagiosamente emocionante, no importaba realmente cómo la llamaras.

La gente de allí amaba a Dios y estaba extasiada por tener la oportunidad de expresar sus corazones. Algunos lloraron. Algunos levantaron las manos. (*¿A qué viene eso?*, me pregunté). Algunos gritaron. Algunos bailaron. Algunos se arrodillaron en oración.

Cuando el predicador subió a hablar, tenía algo en él que era difícil de describir. Parecía seguro de sí mismo, pero era mucho más. De alguna manera, era confiado y humilde al mismo tiempo. Parecía estar radiante. Era como si acabara de hacer una llamada FaceTime con Dios y le hubiera dado un mensaje para compartir con nosotros. Sonrió con seguridad espiritual.

Cuando el predicador comenzó a hablar, la gente se inclinó, escuchando atentamente, como si cada palabra importara. Para mí, cada palabra era importante. Su mensaje me llegó al corazón como si me hablara directamente a mí. Sentí que era la única persona en la sala. Hasta hoy, más de treinta años después, recuerdo ciertos detalles de aquel mensaje. (Eso es decir mucho, porque a menudo olvido lo que prediqué la semana pasada). Su mensaje me impactó. La iglesia me impactó. La gente me impactó. Realmente, a través de todo, Dios me impactó.

Cuando conocí a Cristo, me convertí en una persona diferente. Perdonada. Transformada. Nueva. Ahora tenía *dos* momentos trascendentales: ser salvo y experimentar a Dios en esa iglesia. Fue otro punto de inflexión. Volví una y otra vez, varias veces a la semana. Comencé a servir, a invitar a otros e incluso a diezmar. Como resultado, experimenté a Dios de una manera nueva y más profunda. Mi deseo por él no era por lo que pudiera hacer por mí. Era por él y nada más. A partir de ese día, me convertí en una persona diferente. Dios ya no era solo alguien que hacía algo por mí. Me invadió la conciencia de que se trataba de mi amor por él. Se trataba de su voluntad. Su plan. Su deseo de llegar a otras personas, a través de mí.

Esta iglesia tenía *eso*.

Yo lo quería.

Lo necesitaba.

Y lo conseguí.

> Dios ya no era solo alguien que hacía algo por mí.

Factores para tenerlo

- No es necesario tener edificios bonitos, ambientes frescos y la tecnología adecuada para *tenerlo*.
- Una persona rendida plenamente a Cristo *lo* consigue.
- Una vez que una persona *lo* tiene, no puede guardárselo para sí misma.

Preguntas para el debate o la reflexión

1. ¿Has visitado alguna vez una iglesia que lo tenía todo y sin embargo no *lo* tenía? ¿Qué pasó? ¿Cómo te sentiste? ¿Qué puedes aprender de esas experiencias?

2. Piensa en las personas que conoces que *lo* tienen. Describe qué es lo que tienen de contagioso.

3. A veces, cuando otro ministerio *lo* tiene, una respuesta natural al no entenderlo es volverse crítico con él. ¿Qué ministerio conoces que *lo* tenga? ¿Qué crees que hacen para contribuir a ello? ¿Qué crees que podrías aprender de ellos?

4. Todo ministerio tiene puntos fuertes y débiles. ¿En qué se destaca tu ministerio? ¿Qué parte de tu ministerio es la que mejor ayuda a la gente a *conseguirlo*? ¿Qué parte de tu ministerio necesita ser desarrollado para ayudar mejor a la gente a *experimentarlo*?

CAPÍTULO 2

¿De dónde viene *eso?*

*El viento sopla por donde quiere, y lo oyes silbar, aunque
ignoras de dónde viene y a dónde va. Lo mismo pasa con
todo el que nace del Espíritu.*

—Jesús (Juan 3:8)

Durante años, *eso* me ha intrigado.

Mi aprecio por *eso* comenzó en aquel servicio del domingo por la noche, cuando tuve mi primer contacto. Después de esa noche en la presencia de Dios en la iglesia, quería más. Involucrarme en esa iglesia me hizo añicos de la mejor manera y redirigió la trayectoria de mi vida. Sabía que tenía que ser pastor. No era un cambio de carrera. Era un llamado. Me sentí llamado, obligado y elegido por Dios para entregarle mi vida sirviendo en su iglesia.

Poco después, en 1991, me convertí en pastor asociado de la Primera Iglesia Metodista Unida en el centro de Oklahoma City. Esta iglesia histórica y más tradicional había envejecido junto con la comunidad. Pero tras un cambio de liderazgo, el nuevo pastor, Nick Harris (que ahora está en el cielo), empezó a realizar lentamente algunos cambios. Al principio, mucha gente se resistió a sus ideas. Algunos miembros se marcharon rápidamente. Algunos nuevos se unieron.

El pastor Nick inició un estudio bíblico para los líderes empresariales del centro de la ciudad. Al principio, solo venían un puñado de personas a comer un sándwich gratis y recibir una buena lección bíblica. Sin embargo, con el tiempo, un par de líderes empresariales influyentes se entusiasmaron con Jesús e invitaron a sus empleados a este estudio bíblico. En poco tiempo, varias personas llegaron a la fe en Cristo y los rumores se extendieron por el centro de la ciudad. Algo estaba sucediendo durante el almuerzo en la vieja iglesia metodista al final de la calle.

Los nuevos creyentes se bautizaron. Invitaron a amigos y familiares al estudio bíblico. El estudio explotó y la gente se dirigió a las reuniones de adoración del fin de semana.

De repente, las reuniones dominicales, que habían sido predecibles y tranquilas, mostraron signos de vida espiritual. La asistencia creció. El impacto del ministerio se expandió. El número de miembros de la iglesia se disparó y muchas vidas fueron cambiadas.

No ocurrió de la noche a la mañana. Pero sucedió. La iglesia que no *lo* tenía, lo consiguió.

Nadie podía negarlo.

La iglesia que no *lo* tiene puede conseguirlo.

Durante mis cinco años allí, la iglesia duplicó su tamaño. Los líderes empresariales venían continuamente a la fe en Cristo. El nuevo ministerio para adultos solteros creció rápidamente hasta convertirse en el más grande del estado. Bautizamos a cientos de personas. Dios fue glorificado.

Incluso después de que mi pastor se retirara y otro pastor tomara el relevo, el impulso espiritual no decayó. La iglesia siguió disfrutando de *eso* durante casi una década.

Entonces, un día, empezó a desvanecerse. Nadie lo notó al principio. Según mi experiencia, la gente rara vez lo hace. Pero como un neumático con una fuga lenta y casi imperceptible, empezó a disminuir. Menos personas vinieron a Cristo. Las reuniones de oración apasionadas se volvieron menos apasionadas y luego menos prioritarias.

El poderoso ministerio de adultos solteros ahora pendía de un hilo. Algunas de las personas que estaban más entusiasmadas en años pasados se fueron a otras iglesias. En lugar de no faltar nunca a la iglesia, muchas personas faltaban a menudo y finalmente dejaron de venir del todo.

Lamentablemente, esta iglesia ya no *lo* tiene.

Después de haber visto a la iglesia ser bendecida con *eso,* muchas personas lamentan que esa misma iglesia esté ahora, años después, luchando sin tenerlo.

Se podría decir que «*eso* sucede».

Pero no siempre.

Cuando menos te lo esperas

En 1996, Pokémon fue presentado al mundo, el canal de noticias Fox News hizo su debut, Bill Clinton fue reelegido presidente de los Estados Unidos y mi esposa, Amy, y yo comenzamos Life.Church. (Supongo que no recuerdas el lanzamiento de Life.Church. De nuevo, no me ofendo).

En esos primeros años, no teníamos nada de lo que la mayoría de las iglesias tienen (y creen que son necesarias). No teníamos casi nada. Lo que teníamos era chatarra.

Nos reunimos en un garaje prestado, con capacidad para dos automóviles, que olía igual que un garaje. (Habrás notado que no hay ambientadores con el nombre Brisa mohosa para garaje en la tienda).

En el primer fin de semana de nuestra nueva iglesia, experimentamos una rara tormenta de nieve en Oklahoma. Todavía recuerdo a la gente con sus gorros y guantes de invierno, acurrucados durante toda la reunión para mantenerse calientes.

Como sabía la importancia de cuidar a los niños, reservamos las mejores instalaciones para los menores de cinco años. La iglesia infantil se reunía en un gran armario para almacenamiento. Así es. Solo lo mejor para nuestros niños.

Teníamos un micrófono temperamental y dos altavoces de karaoke prestados. Pedimos prestadas setenta y cinco sillas verdes con respaldo de fieltro del infierno. (Todas las sillas con respaldo de fieltro son del infierno y deben ser devueltas allí lo antes posible). El garaje estaba tan oscuro que compramos un foco en la ferretería por 19,99 dólares para iluminarlo. Esta innovación funcionó muy bien hasta que un día la luz explotó en medio de la reunión. La gente pensó que los terroristas estaban atacando y se puso a cubierto. (Como nota positiva, varias personas aceptaron a Cristo ese día por temor a que fuera el último).

Hoy en día, Life.Church es conocida por aprovechar la tecnología para alcanzar y ministrar a la gente siempre que sea posible. En los primeros tiempos, nos emocionábamos si algo que conectábamos no explotaba, incluido nuestro retroproyector usado de principios de los años setenta.

Para los que no sepan lo que es un retroproyector, se lo explicaré. Un retroproyector era la forma más moderna y vanguardista (en 1976; por desgracia, estábamos en 1996) de mostrar las letras de las canciones en una pantalla. O, en nuestro caso, en la puerta del garaje.

Para utilizar el retroproyector, al que se suele llamar simplemente «el proyector», había que escribir o teclear las palabras en una hoja de plástico transparente, colocar la hoja en la base del proyector y ¡listo! La magia del culto.

En las iglesias de hoy en día, a menudo hay personas que sirven en el ministerio de niños, como líderes de grupos pequeños, en el equipo del ministerio de estudiantes, o como ujieres. (En 1996, una de las funciones más importantes de los voluntarios de la iglesia era la de mover el proyector y las transparencias. Esta persona tenía que tener una sincronización impecable. Mientras la congregación cantaba, la persona que cambiaba las trasparencias tenía que anticipar el flujo del Espíritu y retirar la transparencia del proyector en el momento preciso. Sin perder un segundo, esta persona sustituía rápidamente esa transparencia por la siguiente, mostrando la letra del siguiente canto. (Para que fuera manejable, siempre nos saltábamos la tercera estrofa. Solo cantábamos las estrofas 1, 2 y 4. Hay que seguir la tradición). Si esto parece complicado, créeme, lo era.

Nuestra persona de las transparencias era Jerome. Jerome era un cristiano nuevo que había perdido un dedo por una herida de bala en un negocio de drogas que salió mal. (Sí, el asunto de las drogas fue antes de que se hiciera cristiano. Pero todavía era nuevo en su fe cristiana y estaba muy desaliñado. Estoy convencido de que, por cien dólares, Jerome podía desaparecer a cualquiera por mí). Cada vez que alguien nuevo asistía a nuestra iglesia, se quedaba hipnotizado por la luz que brillaba en la puerta del garaje, luego dejaba que su mirada siguiera la luz hasta su fuente, donde contemplaba la mano de Jerome y contaba en silencio sus dedos: uno, dos, tres, cuatro... ¿Cuatro?

Intensidad exquisita

¿Por qué te cuento todo esto? Bueno, es más barato que ir a una sesión de consejería. Pero también quiero que entiendas que no tuvimos nada de lo que la mayoría de la gente piensa que necesita tener una iglesia.

Dependiendo de tu experiencia en la iglesia, probablemente pienses que algunas cosas son necesarias para tener una buena experiencia de adoración en la iglesia. Sea lo que sea que pienses que necesitas tener, nosotros no lo teníamos.

No teníamos un buen edificio. No teníamos nuestras propias oficinas. No teníamos un número de teléfono (a no ser que cuente el de mi casa). No teníamos personal a sueldo. No teníamos un logotipo. No teníamos un sitio web. No servíamos Starbucks. No teníamos un órgano. No teníamos un coro con túnicas ni una banda de rock con chicos vestidos con vaqueros ajustados y mucho producto para el cabello. No teníamos velas para encender el ambiente ni un espectáculo de luz láser que atravesara el humo de las máquinas de niebla. No teníamos himnos ni series de sermones con títulos copiados de las series más populares de Netflix.

¿Qué teníamos? Teníamos unas pocas personas; se podían contar con las dos manos. (Bueno, Jerome no podía, pero tú sí). Esas pocas personas estaban entusiasmadas con Jesús. Teníamos suficientes Biblias para todos. Y teníamos *eso*.

En ese momento, no lo llamaba de esa manera.

Pero definitivamente estábamos llenos de *eso*.

Aunque no sabíamos qué era, sabíamos que venía de Dios. Y era especial.

> Aunque no sabíamos qué era, sabíamos que venía de Dios. Y era especial.

Sea lo que sea, todos lo sintieron. Se hablaba de *eso*. La gente nueva vino y lo experimentó. La iglesia creció. Y creció. Y creció. Las vidas cambiaron por docenas. Luego por cientos. Luego por miles.

Veinticinco años después, se nos conoce como la iglesia con mayor asistencia en la historia de Norteamérica. A día de hoy, nos reunimos en más de cuarenta lugares y en más de una docena de estados diferentes.

Pero, al cabo de una década de ministerio, me di cuenta de algo que me hizo reflexionar. Con el tiempo, me puso nervioso. Finalmente, me molestó profundamente y me mantuvo despierto por la noche.

En algunas de nuestras sedes de la iglesia, *lo* estábamos perdiendo.

Aunque nunca supe qué *lo* causaba, siempre había esperado que nunca lo perdiéramos. Sin embargo, lo hicimos.

Aunque es indudable que muchas de nuestras iglesias todavía *lo* tenían, en otros lugares teníamos que admitir que parecía haber desaparecido. Ese inconfundible zumbido espiritual, tan evidente antes, era más difícil de escuchar. La inconfundible pasión espiritual de tantas personas empezó a decaer. Los testimonios de vidas transformadas que antes formaban parte de todas las conversaciones eran cada vez menos frecuentes.

En lugar de preocuparse apasionadamente por las personas que no conocían a Cristo, algunos miembros empezaron a quejarse de que la iglesia no era todo lo que ellos querían. En lugar de que la gente viniera temprano y se quedara hasta tarde, llegaban tarde y a menudo se iban temprano. En lugar de rogar a sus amigos que se unieran a ellos para ir a la iglesia, con frecuencia se evitaban a sí mismos. En lugar de sacrificarse por la causa de Cristo, la gente parecía consumir, no contribuir.

Empecé a perder el sueño. Noche tras noche me quedaba en la cama, mirando al techo, preguntando...

¿A dónde fue a parar *eso*?

¿Por qué lo perdimos?

¿Lo hemos matado?

¿Será que Dios lo ha quitado?

Experiencias con *eso* al azar

En el pasado, pensaba que si una iglesia no *lo* tenía, era, al menos hasta cierto punto, culpa de los líderes. Quizás los ancianos no estaban enfocados, apasionados, orando o ayunando, o tal vez estaban pecando en secreto. Si no fue el liderazgo de la iglesia, debe haber sido culpa del pastor principal. Seguramente el pastor principal no había lanzado una visión convincente centrada en Cristo, o no había predicado lo suficiente o no estaba inspirando a la gente a ser como Cristo. O tal vez era problema del equipo de trabajo. Tal vez el equipo de trabajo se había cansado, aburrido o se hizo perezoso.

Seguramente alguien tuvo la culpa.

Eso era fácil de creer hasta que tuvimos un problema.

Para nosotros, diagnosticar el problema fue complicado. ¿Por qué? Todos los campus de nuestra iglesia eran casi idénticos, pero los resultados eran muy diferentes.

Todos nuestros edificios están diseñados para tener un aspecto similar. Si te vendáramos los ojos y te llevamos a cualquiera de las sedes de Life.Church, y luego te quitáramos la venda, no tendrías idea en qué ciudad te encontrarías. Podrías estar en Albany, Fort Worth, Kansas City o Colorado Springs y no lo sabrías a menos que salieras del edificio.

Nos esforzamos por cultivar exactamente los mismos valores, la misma cultura y el mismo liderazgo en todos los campus de la iglesia. Contratamos a todos los miembros del personal mediante exactamente el mismo proceso estratégico. Los equipos de cada campus se forman juntos, de forma centralizada, siempre de la misma manera.

Cada fin de semana, los asistentes en cada sede de la iglesia escuchan el mismo mensaje. Los pastores de alabanza son únicos, pero cantan las mismas canciones con un estilo consistente.

El plan de estudios de los niños nunca varía de un campus de la iglesia a otro. Todos los niños de cada campus tienen las mismas experiencias en diferentes entornos.

Por supuesto, algunos de nuestros pastores son líderes más experimentados que otros. Y comprendimos que el ministerio en diferentes ciudades y estados produce resultados algo diferentes. Sin embargo, la diferencia de resultados era demasiado dramática como para pasarla por alto. Algunos de nuestros campus de Life.Church *lo* tenían. Otros no. Fue entonces cuando empezamos a llamarlo oficialmente *eso*.

No podíamos ignorar que algunos campus de la iglesia tenían un gran número de personas que venían a la fe en Jesús, mientras que otros luchaban por llevar a alguien a Cristo. Los campus con muchas personas que venían a Cristo siempre parecían tener más que suficientes voluntarios comprometidos. Los otros a menudo luchaban por llenar una cuota mínima.

En los campus de la iglesia que *lo* tenían, la gente parecía crecer naturalmente en su generosidad hacia la iglesia y fuera de ella. Los campus que no *lo* tenían estaban estancados financieramente.

Un campus de la iglesia triplicó su tamaño en un año, mientras que el crecimiento de los demás fue plano. Dos crecieron a más de dos mil personas en un año. Ese mismo año, una se redujo.

¿Adivina cuál se ha reducido? La respuesta podría sorprenderte. Si no estás familiarizado con las iglesias multisitio, las hay de todas las formas, modelos, estilos y tamaños. En nuestra iglesia, tenemos un lugar de transmisión. Cada semana, un pastor predica desde el lugar de transmisión, que envía el mensaje en directo por satélite a todos los demás. Naturalmente, la gente supondría que el que tiene el predicador en persona estaría siempre lleno y en crecimiento. En 2008, la única sede de Life.Church que se redujo fue aquella en la que yo enseñaba en persona. Así es. Todas las sedes de la iglesia que vieron el mensaje en video crecieron ese año. La sede donde yo estaba no lo hizo. (Si no te gusta la enseñanza en vídeo, pon eso en tu pipa y fúmatelo).

¿Por qué algunos lugares de la iglesia *lo* tenían? ¿Por qué otros no? Sobre todo, ¿por qué la iglesia en la que yo predicaba lo perdió? ¿Qué pasó con la pasión, la intensidad, el bullicio y el impulso espiritual que habíamos disfrutado durante casi una década?

Al profundizar en este problema, me di cuenta de que no solo las sedes de la iglesia tenían distintos grados de *eso*, sino también los equipos individuales. Para apoyar a nuestros campus en todo el país, tenemos una organización central dividida en docenas de equipos con varios cientos de empleados en total. Nos dimos cuenta de que algunos equipos tenían ese algo especial, esa energía, ese empuje, esa vitalidad, mientras que otros no lo tenían. Lo mismo ocurría en una iglesia. El ministerio estudiantil podía *tenerlo*, pero el equipo de misiones no.

Mientras tratábamos de entenderlo, empezamos a pensar en otras iglesias del país. Me di cuenta de que podía nombrar una docena de iglesias que solían *tenerlo*, pero ya no. En un tiempo, llegaban a montones de personas y crecían con innovaciones ministeriales de vanguardia. La gente viajaba a través de la ciudad o incluso a través del país para ver lo que Dios estaba haciendo allí. Los líderes de las iglesias estudiaban estos ministerios y a menudo intentaban copiarlos. Pero en algún momento del viaje, parecían congelarse en el tiempo, para luego descongelarse lentamente y fundirse.

Una vez *lo* tuvieron. Lo perdieron.

¿Podría pasarnos eso a nosotros?

Observé algunas otras iglesias cuyo crecimiento había sido plano durante años. Pero un día, algo cambió. Tal vez tuvieron un nuevo líder. O su líder encontró un segundo aliento. Tal vez Dios le dio a un miembro del equipo una idea que funcionó. No sé, podría ser que redecoraron el edificio de la iglesia con el color favorito de Dios. (Si es así, quiero saber: ¡¿Cuál es el color favorito de Dios?!). Sean cuales sean las razones, se me ocurren muchas iglesias que no tuvieron *eso* durante años, pero que luego lo consiguieron. Una resucitación repentina y dramática.

Me di cuenta de dos principios o factores importantes:

Factores para tenerlo

- La buena noticia: si no *lo* tienes, puedes conseguirlo.
- La mala noticia: si *lo* tienes, puedes perderlo.

Preguntas para el debate o la reflexión

1. Si una iglesia carece de lo que la mayoría cree que se necesita para tener una iglesia, y sin embargo *lo* tiene, ¿significa esto que los edificios, los ambientes, los logotipos, los sitios web, etc., no son importantes? ¿Por qué o por qué no?

2. ¿Puedes pensar en un ejemplo de una iglesia que *lo* tuvo y luego lo perdió? Describe lo que sucedió. ¿Por qué crees que ese ministerio lo perdió?

3. Si alguna vez has formado parte de un ministerio que *lo* tenía, lo sabías. Describe cómo se sentía. ¿Cuáles fueron algunas de las cualidades que experimentaste y apreciaste?

4. ¿Qué parte de tu ministerio *lo* tiene? (Tu coro, el ministerio de estudiantes o el ministerio de hospitalidad podrían tenerlo). ¿Qué factores crees que contribuyen a ello?

CAPÍTULO 3

Poniendo *eso* en foco

El liderazgo es como la belleza. Es difícil de definir,
pero lo reconoces cuando lo ves.

—**Warren Bennis**

No era solo la salsa.

Amy era tan piadosa, tan divertida, tan inteligente, tan… hermosa que estoy seguro de que me habría enamorado de ella y me habría casado con ella de todos modos, pero hombre, la salsa seguro que ayudó a sellar el trato.

Como nuevo cristiano en la universidad, empecé a escuchar comentarios «eres raro» y «eres un loco de Jesús». Un día alguien dijo: «Deberías conocer a Amy, ella es rara como tú». Nos conocimos y no solo era una «rara de Jesús», sino que era increíble. Lo único que puedo comparar con ella es la salsa.

Fue una de nuestras primeras citas. Amy me invitó a cenar. Llegué y descubrí que había hecho espaguetis con salsa marinera. Vale, suena bien. Me gustaban los espaguetis. Nos sentamos y probé la salsa.

Mis papilas gustativas estallaron.

Había comido salsa de espaguetis antes, probablemente cien veces, pero esta era diferente. ¿Qué la hacía diferente? No lo sé. No podría describirlo adecuadamente, pero sabía que nunca había probado algo igual. Quería más. Y sabía que no iba a soltar a nadie que pudiera hacer algo que estuviera tan rico como eso. ¡Amy era para toda la vida!

No puedo decirte exactamente qué es *eso*. Parte que lo hace ser *eso* es que desafía la categorización. No se reduce a un eslogan memorable. Es demasiado especial para eso.

Por eso tenemos que aceptar el hecho de que es Dios quien hace *eso* posible. Es de él. Es por él. Es para su gloria. No podemos crearlo. No podemos reproducirlo. No podemos fabricarlo.

> Tenemos que aceptar el hecho de que es Dios quien hace *eso* posible.

No es un modelo. No es un estilo. No es el resultado de un programa. No se puede comprar ni armar. No se puede copiar.

No todos *lo* entenderán. No se puede aprender en un aula. Sin embargo, aunque no se pueda enseñar, se puede captar.

Buenas noticias sobre *eso*

Hay una buena noticia sobre *eso*: se puede encontrar en todo tipo de iglesias. Está en las iglesias tradicionales, en las iglesias contemporáneas, en las iglesias carismáticas, en las megaiglesias, en las iglesias emergentes y en las iglesias sumergidas. (Vale, me he inventado esta última categoría). Se puede encontrar en las comunidades rurales, en los suburbios, en las grandes ciudades y en las iglesias clandestinas de países en los que es ilegal reunirse para el culto. Está en las iglesias no confesionales, en las Iglesias de la Asamblea de Dios, en las Iglesias del Pacto Evangélico, en las iglesias bautistas, en las iglesias luteranas, en las iglesias metodistas y en las iglesias episcopales.

Aunque puedes *encontrarlo* en todos esos lugares, también puedes ir a miles de este mismo tipo de iglesias que no lo tienen.

Pero cuando Dios te lo da, es inconfundible.

Basándome en mi experiencia como pastor y estudiante de liderazgo, he aquí algunas observaciones que puedo ofrecerte al respecto.

Cuando eso funciona

Cuando un ministerio *lo* tiene, la mayoría de las cosas que los líderes intentan parecen funcionar.

Si la iglesia envía un correo de invitación, la gente viene y se queda. Si publican clips de sermones en su cuenta de Instagram, mucha gente participa. Si escriben canciones de adoración, la gente no puede esperar a descargarlas y correr a la iglesia para cantarlas. Si hacen una lluvia de ideas para emprender un proyecto misionero local, la gente hace fila para involucrarse y la comunidad cambia para mejor. Si una pandemia mundial cierra las puertas de la iglesia, estos apasionados seguidores de Cristo trasladan su ministerio exclusivamente a Internet y siguen marcando la diferencia.

Cuando un ministerio *lo* tiene, el personal sabe que forma parte de algo mucho más grande que ellos mismos. Son actores importantes que participan en una misión divina, una fuerza imparable, que fluye con una pasión contagiosa. Llegan temprano a casi todo. A menudo se quedan hasta tarde. Rara vez se pelean. Cuando no están de acuerdo, crecen a través de sus diferencias, normalmente con rapidez.

Cuando una iglesia *lo* tiene, la creatividad fluye. A todos se les ocurren ideas y esas ideas parecen cambiar vidas.

Por otro lado, cuando un ministerio no *lo* tiene, la mayoría de lo que intenta no funciona. Cuando envían un correo de invitación, pocas personas van a la iglesia y aún menos regresan. Cuando inician un nuevo servicio de culto contemporáneo, este se mantiene durante seis meses más o menos, y luego desaparece. Cuando lanzan una campaña en las redes sociales, esta fracasa. Si escriben música de adoración, las canciones no tienen éxito. Si intentan un proyecto de misiones locales, tienen que cancelarlo por falta de interés. Y cuando llega una pandemia mundial, el ministerio se detiene y la gente parece dispersarse.

Un ministerio que no *lo* tiene simplemente sigue la fórmula que utilizó el año anterior y el anterior. La gente se aburre, no se inspira y es complaciente.

Cuando una iglesia no *lo* tiene, el equipo está simplemente haciendo un trabajo, cobrando un sueldo, pasando el tiempo. Son territoriales. Celosos. Insatisfechos. Descontentos. Incluso amargados.

Saberlo

Me he dado cuenta de que cuando una iglesia no *lo* tiene, pocas personas parecen darse cuenta. No se dan cuenta de que no aparece nadie nuevo. Ciertamente, no es un motivo de alarma. En su mayoría, simplemente están comprometidas y cómodas con el statu quo.

Cuando una iglesia *lo* tiene, todos lo saben. Pueden sentirlo, aunque tendrían problemas para describirlo. Todo el mundo lo reconoce, pero nadie sabe exactamente qué es.

> Cuando una iglesia *lo* tiene, todo el mundo lo sabe.

Se parece mucho a la iglesia del primer siglo que se lee en el libro de los Hechos. No cabe duda de que tenían *eso*. Piensa en las asombrosas obras de Dios registradas en las Escrituras. Ningún ser humano podría haber creado todo *eso*.

Pedro, que había sido un fracaso torpe y crónicamente inconsistente, predicó, y tres mil personas fueron salvadas, bautizadas y llenas del Espíritu de Dios (Hechos 2:41). Cuando la iglesia fue perseguida y los creyentes fueron torturados y a menudo asesinados, la iglesia, en lugar de encogerse, ¡creció! Si una persona tenía una necesidad, alguien vendía sus posesiones para satisfacerla. Si un cristiano era arrestado por predicar sobre Jesús, simplemente adoraba a Dios en la prisión o llevaba al carcelero a Cristo. Ocasionalmente, Dios incluso lo sacaba de la cárcel. Una vez, el sermón de Pablo se alargó y un chico somnoliento se quedó dormido, cayó desde la ventana de un segundo piso y fue declarado muerto. Pablo lo resucitó. Eso sí que es genial.

La primera iglesia *lo* tenía. Ellos no lo crearon. Dios lo hizo. Pero trabajaron con ello. Y se aseguraron de no interponerse en su camino.

Me encanta cómo se describe en Hechos 2:43: «Todos estaban asombrados por los muchos prodigios y señales que realizaban los apóstoles».

Conseguirlo

Llegados a este punto, es posible que pienses: *No lo tenemos, pero lo queremos. ¿Cómo lo conseguimos?*

Puede que temas que no sea posible. Ya en 1992, En Vogue cantaba: «No, nunca lo vas a conseguir. Nunca lo vas a conseguir». Estaban hablando de otra cosa, pero puede que sientas que te están cantando a ti. Te das cuenta de que tu ministerio no *lo* tiene y lo quieres, pero no estás seguro de que sea posible, y si lo es, *¿cómo* lo consigues?

Lo que he descubierto es que los líderes de las iglesias que no *lo* tienen a menudo tratan de fabricarlo. El problema es que no se puede fabricar.

Puedes liderar como si *eso* fuera esencial, pero no puedes crearlo.

Puedes liderar como si *eso* fuera esencial, pero no puedes crearlo. ¿Cómo pueden los líderes tratar de hacerlo? Alguien podría visitar una iglesia en crecimiento y observar los signos externos de éxito: videos, edificios, cuartos de niños elegantes, cierto estilo de música, etc. Estos invitados bien intencionados piensan erróneamente: *Por eso lo tienen. Si tuviéramos todo esto, nosotros también lo tendríamos.*

No podrían estar más equivocados.

La iglesia del primer siglo en Jerusalén claramente *lo* tenía. Sin embargo, no tenían ninguno de estos accesorios de lujo. No había catedrales históricas. Nada de vídeos producidos profesionalmente para la última serie de sermones de cuatro partes. Ni muros de escalada en el ala de los jóvenes ni pantallas LED gigantes en el auditorio.

Vayamos rápidamente al año 1996. Nuestra iglesia en un garaje *lo* tenía. Sin embargo, si hubieras venido, lo único que te habría impresionado es la persona con solo cuatro dedos manejando con destreza las transparencias. Quizás te hubieras ido pensando, *si pudiéramos tener nuestro propio voluntario técnico con cuatro dedos, tal vez...* No. Al igual que en el caso de la iglesia de Jerusalén, no habrías visto ningún factor físico externo que produjera el éxito.

Por lo tanto, no se trata de vitrales, querubines tallados a mano, tapices de seda hechos a medida, himnarios con incrustaciones de oro, órganos de mil tubos, pisos de mármol, campanarios kilométricos, techos pintados a mano, bancos de caoba, campanas gigantes de hierro fundido y trajes de tres piezas de mil dólares. No se le pega más a un pastor joven y a la moda con tatuajes y zapatillas costosas que a un señor mayor y señorial con una bata. Tampoco son los focos y los láseres, la producción de vídeo, las antenas parabólicas, las máquinas de niebla, los telones de fondo brillosos, los folletos a cuatro colores, las vallas publicitarias creativas, la música contemporánea a todo volumen, los donas gratis, las cafeterías, las librerías de moda, el break dance o las acrobacias, las series de sermones basadas en películas, o una silla y una mesa retro modernas que hacen juego en el escenario. No es estar en la televisión, transmitir en YouTube, hablar en conferencias, tener tu propio podcast de liderazgo, o hacer Instagram Live con las celebridades de onda.

Puede que pienses: *Vamos. ¿No son las iglesias que lo tienen las de los oradores supercarismáticos o líderes espirituales turboalimentados? ¿No está en esas iglesias dirigidas por personas de múltiples talentos?*

Admitiré que tales líderes pueden atraer a una multitud. Pueden crear ministerios que parecen tener *eso*. Pero no te dejes engañar por las imitaciones (o falsificaciones de *eso*). Si el éxito de una iglesia se basa simplemente en un líder dotado que trata de fabricarlo, ese ministerio está construido sobre la arena y no durará. No puede ser sostenido por el talento humano.

Así que, de nuevo, ¿qué es *eso*? Y, lo que es más importante, cómo se consigue?

Para responder, ¿puedo llevarte a la salsa marinera de mi esposa? Nunca había probado nada tan bueno. Pregúntame por qué. Pregúntame qué la hacía tan deliciosa. No lo sé. Yo no, pero mi esposa sí. Ella te dirá que no es una sola cosa; es la combinación correcta de algunos ingredientes esenciales. Ella hace la salsa a partir de una receta que se ha transmitido de generación en generación entre sus antepasados de Europa del Este. Como es de esperar, la receta lleva tomates, ajo y orégano. Te sorprenderá saber que la receta incluye pimientos y zanahorias. Y, estás preparado para esto, ¡esta salsa tiene tocino! Pensaste que estaba exagerando cuando dije que era la mejor salsa de todas. No. ¡Tiene tocino!

Así que olvídate de la salsa de espaguetis. (Aunque es difícil de olvidar). Hablemos de *eso*: ¿Qué es y cómo se consigue? Yo no lo sé. Pero Dios sí lo sabe. Y creo que él te diría que no es una sola cosa. Es la combinación correcta de algunos ingredientes esenciales. Puedes desarrollarla a partir de la receta que él ha transmitido de generación en generación desde aquellos primeros cristianos de los que leemos en el libro de los Hechos.

Al estudiar los campus de nuestras iglesias que *lo* tenían, nos dimos cuenta de que tenían sistemáticamente siete ingredientes clave. Los campus que no *lo* tenían carecían de varios de estos ingredientes. Al observar las iglesias y los ministerios de todo el mundo, los que tienen estos factores tienen *eso*. Las que no los tienen, no lo tienen.

Eso es lo que Dios hace a través de una rara combinación de estas cualidades que se encuentran en su pueblo y en su iglesia:

1. Visión
2. Enfoque divino
3. Camaradería inconfundible
4. Mentes innovadoras
5. Disposición a fallar
6. Corazones enfocados hacia afuera
7. Mentalidad de reino

Buenas noticias: puedes desarrollar estas cualidades. Malas noticias: los atajos espirituales rara vez funcionan. Por eso sería tonto que escribiera un libro garantizando «Tres pasos para conseguir *eso*».

Pero lo que sí puedo hacer es darte claridad sobre estas cualidades. Eso es lo que vamos a hacer en la segunda parte de este libro. Examinaremos cuidadosamente y en oración los ingredientes de esta receta para tener claridad sobre cuáles son y poder pedirle a Dios que los haga crecer en nosotros y en nuestros ministerios.

Luego, en la tercera parte, aprenderemos a liderar como si *eso* fuera esencial. Veremos cómo *eso* no proviene de un modelo sino de una mentalidad, cómo crear sistemas que lo faciliten y cómo convertirse en un líder centrado que *lo* tiene.

Parte de nuestro viaje será divertido y alentador. Tendrás momentos de celebración mientras Dios afirma que has estado siguiendo su guía.

En otras ocasiones, es posible que te sientas desafiado, tal vez de forma dolorosa. Puede que incluso te enfades conmigo. No pasa nada. Todo eso forma parte del viaje hacia *eso*. Espero empujarte. Molestarle. Estirarte.

Si aún no ves *eso* en tu ministerio, quizás esté más cerca de lo que crees, burbujeando justo debajo de la superficie.

Tal vez sea el momento de hervir.

Factores para tenerlo

- No es un modelo, sistema o resultado de programas.
- No se puede comprar. No se puede copiar.
- No todo el mundo *lo* conseguirá.
- No se puede aprender. Aunque no se puede enseñar, se puede captar.
- Sucede cuando permitimos que Dios haga crecer ciertas características vitales en nosotros y en los ministerios que dirigimos.

Preguntas para el debate o la reflexión

1. Se puede encontrar *eso* en todo tipo de iglesias. ¿Estás de acuerdo o no? ¿Por qué?

2. Lo que no es *eso* puede ser bastante obvio. ¿Cuáles crees que son algunas formas de describir lo que no es *eso*?

3. En la siguiente sección del libro, hablaremos de las cualidades que contribuyen a *eso*. Antes de mirar hacia adelante, haz una lista de algunos factores que crees que contribuyen a eso.

4. ¿En qué te has centrado que pensabas que traería *eso*, pero que ahora reconoces que no lo hará? ¿Qué puedes hacer al respecto?

PARTE 2

¿QUÉ CONTRIBUYE A *ESO?*

Vivo en Oklahoma, donde el fútbol universitario es todo. Los Oklahoma Sooners a menudo ganan dentro de su división, y ocasionalmente compiten por el campeonato nacional. En 2019, Oklahoma llegó al Bowl Championship Series, de nuevo, y nos encontramos con la bola de demolición de los LSU Tigers. LSU le ganó a Oklahoma 63-28 en su camino hacia una temporada de campeonato invicto. Algunos los consideraron posiblemente el mejor equipo universitario de la historia (y luego apareció el equipo de Alabama de 2020).

¿Qué hace grande a un equipo de fútbol? Algunos dirán: «Un gran entrenador». Eso, sin duda, ayuda. Pero sin buenos jugadores, el entrenador no puede hacer mucho. Otra persona podría decir: «El equipo necesita un mariscal de campo estrella». Como decía, eso marca la diferencia. Pero sin una buena línea ofensiva, el mariscal de campo nunca tendrá tiempo para lanzar pases efectivos. Una tercera persona podría insistir: «La defensa gana partidos». Sí, una gran defensa es importante. Pero el equipo sigue necesitando puntos en el marcador para ganar.

Cada equipo campeón gana de forma diferente. Algunos ganan con un juego de carrera. Otros con pases. Algunos son gigantes defensivos. (Mientras que unos pocos tienen la suerte de estar en divisiones débiles). Pero independientemente de la estrategia, la mayoría de los equipos ganadores tienen algunas cosas en común.

- Tienen empuje y ganas.
- Tienen una fuerte ética de trabajo.
- Tienen buena química.
- Tienen una estrategia claramente definida.
- Aprenden a ganar juntos.

Lo mismo ocurre en las iglesias. No todas las iglesias pueden alcanzar *eso* de la misma manera. Serían tontos si lo intentaran. No todas las iglesias tienen un predicador carismático o un pastor de alabanza conocido. No todas las iglesias pueden permitirse un buen edificio. No todas las iglesias pueden llevar en autobús a cientos de niños a su ministerio de jóvenes u organizar una gran escuela bíblica de vacaciones. No todas las iglesias tienen sermones que se hacen virales o que tienen miles de descargas en YouTube.

Aunque no hay dos iglesias que *lo* logren de la misma manera, he descubierto que las iglesias que lo tienen comparten ciertas cualidades. Como dije en el último capítulo, al estudiar nuestros campus y observar las iglesias de todo el mundo, nuestros líderes se hicieron preguntas.

- ¿Qué contribuye a *eso*?
- ¿Qué le da vida?
- ¿Qué aporta más?
- ¿Qué lo frena?
- ¿Qué lo impide?
- ¿Qué lo mata?

Y descubrimos los siete factores que parecen existir en todos los ministerios que *lo* tienen.

1. Visión
2. Enfoque divino
3. Camaradería inconfundible
4. Mentes innovadoras
5. Disposición a fallar
6. Corazones enfocados hacia afuera
7. Mentalidad de reino

En la segunda parte, examinaremos detenidamente cada una de ellas. Empecemos con la visión. Quiero ayudarte a verla. (¿Te das cuenta de lo que he hecho ahí? Chiste malo, lo sé. Por favor, sigue leyendo).

CAPÍTULO 4

Visión

Peor que ser ciego sería poder ver pero no tener ninguna visión.

—Helen Keller

Este es un capítulo sobre… Espera un minuto mientras reviso mis notas. O no, no tengo ninguna nota.

Bueno, estoy bastante seguro de que este es el capítulo sobre… eh… ¿visión? Sí, eso suena bien. La visión. Nuestro primer principio de liderazgo es la visión.

Ahora, ¿qué se me ocurre decir sobre la visión? Además de lo que me dijo mi optometrista la semana pasada. Oh, eso me recuerda. Tengo que comprar un nuevo desatascador para el baño principal. Y un tratamiento antipulgas para el perro.

¿Qué? Oh, ¿ahora dónde estaba? La visión…

Uno, dos, tres, cuatro… ochenta y cuatro, ochenta y cinco… Vaya, noventa y cinco palabras ya.

Ahora cien. Solo faltan 3.900 en este capítulo. No debería ser tan difícil. Sigue escribiendo, Craig.

Eh. Veamos, ¿qué quiero decir a continuación? Espero que este capítulo acabe en algún sitio bueno.

¿Lo has entendido?

¿Sigues leyendo?

Espero que sí, porque estaba bromeando, intentando ilustrar un punto. Tratar de escribir un capítulo sin dirección, sin visión de su propósito, sería desastroso. Sería una enorme pérdida de tiempo para ambos.

Pero por muy tonto que parezca escribir un capítulo sin visión, piensa en lo tonto que sería dirigir una iglesia sin visión.

Ocurre más a menudo de lo que crees.

El título de mi primer libro, *Chazown,* es una palabra hebrea que significa «un sueño, una revelación o una visión». La palabra se encuentra treinta y cuatro veces en el Antiguo Testamento. Proverbios 29:18 es el verso más conocido que contiene *chazown.*

Fíjate en cómo se traduce el término hebreo de este versículo al español en algunas versiones populares de la Biblia:

- «Donde no hay *visión,* el pueblo se extravía» (NVI).
- «Sin *profecía* el pueblo se desenfrena» (RVR1960).
- «Cuando la gente no acepta la *dirección divina,* se desenfrena» (NTV).
- «Donde no hay *visión,* el pueblo se desenfrena» (NBLA).
- «Donde no hay *dirección divina,* no hay orden» (DHH).
- «Si la gente no puede *ver lo que Dios está haciendo,* tropieza consigo misma» (Traducción libre del inglés de THE MESSAGE).

No importa cómo lo traduzcas, sin *chazown* (visión, profecía, dirección divina), las personas que dirigimos estarán confundidas, dispersas, desenfocadas y se distraerán fácilmente. Sin una visión dada por Dios, nuestros ministerios nunca conseguirán *eso* ni lo mantendrán. Por desgracia, así es como funcionan muchos ministerios y organizaciones: sin visión y sin *eso.*

Piénsalo así: ¿Has conducido alguna vez un automóvil con las ruedas desalineadas? Si es así, ya sabes lo que sucede. Aunque intentes mantener el automóvil en el centro de la carretera, se desvía hacia un lado. Es una lucha constante para seguir viajando en la dirección prevista. Con el tiempo, la desalineación causa problemas serios. Los neumáticos se desgastan. Y lo que es peor, las ruedas mal alineadas pueden desviarte de la carretera y provocar un accidente.

Sin una visión dada por Dios, nuestros ministerios nunca conseguirán *eso* ni lo mantendrán.

La gente en una iglesia sin visión es así. Sin una visión convincente, la gente está ocupada haciendo *algo*. Hacen actividades de la iglesia, pero se desvían fácilmente del centro. Se mueven sin un destino en común.

Sin una alineación de la visión, las personas, al igual que los neumáticos, se desgastan rápidamente. Los que sirven a menudo se agotan. Los miembros del equipo de trabajo se frustran. Las juntas directivas, los ancianos, los diáconos y los líderes suelen estar en desacuerdo. (¿Has presenciado alguna vez una buena pelea de diáconos a la antigua usanza? Hacen que la película Rápidos y Furiosos parezca lenta y no tan furiosa). El ministerio puede tener toneladas de actividad, pero hay poco movimiento espiritual. Y al igual que los autos, cuando se desalinean, los ministerios pueden chocar.

Sigue persiguiendo *eso*

Los ministerios que poseen *eso* siempre tienen una visión clara. La gente conoce, entiende, cree y vive la visión. La visión les guía, motiva, da energía y les obliga. Un gran número de personas se mueve con pasión en la misma dirección.

Los ministerios con visión tienden a *tenerlo*.

¿El resto? No tanto.

Es un poco como las carreras de galgos, un deporte de apuestas muy popular. Para mantener a los galgos corriendo en la dirección correcta, un hombre en el palco de prensa controla un conejo mecánico, manteniéndolo justo delante de los perros para que nunca lo alcancen.

Los perros persiguen al falso conejo durante toda la pista. Una historia real: Una vez, en una pista de Florida, el hombre del palco de prensa se preparó para poner en marcha el conejo mecánico. Todos los perros estaban agachados en sus jaulas. Cuando pulsó el botón de arranque, el conejo arrancó y los perros lo persiguieron. Pero cuando el conejo dio la primera vuelta, un cortocircuito en el sistema eléctrico lo hizo explotar.

De repente, los perros no sabían qué hacer. No había ningún conejo que perseguir, solo un trocito de pelo tostado que colgaba de un alambre. Al desaparecer el conejo, algunos de los desconcertados perros se dejaron caer en la pista con la lengua fuera. Un par de ellos intentaron atravesar una valla y se rompieron algunas costillas. El resto de los perros se sentaron en la pista y aullaron a la gente en las gradas. Y ningún perro terminó la carrera.

¿Tienes adolescentes en tu ministerio estudiantil que actúan así? ¿O adultos que sirven en algún comité de la iglesia? ¿Tienes a alguien que simplemente se deja caer en un banco con la lengua fuera? ¿Conoces a alguien que se cause daño corriendo en su propia dirección? ¿Tienes algunos miembros de la iglesia que están aullando a otras personas, creando problemas por lo que dicen, cómo lo dicen, con lo que no están de acuerdo? Si es así, tal vez sea porque no tienen un conejo mecánico que perseguir. Sin una visión, la gente perece. Sin dirección, la gente va a la deriva. Sin una meta, la motivación disminuye. Sin una misión, los ministerios se desvanecen. Los grupos de jóvenes pierden su vitalidad. Las iglesias que antes eran vibrantes mueren lentamente. Necesitamos una visión clara y convincente que se comunique constantemente y con entusiasmo.

Habacuc 2:2 dice: «Y el Señor me respondió y dijo: "Escribe la visión y grábala muy claramente en tablas para que todo el que pase pueda leer [fácil y rápidamente] al pasar apresurado por allí"» (Traducción libre del inglés Amplified Bible). Otras traducciones dicen que esta visión debe ser llevada por un «corredor» o un «heraldo», y debe ser tan clara, exhibida tan prominentemente, que la gente pueda verla y leerla de un vistazo.

La visión es importante. Con la visión, tienes claridad, enfoque y dirección. Una visión al rojo vivo inspira la generosidad, motiva el desinterés y libera una pasión imparable para honrar a Dios y servir a la gente. La visión faculta a una iglesia a *tenerlo*.

Por otro lado, sin una visión, una iglesia o ministerio no puede esperar *tenerlo*. Sin una visión convincente, la organización se desvía rápidamente del centro. La gente se confunde, se distrae y se aburre. Sin siquiera darse cuenta, la misión se desvanece a medida que la organización va a la deriva.

Hace años, llevé a toda la familia Groeschel a un encuentro familiar en la playa. Después de conducir diecisiete horas metidos en una miniván con un montón de niños gritando «necesito ir» y «¿ya llegamos?», finalmente vimos el agua, las olas y la arena. *¡Aleluya!* Momentos después de deshacer el equipaje, mis hijos y yo nos lanzamos al agua. Nos pusimos a barrenar olas, flotábamos de espaldas y cantábamos la música de *Tiburón* mientras señalábamos y gritábamos: «¡Tiburón!» (No les gustaba mucho a las otras familias).

Después de un largo rato de nadar, flotar y jugar en el océano, miré hacia la orilla en busca de nuestro alojamiento en la playa. *Ya no estaba.* Había desaparecido. Nuestra casa de playa alquilada ya no estaba allí.

No, no estaba fumando algo ilegal. Finalmente, me di cuenta de que la casa se había movido en la playa. Bueno, *nosotros* nos habíamos movido. Sin darnos cuenta, habíamos ido a la deriva. De manera lenta, pero segura, la suave corriente nos alejó de nuestro punto de partida. La corriente no era lo suficientemente fuerte como para llamar nuestra atención, pero con el tiempo, el resultado era imposible de ignorar. Habíamos ido a la deriva más rápido y más lejos de lo que hubiéramos esperado.

Eso es lo que les ocurre a las iglesias. Sin una visión coherente y convincente, una orientación constante por puntos de referencia fijos, van a la deriva.

Mantener la visión actualizada

Un ministerio con una visión dada por Dios y comunicada con pasión suele conseguir *eso*. Pero el hecho de tenerlo no significa que lo mantengan. Una visión vieja es muy parecida a las palomitas de maíz que se dejan en el mostrador durante varios días. ¿Has probado alguna vez las palomitas rancias? Lo único peor es la visión rancia. Si un ministerio pierde su visión (o incluso cumple con su antigua visión), es solo cuestión de tiempo que pierda lo que lo hizo especial en primer lugar. Sin visión, la gente pierde *eso* rápidamente.

En mi ciudad natal, observé a una iglesia que tenía una visión ardiente para pagar su deuda financiera. Toda la iglesia se unió en torno a esta visión para liberarse de las deudas. Nunca pensé que una iglesia podría explotar de crecimiento en torno a una campaña de reducción de la deuda, pero esta lo hizo. Durante esa temporada de ministerio, ellos tuvieron *eso*.

Su objetivo era claro. Los ministerios se alinearon. La fe creció. Nuevas personas empezaron a convertirse y a bautizarse. Varios cientos de personas nuevas se unieron a la iglesia. Pasaron de un servicio a dos. Los miembros dieron con sacrificio y entusiasmo. La gente estaba emocionada. Esta iglesia tenía una visión convincente, un gran objetivo en mente y atacaron la meta con pasión.

Lo tenían.

Varios años más tarde, esta iglesia consiguió saldar una deuda de varios millones de dólares. Visión cumplida. La mayoría asumiría que *ahora* estaban en posición de explotar con el crecimiento. Con todos los recursos adicionales disponibles, seguramente el ministerio se dispararía como nunca antes. Ciertamente, continuarían alcanzando a más personas, cambiando más vidas y haciendo una diferencia aún mayor.

Lo que ocurrió fue lo contrario.

Nadie había pensado mucho en lo que harían una vez que hubieran saldado con éxito toda su deuda. Ahora, con más recursos que nunca, los dirigentes se preguntaron qué hacer a continuación. *¿Construir un nuevo edificio? ¿Crear un nuevo campus? ¿Contratar más personal? Tal vez deberíamos regalar dinero. O tal vez deberíamos guardar algo en el banco para un día lluvioso.*

Tantas opciones.

Muy poca visión.

Finalmente, después de un año de dar tumbos tratando de encontrar algo con lo que entusiasmarse, la iglesia inició un proyecto de construcción. A mitad de camino (lo creas o no), cambiaron sus planes, decidiendo dejar el proyecto en suspenso para iniciar otro diferente.

Algunas personas que habían dado dinero para el primer proyecto estaban confundidas, dolidas, incluso enfadadas. Algunos abandonaron la iglesia. En dos años, la iglesia pasó de la salud y la vitalidad a la lucha y el estancamiento. La gente no sabía qué hacer, con qué entusiasmarse, a qué dedicar su vida. Y más gente se fue. Esta iglesia que había crecido en torno a una visión empezó a morir sin ella. Cuando tenían una visión, *lo* tenían. Cuando perdieron la visión, perdieron *eso*.

Define tu visión

¿Tienes una visión? Muchas iglesias y organizaciones tienen una declaración de visión. Pero en realidad, no tienen una visión. El hecho de que haya palabras en un cartel, un sitio web o una tarjeta de visita no significa que tu liderazgo tenga una visión dada por Dios. Una idea no es una visión. Tal vez tengas una idea, pero ¿es una idea inspirada por Dios? Hay una gran diferencia entre una buena idea y una idea de Dios.

Una idea no es una visión.

Sin una visión, la gente se siente cómoda con el statu quo. Más tarde, llegan a amar el statu quo. Finalmente, darán lo mejor de sí mismos para proteger lo que *es,* sin soñar nunca con lo que podría o debería ser.

Necesitan una visión con definición.

¿Cuáles son algunos de los problemas de un ministerio sin visión? Cuando no hay visión:

- La mayoría de las ideas parecen buenas. Esto lleva a la sobre-programación y al agotamiento.
- No hay nada convincente a lo que dar. Esto lleva a una mentalidad de consumidor en lugar de una mentalidad de contribuyente.
- Las organizaciones se centran en sí mismas. Esto conduce a una muerte lenta y dolorosa.
- En lugar de trabajar juntos hacia un objetivo común, las personas compiten por los recursos.

Muchas iglesias de hoy no tienen visión. Han estado a la deriva. Si le preguntas a la mayoría de los líderes de las iglesias, «¿De qué trata su ministerio?», te darán una respuesta predecible:

- «Se trata de amar a Dios y amar a la gente».
- «Se trata de llegar a la gente y de extender la mano».
- «Se trata de predicar la verdad de Dios para liberar a la gente».
- «Se trata de enseñar verdades eternas de forma contemporánea».
- «Existimos para conocer a Jesús y darlo a conocer».

Si se observa lo que hace el ministerio y se compara con sus afirmaciones, lo que se encuentra es a menudo incoherente.

Esta es una forma de verlo: Si un marciano viniera a visitar la Tierra… (Sígueme la corriente, ¿de acuerdo?). Digamos que su nombre es Chad y que es un marciano de CSI (unidad de investigación) que ha venido a indagar a tu iglesia. (¿Sigues conmigo?). El extraterrestre Chad examina tu iglesia. ¿Qué conclusión sacaría de ti?

Chad podría pensar que algunas iglesias son un negocio de entretenimiento: la gente viene, ve el espectáculo, aplaude si es bueno, se ríe cuando es divertido, aplaude cuando es emocionante, pone su dinero en un cubo y se va.

Puede que piense que algunas iglesias son centros de autoayuda: descubre cómo arreglar tu matrimonio, criar a tus hijos, gestionar tu dinero, librarte del estrés, dejar tus adicciones y tomar buenas decisiones.

Y puede que piense que algunas iglesias son clubes de campo: vístete con tus mejores galas, saluda y sé saludado, ve y sé visto, disfruta del compañerismo, paga tus cuotas y disfruta de todos los beneficios de ser miembro.

Obviamente, estos ejemplos son extremos. Pero si Chad, el marciano de CSI, no supiera nada de tu visión y observara todo lo que haces durante toda la semana, ¿qué pensaría? ¿Diría Chad: «Esa iglesia tiene que ver con alguien llamado Jesús»?

Encontrar la visión

Hace años, formé parte de un ministerio en una iglesia que formó a un comité de cuarenta personas decididas a descubrir la visión para los próximos cinco años de la iglesia. Este valiente grupo de laicos entrevistó a docenas de miembros de la iglesia. Todos compartieron sus ideas. Tras meses de escuchar, soñar y planificar, ¿adivina qué ocurrió? La visión se convirtió en: «Hagamos todo».

No estoy bromeando. Esta iglesia de tamaño medio decidió hacer casi todas las cosas buenas que te puedas imaginar, y más. El comité decidió tener un ministerio de cuidado de automóviles, un ministerio de transporte, un ministerio de ancianos, un ministerio de personas sin hogar, un ministerio de adultos solteros, un ministerio de escuela dominical, un ministerio de estudio bíblico los miércoles por la noche, un ministerio de grupos pequeños, un ministerio de personas recluidas, un ministerio de costura, un ministerio de profesionales de los negocios, un ministerio de clases de música, un ministerio de extensión del coro de campanas, una guardería, devociones diarias, un ministerio de radio, un ministerio de prácticas de coro, un ministerio de club de lectura y un ministerio de personas recluidas que usan hilo dental. (Bueno, este último me lo he inventado. Pero todos los demás eran reales y podría añadir más a la lista).

Es de esperar que los *líderes* de tu iglesia busquen a Dios, encuentren una carga divina, examinen sus recursos y su contexto, y presenten una visión inspirada por el Espíritu y a la altura de Dios. Observa que he puesto en cursiva la palabra *líderes*. Si eres el líder de un ministerio, este es tu papel. Eso no significa que no escuches a la gente, buscando su sabiduría y sus aportaciones. Pero en última instancia, la visión viene del tiempo en que el líder escucha a Dios.

Puede que pienses, *Esta sección no es para mí porque no tengo un papel de liderazgo.* Aunque no tengas un papel formal de liderazgo, puedes seguir liderando. En esencia, ¿qué es el liderazgo? El liderazgo es influencia. La buena noticia es que tú tienes influencia. Ya sea que tengas o no un título, tu papel, dones y contribución siempre importan en la iglesia de Dios.

Aquí tienes algunas preguntas para avivar tu visión. (Quizá quieras anotar algunas respuestas. O tal vez tu equipo podría explorar estas preguntas juntos).

1. ¿Por qué existe tu organización? (Si no puedes responder a esto con claridad, te apuesto un café con leche excesivamente caro a que hay algunas cosas que tu organización debería dejar de hacer de inmediato).
2. ¿En qué puede tu organización ser la mejor del mundo? (Tomado prestado del clásico libro de Jim Collins, *Empresas que sobresalen*).
3. Si solo pudieras hacer una cosa, ¿cuál sería?
4. Si mañana dejaras tu organización, ¿qué esperarías que continuara para siempre?

5. ¿Existe una necesidad insatisfecha en tu comunidad que tu iglesia podría satisfacer de manera única?

6. ¿Qué te rompe el corazón, te quita el sueño, te destroza?

Visualízala

A medida que Dios te dé claridad, querrás trabajar arduamente para comunicar esa visión. El experto en liderazgo Sam Chand siempre dice: «Una visión efectiva siempre será memorable, comunicable y motivadora».

Una gran declaración de visión es *memorable*. Si la gente no puede recordar tu visión, tu iglesia nunca tendrá *eso*.

> Una gran declaración de visión es *memorable*. Tu visión también debe ser *comunicable*.

¿Has visto alguna vez una declaración de misión como esta? «Existimos para alcanzar en nuestra ciudad a tantas personas como sea posible para Jesucristo antes de que él regrese por su novia, la iglesia, amándolas, aceptándolas, enseñándoles la Palabra de Dios sin concesiones, y capacitándolas a través de un discipulado lleno del Espíritu para que se conviertan en seguidores devotos de Cristo, acercándose a Dios, a los de adentro, a los de afuera y edificando a la gente para exaltar, edificar y equipar a los santos de Dios para que vayan a todo el mundo y hagan discípulos en todas las naciones, bautizándolos en el nombre del Padre y del Hijo y del Espíritu Santo, para la gloria de nuestro Dios, que reina por los siglos de los siglos, amén».

Lo único memorable es que te desmayes intentando decirlo todo de una vez. Quieres una declaración de visión que sea fácil de recordar. Lo mejor es que sea breve. Que sea nítida. Que sea clara. Que sea memorable.

Tu visión también debe ser *comunicable*. La gente debe ser capaz de comunicarla fácilmente a los demás. Querrá que todos los miembros de tu personal y de la iglesia sean capaces de dar «el discurso de la visión». Despierta a cualquiera de ellos en la mitad de la noche y deberá ser capaz de describir lo que es tu organización.

Uno de los mayores elogios que he recibido como líder fue de mi amigo, mentor de la iglesia y el liderazgo, Lyle Schaller. Cuando visitó nuestra iglesia, se reunió con los miembros del equipo de trabajo de todos los niveles de la organización. Recuerdo que sonrió mientras decía: «Craig, a tu equipo le han lavado el cerebro». Le miré fijamente, preocupado. Lyle se rio y dijo: «Les han lavado el cerebro de la mejor manera posible. Todo el mundo, y me refiero a todo el mundo, conoce la visión y quiere ayudar a cumplirla». Tu visión necesita movilidad. Asegúrate de que sea comunicable.

La visión no solo debe ser memorable y comunicable, sino que también debe ser *motivadora*. Si tu visión no conmueve a la gente llevándola a la acción, tu visión es muy pequeña. Tu visión debe ser algo que arda en tu corazón, pero que sea demasiado grande para que puedas hacerla por ti mismo. Si pudieras hacerlo, no necesitarías a Dios. La visión debe captar la atención y ser irresistiblemente convincente. Debe causar agitación, ambición, encendido, tal vez incluso capacidad para aplastar a tu enemigo espiritual.

Las iglesias que tienen una visión tienden a *conseguirlo*. Las iglesias que carecen de visión no. He aquí algunos beneficios de la visión:

- La gente se sacrificará por ella (tanto económicamente como a sí misma).
- La gente tolerará los inconvenientes por una causa mayor.
- La gente la compartirá. No se puede poner una etiqueta de precio a los rumores.
- La organización (o ministerio) cobrará vida propia.
- Las oportunidades de distracción disminuirán.

Querrás comunicar la visión una y otra vez. ¿Por qué? Porque, como han dicho otros: «La visión se filtra». Nunca hay que subestimar la importancia de comunicar la visión. Siempre les digo a nuestros líderes: «Comunica la visión más de lo que crees que debes hacerlo. Cuando sientas que lo has hecho lo suficiente, duplícalo». Cuando te canses de oírte a ti mismo decir las mismas cosas una y otra vez, es que acabas de empezar.

Como nos dice el escritor de negocios Patrick Lencioni, usted es el jefe de los recordatorios. Justo cuando crees que has explicado a fondo la visión, es el momento de volver a comunicarla. No se puede comunicar en exceso lo que se pretende. Cuenta historias sobre la visión. Ilustra la visión. Premia a los que viven la visión. Destaca la visión en cualquier lugar donde la veas. Una vez que hayas hecho todas estas cosas, hazlas de nuevo.

Estas son algunas de las cosas que hacemos para comunicar la visión:

- Producimos vídeos sencillos y los enviamos por correo electrónico a los miembros y asistentes para renovar la visión de la iglesia.
- Compartimos testimonios en vídeo con la iglesia para celebrar cómo la visión está cambiando vidas.
- Destacamos la visión en las redes sociales.
- Predicamos dos series al año que ayudan a renovar la pasión por la visión.
- Cuando los intentos de ministerio no funcionan bien, utilizamos el fracaso como una ilustración en tiempo real de cómo podemos cumplir mejor la visión.
- Reunimos a todos los voluntarios para que se renueven y celebren la visión.
- Celebramos reuniones en línea sobre la visión de los líderes y voluntarios.
- Cada enero, invitamos a cada asistente a invertir su vida en la visión.

Los ministerios que tienen *eso*, tienen una gran visión que vale repetir constantemente.

Tres niveles de aceptación de la visión

Los ministerios que tienen *eso* están llenos de gente que entiende y cree en la visión. Sin eso, tendrás personas a las que les puede gustar el ministerio, pero que no entienden hacia dónde va.

En mi experiencia, he descubierto tres niveles de aceptación de la visión. Los ministerios que no tienen *eso,* tienen personas en los niveles 1 y 2. Los ministerios que sí lo tienen tienden a tener cada vez más personas que pasan al nivel 3.

- *Nivel 1: Las personas creen en la visión lo suficiente como para beneficiarse de ella.* Al igual que la persona que se beneficia del servicio en su restaurante favorito o hace ejercicio en el gimnasio convenientemente situado, estos asistentes a la iglesia son personas con una mentalidad de consumo constante. Vienen a la iglesia porque les gusta. Es fácil. Se sienten bien. Es conveniente. Reciben algo del ministerio. Para ellos, eso es lo importante.
- *Nivel 2: La gente cree en la visión lo suficiente como para contribuir cómodamente.* Al igual que la persona que echa unas monedas en un cubo de donaciones o participa en un programa de vigilancia vecinal, se trata de personas que fueron consumidoras, pero que están dispuestas a contribuir siempre que sea fácil. Están contentos de ayudar si no les cuesta mucho, no requiere tanto y no interfiere con sus otras prioridades.
- *Nivel 3: Las personas creen en la visión lo suficiente como para dar su vida por ella.* Son las personas que comprenden la visión y la entienden. Reconocen que sus vidas no son suyas. Pertenecen a Jesús. Existen para servir a una causa mayor que ellas mismas. Encuentran la alegría en el sacrificio y la satisfacción en el servicio desinteresado. Se vuelven parte de la franja de personas

lunáticas, radicalmente comprometidas con la búsqueda y la salvación de los perdidos y con hacer discípulos a todas las personas. Están dispuestas a lo que sea necesario para hacer lo que Jesús les ha pedido que hagan. Lo hacen todo, no se guardan nada, lo aportan todo. Son parte de la causa más grande de la tierra. No van a la iglesia; son la iglesia.

Aunque la gente tiende hacia la comodidad y la complacencia, en realidad no les gusta. En el fondo, desean más. Mucho más. Todo el mundo anhela una causa por la que valga la pena luchar. Queremos sentir que nuestras vidas son significativas y tienen un propósito. Nos gusta formar parte de algo más grande que nosotros mismos, algo que marque una diferencia real, incluso eterna. Como líderes, nuestro papel es buscar a Dios, ver la visión, comunicarla de forma convincente e invitar a la gente a dar su vida por la causa más grande de la tierra: la causa de Cristo.

> Todo el mundo anhela una causa por la que valga la pena luchar.

Vela y créela

El legendario Walt Disney murió antes de que Disney World, en Florida, estuviera terminado. El día de la inauguración en 1971, casi cinco años después de la muerte de Disney, alguien le comentó a Mike Vance, director creativo de Walt Disney Studios: «¿No es una pena que Walt Disney no viviera para ver esto?».

«Sí lo vio», respondió Vance simplemente. «Por eso está aquí».

Eso me encanta. También me hace preguntarme. ¿Qué es lo que Dios quiere que *veas* para que se haga realidad? ¿Qué hay dentro de ti que Dios quiere sacar para cambiar la vida de los demás? ¿Cómo quiere Dios avivar la pasión y estirar la fe de los miembros de tu iglesia para que la luz de Jesús brille aún más en este mundo oscuro?

Donde no hay visión, el pueblo perece. Luchan. Van a la deriva. Vagan.

Donde hay una visión, la gente tiene enfoque, poder y energía, y las vidas cambian eternamente.

Busca a Dios.

Escucha a Dios.

Recibe su visión.

Deja que te abrume.

Deja que te consuma.

Deja que te agobie.

Proyecta la visión.

Comunica la visión.

Observa cómo se extiende la visión.

Factores para tenerlo

- Sin visión, el pueblo nunca tendrá *eso* ni lo podrá mantener.
- Sin una visión convincente, el equipo de trabajo y los voluntarios se frustran, no están de acuerdo y se agotan.
- *Eso* no aparece por sí solo. Sigue a una gran visión.
- La visión debe ser memorable, comunicable y motivadora.
- No se puede sobrecomunicar la visión.
- La gente da con sacrificio, tolera los inconvenientes y le encanta compartir una visión convincente.

Preguntas para el debate o la reflexión

1. Proverbios 29:18 dice: «Donde no hay visión, el pueblo se extravía». Describe un área de tu ministerio que esté luchando por falta de visión.

2. ¿Puedes señalar un área (o áreas) en la que tu ministerio se ha desviado de tu visión? ¿Qué necesitas hacer para volver a centrarlo?

3. ¿Puedes definir claramente tu visión? ¿Por qué existe tu ministerio? No pases por alto estas preguntas. Tal vez quieras poner el libro a un lado y orar un rato. Asegúrate de poder responder

lo siguiente antes de continuar: ¿Para qué ha preparado Dios tu ministerio de manera única para que logre?

4. Hay tres niveles de aceptación de la visión. Algunos creen en la visión lo suficiente como para beneficiarse de ella. Otros creen en ella lo suficiente como para contribuir cómodamente. Lo ideal es que la gente crea en la visión lo suficiente como para dar su vida por ella. ¿Qué porcentaje de tu equipo se encuentra en el tercer nivel? ¿Qué pasa con las personas de tu ministerio? ¿Qué puedes hacer para aumentar el número de los que darán su vida por la obra de Dios?

CAPÍTULO 5

Enfoque divino

La mayoría de la gente no tiene ni idea de la gigantesca capacidad que podemos desarrollar de inmediato cuando centramos todos nuestros recursos en dominar una sola área de nuestra vida.

—**Tony Robbins**

Nuestro hijo Stephen tenía siete años cuando empezó a tener problemas en la escuela. Esto nos sorprendió porque siempre había sido un buen chico y era excepcionalmente brillante. Cada vez que intentaba leer, se ponía muy nervioso y empezaba a moverse. Le animamos a concentrarse. Parecía ignorarnos. Nos sentimos frustrados.

Finalmente, llevamos a Stephen al optometrista. Le hicieron todas las pruebas. (Detesto ese examen en el que te meten un chorro de aire en el ojo. ¿Por qué?). Resultó que Stephen tenía la vista débil. Por eso tenía problemas.

Cuando le pusieron los anteojos a Stephen, se quedó callado. Se quedó con la boca abierta. Bendito sea, medio lloró y medio sonrió. El resto del día estuvo corriendo de un lado a otro señalando todo. Nunca olvidaré que gritaba: «¡Hojas! ¡Hojas! Mira qué hojas tan bonitas».

Es increíble lo que la visión, el enfoque, puede hacer.

Para tener *eso*, necesitamos un enfoque divino.

El consultor empresarial Nido Qubein dice: «Nada puede añadir más poder a tu vida que concentrar todas tus energías en un conjunto limitado de objetivos». El apóstol Pablo mostró su concentración cuando dijo: «Más bien, *una cosa* hago: olvidando lo que queda atrás y esforzándome por alcanzar lo que está delante, sigo avanzando hacia la meta para ganar el premio que Dios ofrece mediante su llamamiento celestial en Cristo Jesús» (Filipenses 3:13-14, énfasis añadido).

El segundo ingrediente que nos lleva a *eso* es el enfoque divino.

Para tener *eso*, necesitamos un enfoque divino.

En mi observación, los ministerios que tienen *eso* tienden a centrarse en un conjunto limitado de objetivos. Hacen unas pocas cosas como si toda la eternidad dependiera de sus resultados, y las hacen con excelencia divina. Ellos ven claramente la visión y se dirigen hacia ella con una precisión guiada por láser. Los que tienen *eso* saben a qué están llamados. Tal vez igual de importante (incluso más), también saben a qué *no* están llamados. Su visión se caracteriza por la especificidad. Selectividad. Exclusividad.

Para ser claros, los ministerios enfocados no necesariamente ven resultados inmediatos y abrumadores. A menudo se necesita tiempo, paciencia, disciplina y resistencia. Entonces, un día, después de semanas, meses o incluso años de fidelidad y compromiso con una misión enfocada, se despiertan y descubren que Dios está haciendo algo especial en medio de ellos: tienen *eso*. Dulce misterio de la vida, ¡por fin te he encontrado!

Estas iglesias son casi insufriblemente apasionadas por unas pocas cosas importantes. Deciden ignorar apasionadamente el resto. Su celo y eficacia atraen a los líderes adecuados. Los líderes adecuados utilizan sus dones y dan sus vidas para marcar la diferencia. Y Dios los bendice con *eso*: su presencia y poder misteriosamente asombrosos.

Desafortunadamente, cuando un ministerio es fiel y un día se despierta y tiene *eso*, pueden quedar cegados por su éxito. En lugar de ver con la visión clara como el cristal que ayudó a *atraerlo*, encuentran que su visión se nubla. En lugar de mantenerse enfocados en lo principal, los líderes se distraen. Lo mismo que Dios bendijo, la obediencia estratégica a su llamado específico, es de las primeras cosas que los ministerios exitosos abandonan sin saberlo. ¿Has visto que eso suceda? Supongo que sí, porque la historia es muy común.

La primera vez que formé parte de un ministerio que tenía *eso* fue en la universidad. Algunos de mis amigos de fiestas y yo encontramos la oportunidad de empezar un pequeño estudio bíblico. ¿He dicho estudio bíblico? Bueno, no exactamente. Unos ocho o diez de nosotros nos reuníamos, antes de salir a beber, para leer un capítulo de la Biblia y orar para que Dios nos protegiera mientras estábamos de fiesta. Pero Dios estaba tramando algo. Uno por uno, nos atrajo hacia él. Dios redirigió rápida y dramáticamente nuestras vidas para complacerle a él en lugar de a nosotros mismos.

A través de ese pequeño grupo de estudiantes, Dios encendió una chispa que se extendió a cientos de personas en el campus universitario, y yo fui uno de los que se prendió. Aunque era uno de los creyentes más nuevos, era uno de los más entusiasmados (e insufribles) y fui empujado a ser uno de los dos líderes del grupo. Con cero conocimientos bíblicos, cero experiencia en el ministerio y nada más que una simple pasión por el que acababa de cambiar mi vida, ataqué el campus con el amor de Cristo como nunca había atacado nada en mi vida. (Esto fue antes de conocer a Amy y comer su espagueti. Esa salsa fue la siguiente cosa que atacaría con tanto vigor).

Debido a que habíamos llegado a Cristo como resultado de la lectura de la Biblia, nuestro enfoque era simple. Conseguir que la gente leyera la Biblia. Eso era todo. Nada más. Nada más y nada menos. Nuestro objetivo era conseguir que todos se reunieran para leer la Palabra de Dios. Nunca hubo un grupo más ingenuo que nosotros. Si la Biblia lo decía, creíamos que era posible.

Cuando la Biblia decía que Dios respondería a nuestras oraciones, nosotros orábamos y él respondía a nuestras oraciones. Cuando la

Biblia decía que había que orar por los enfermos, orábamos y a menudo Dios sanaba a los enfermos. Cuando la Biblia decía que vendiéramos algo y diéramos el dinero a los pobres, lo hacíamos. Cuando la Biblia decía que fuéramos la sal y la luz del mundo, tomábamos esa dirección y hablábamos de Jesús a todos los que conocíamos.

Dios dio *eso* a nuestro pequeño estudio bíblico. A medida que la gente a nuestro alrededor leía la Palabra de Dios, parecía tener *eso*. Fue una de las obras de Dios más extraordinarias que he visto.

La gente se convertía, y mucha. Los atletas vinieron a Cristo. Los profesores fueron bautizados. Las chicas de la hermandad dejaron las fiestas de los barriles para orar. Una chica con muy mala vista fue sanada. Todos en este pequeño campus sabían que algo estaba sucediendo. Se corrió la voz, y también *eso*.

Este pequeño grupo de personas sin formación, inmaduras, pero sinceramente apasionadas, experimentó el tipo de cosas que se leen en el libro de los Hechos. Dios nos había dado *eso*: su extradosis de la verdadera vida llena del poder del Espíritu. Y fue mucho más especial de lo que puedo describir.

Este ministerio creció tan rápido y se extendió tanto que los líderes de la universidad se dieron cuenta. Como no éramos una organización oficial y estábamos causando un gran revuelo, nos pidieron amablemente, bueno, en realidad no tan amablemente, que nos reuniéramos fuera del campus. No hay nada como un movimiento genuino de Dios para amenazar al establecimiento religioso tradicional.

Si nos hubieras preguntado de qué se trata, te habríamos dicho: «Todo lo que hacemos es leer la Biblia y hacer lo que dice». Eso era todo. Teníamos un enfoque divino.

Entonces, un día, alguien tuvo una buena idea.

Fíjate que he dicho una buena idea, no una idea de *Dios*. La idea se oía lógica. Tenía sentido. Parecía un paso natural en un ministerio en crecimiento. Poco sabíamos que esta pequeña sugerencia era el comienzo de nuestra pérdida de lo que había ayudado a traer *eso*:

el enfoque divino. Alguien dijo una vez: «Si persigues dos conejos, ambos se escaparán». Mientras perseguíamos un nuevo conejo, no teníamos idea de que nos alejaría sutilmente del corazón de nuestro ministerio. Fue el comienzo de nuestra pérdida de enfoque en lo que éramos y el primer paso que dimos para perder *eso*.

¿Cuál era la idea? No era algo raro, extraño o inherentemente peligroso. Nadie trajo una bolsa de serpientes venenosas. Nadie empezó a dirigir cánticos vudú o a beber Kool-Aid envenenado. Nadie decidió que todos debíamos casarnos entre nosotros, construir un cohete, volar a otro planeta y crear una raza nueva de gente energizada sobrenaturalmente.

La idea era una venta de pasteles. Para recaudar dinero.

Eso fue todo. Los cristianos bien intencionados lo han estado haciendo desde la invención del horno. Hornear algo. Buscar una mesa. Escribir los precios en una cartulina. Sentarse allí todo el día y recaudar 34,50 dólares vendiendo golosinas a cualquiera que las compre. Arruinar el día de la gente con alergias al gluten. Parecía que no había nada peligroso en hacer una venta de pasteles. Era algo tan insignificante. Simplemente no estaba en el centro de lo que Dios nos había llamado a ser.

Mientras reflexiono, no estoy seguro de por qué pensamos que necesitábamos dinero. No teníamos ningún gasto. Ni siquiera tomábamos una ofrenda cada semana. El dinero ni siquiera estaba en nuestro radar. Pero otros ministerios recaudaban dinero, así que ¿por qué no?

Ese fue el comienzo del desenfoque.

Horneamos tortitas. Vendimos tortitas. Conseguimos algo de dinero. Por primera vez, teníamos dinero para gastar. Alguien sugirió que lo usáramos para llevar a algunas personas a un retiro de planificación de fin de semana. Nos dedicaríamos a pensar, a planificar, a soñar con algunas formas de llevar a cabo el ministerio de una manera que fuera verdaderamente especial (ignorando que ya era especial). Parecía un buen plan. Así que hicimos un viaje de una noche para planear cómo podríamos hacer que nuestro estudio bíblico fuera aún mejor de lo que era. Fue entonces cuando nuestra visión se nubló y comprometimos nuestro enfoque.

En nuestra lluvia de ideas, alguien sugirió que empezáramos a hacer una ofrenda semanal. Otra persona recomendó que hiciéramos un viaje misionero a México. Otra persona propuso que pagáramos a una de las voluntarias un pequeño salario porque estaba trabajando duro y luchaba por pagar el alquiler y seguir en la universidad. Otros dos pensaron que debíamos llevar nuestro ministerio a las escuelas secundarias para evangelizar. Eso llevó a una sugerencia de que formáramos un equipo de oradores itinerantes. Otro estaba convencido de que debíamos traer a un verdadero pastor de la calle para que enseñara y así hacerlo todo más oficial.

Durante los meses siguientes, probamos todas esas ideas y más. Habíamos desviado la mirada del objetivo. La única cosa que Dios estaba bendiciendo era ayudar a otros a conocerlo a través de su Palabra. Quitamos la atención de esa única cosa y añadimos docenas de otras cosas, y nos preguntamos por qué durante los siguientes meses estábamos perdiendo *eso*.

Warren Buffett dijo: «La diferencia entre la gente de éxito y la gente realmente exitosa es que la gente realmente exitosa dice no a casi todo». En lugar de hacer muchas cosas a medias, elegimos concentrar nuestra energía. Porque hacer cosas nuevas equivocadas, cosas que usurpan lo que Dios nos llama a hacer, es peligroso. El enfoque tiende a dejar *eso* respirar. La falta de enfoque generalmente lo sofoca.

Demasiado, excesivo, muy malo

En Lucas 10, una mujer llamada Marta estaba abrumada con todas las responsabilidades de recibir a Jesús. Mientras ella hacía todo lo que podía hacer, su hermana, María, solo se sentaba a los pies de Jesús. Marta se quejó con Jesús, pidiéndole que instruyera a María para que la ayudara. «—Marta, Marta —le contestó Jesús—, estás inquieta y preocupada por muchas cosas, pero *solo una* es necesaria. María ha escogido la mejor, y nadie se la quitará» (Lucas 10:41-42, énfasis añadido). Lo que me fascina es que, si cualquiera de nosotros estuviera viendo la escena, habríamos pensado que Marta tenía razón. Tenía un corazón de sierva. Trataba de satisfacer todas las necesidades. ¿Qué hay de malo en eso? ¿No es eso de lo que se enorgullecen nuestras iglesias? Bueno, aparentemente, lo que Dios busca, lo que Dios honra, es enfocarse en una sola cosa.

Para tener *eso*, hay que elegir no hacer todo. Los que intentan hacer todo siempre *lo* pierden.

> Para tener *eso*, hay que elegir no hacer todo.

Un proverbio italiano dice: «A menudo, el que hace demasiado hace muy poco» (Gente inteligente, ¿eh? No es de extrañar que se llamen italianos). Sobrados ministerios hacen muy poco haciendo demasiado. Por ejemplo, muchos pastores se jactan de cuántos ministerios tienen en su iglesia. Una vez conocí a un hombre con una iglesia de unas cuatrocientas personas (con un equipo de trabajo de ocho) que me dijo que tenía 187 ministerios diferentes en su iglesia. No sabía si estaba presumiendo, pidiéndome que orara por él o argumentando el caso de una lobotomía frontal.

Apenas pude entender lo que dijo. *¡Ciento ochenta y siete ministerios!* Intentando no revelar mi sorpresa, le pregunté cuáles eran los más importantes y eficaces. Sonriendo sinceramente, me dijo: «Todos». Luego dijo que esperaban comenzar muchos más. Como solía decir el viejo predicador del campo: «El diablo no tiene que hacerte malo si logra mantenerte ocupado».

La iglesia de ese pastor es más pequeña este año que el año pasado, y el año pasado era más pequeña que el año anterior. Para mí, esto no suena a una visión enfocada. Suena a esquizofrenia ministerial. (Las voces me dicen que empiece un nuevo ministerio... Tengo que empezar un nuevo ministerio).

Jim Collins, en su libro *Empresas que sobresalen,* hace referencia a la antigua fábula griega de «El erizo y el zorro». Día tras día, el astuto zorro planeaba su ataque contra el desprevenido erizo. Pero por muy creativo que sea el zorro, el erizo siempre gana. ¿Por qué? El zorro sabe muchas cosas, pero el erizo sabe una cosa esencial. Cada vez que el zorro ataca, el erizo solo se enrolla en una bola de púas afiladas, creando una defensa impenetrable. Es lo que mejor sabe hacer.

Esto nos lleva de nuevo a la pregunta de Collins, que encontramos en el último capítulo: ¿En qué puede ser uno el mejor del mundo?[2] En términos ministeriales, ¿qué es lo que mejor haces? Si pudieras hacer una sola cosa en el ministerio para lograr el mayor impacto, ¿qué harías? Piensa en ello. Lucha con la pregunta. Deja que consuma tus pensamientos. Vuelve a leer la pregunta y no sigas adelante hasta que puedas responderla con seguridad: Si pudieras hacer una sola cosa en el ministerio, ¿qué harías?

La lista de cosas para no hacer

Si *no estás* interesado en tener *eso,* solo tienes que empezar un montón de ministerios al azar. Cuanto más hace una iglesia, menos probable es que *lo* tenga. ¿Por qué? Porque es imposible tener 187 ministerios *efectivos* en una iglesia. Es un reto incluso tener solo tres ministerios efectivos.

Muchos grandes negocios entienden este principio. Un ejemplo es In-N-Out Burger. No solo tienen un grupo de fanáticos, sino que la cadena es muy rentable. Solo ofrecen unos pocos artículos. Cuando escribí este libro en 2008, consulté su sitio web y decía: «Pedir es tan fácil como 1, 2, 3». Me ofrecían tres opciones:

1. El Doble-Doble con patatas fritas y bebida
2. La hamburguesa con queso con patatas fritas y bebida
3. La hamburguesa con patatas fritas y bebida

Ahora, casi una década y media después, la mayoría de la gente supondría que habrían ampliado sus opciones, ¿verdad? Bueno, acabo de consultar su sitio web. ¿Adivina qué puedes pedir? La doble-doble; la hamburguesa con queso, la hamburguesa, las patatas fritas y su selección de bebidas. Sí, eso es todo. Bueno, casi todo. Tienen un enlace para hacer clic llamado «Menú no tan secreto». Ves, ¡sabía que ampliarían lo que ofrecen! Me equivoqué de nuevo. No ofrecen más artículos (como dice la leyenda urbana), solo están dispuestos a personalizar las pocas cosas que ofrecen. Se han mantenido limitados en su menú. Eso es centrarse.

In-N-Out Burger sabe de hamburguesas, patatas fritas y bebidas (especialmente de batidos, si me pides mi opinión). Fíjate que no venden *waffles*, café con leche o ensaladas de tacos con guacamole. No ofrecen 187 tipos diferentes de hamburguesas. Solo ofrecen tres. Son un erizo. (Afortunadamente, no hacen sus hamburguesas de erizo).

En lugar de pensar en lo que quieres añadir a tu lista de cosas por hacer en el ministerio, tal vez deberías orar sobre lo que debes añadir a tu lista de cosas para *no hacer* en el ministerio. Algunos lo llaman abandono planificado. Estás planeando las cosas que no harás, que la mayoría hace, para hacer mejor lo que Dios sí te ha llamado a hacer. (¿Tiene sentido? Si no, léelo de nuevo despacio). Para ser grande en unas pocas cosas y experimentar *eso,* tienes que decir no a muchas cosas.

Como dijo Steve Jobs: «La gente piensa que enfocarse significa decir que sí a aquello en lo que tienes que concentrarte. Pero eso no es lo que significa en absoluto. Significa decir no a las otras cien buenas ideas que hay. Hay que elegir con cuidado. De hecho, estoy tan orgulloso de las cosas que no hemos hecho como de las que sí. La innovación es decir no a mil cosas».

Esto suena contradictorio. La mayoría de las personas piensa que se hace más haciendo más. Vuelve a leerlo. Se hace más haciendo más, parece un tópico; pero no es cierto en absoluto. Se hace más haciendo menos, es decir, haciendo menos cosas. Si dices que sí a muchas cosas diferentes, pierdes la concentración y la eficacia. Por eso hay que decir no sin piedad. No se crece con tus «sí». Creces con tus «no».

Puede que necesites un cambio de conjunción.

¿Recuerdas la canción «Conjunction Junction» de Schoolhouse Rock? (Era la que sonaba justo antes de «I'm Just a Bill». Creo que he revelado de qué época soy). Tal vez necesites un cambio de conjunción que podría mejorar drásticamente tu ministerio. La mayoría de la gente dice «y» la mayor parte del tiempo. Necesitamos decir «o» la mayor parte del tiempo. Por ejemplo, en lugar de decir: «Podemos crear un ministerio para solteros y un ministerio de consejería y un ministerio de deportes y misiones y atención a los divorciados y un ministerio de marionetas y un ministerio de tejido y un ministerio para las personas que son acosadas por sus novias imaginarias», deberíamos decir: «Podemos hacer esto o aquello y hacerlo bien. No podemos hacerlo todo. Centrémonos en lo que Dios nos llama a hacer».

Creces con tus «no».

Recortar para avanzar

En el último capítulo, hablamos de la importancia de la visión. No permitas que tu visión se haga borrosa. El ajetreo empaña la visión del ministerio. En lugar de plantar más ministerios bajo tu cuidado directo, tal vez necesites considerar la poda de la vid del ministerio.

Thom Rainer y Eric Geiger, en su libro *Iglesia simple,* definen el enfoque así: «El enfoque es el compromiso con abandonar todo lo que queda fuera del proceso ministerial simple».[3] Siguiendo su definición, pregúntate, ¿qué estamos haciendo que no contribuye directamente a nuestra visión de manera impactante? Piensa en ello. Sé sincero. Permíteme que te haga la pregunta de nuevo. Es demasiado importante como para pasarla por alto. ¿Qué estás haciendo que no contribuye directamente con un alto impacto a tu visión? La respuesta a esta pregunta debe ser eliminada.

Respiro.

Puedo sentir que te estremeces. Tu presión sanguínea está subiendo. Quizás pienses: *Si pongo fin a ese ministerio, ¿qué hará la gente?*

Te imaginas los chismes.

Ves que la gente se enfada y abandona la iglesia.

Estás leyendo los comentarios negativos sobre ti en las redes sociales.

Te visualizas repartiendo pizza para ganarte la vida.

Reconozco que cortar un ministerio puede ser traumático. Pero, al igual que con cualquier cirugía para salvar vidas, es necesario hacerlo.

Por ejemplo, nosotros creamos lo que esperábamos que fuera nuestra tercera aplicación más importante sobre la Biblia. (¿Puedes ver el común denominador con mis días en la universidad?) Nuestra primera aplicación de la Biblia fue YouVersion. La segunda fue de la Biblia para niños. La tercera aplicación, que sabíamos que revolucionaría las redes sociales y la Biblia, se llamó Bible Lens.

Con un entusiasmo desenfrenado, nuestros desarrolladores crearon una aplicación que podía reconocer casi cualquier objeto en cualquier foto que tomaras con tu teléfono. Una vez tomada la foto, nuestro software personalizado reconocería el objeto en la foto y sugeriría versículos bíblicos relacionados. Luego te ayudaría a mostrar artísticamente el versículo perfecto en tu foto para publicarlo en las redes sociales.

Si sacas una foto de un par de zapatos, la aplicación puede elegir un versículo sobre caminar con Dios. Si sacaras una foto del cielo, podrías elegir versículos acerca del cielo. Si sacaras una foto de tu sándwich de mortadela, podrías añadirle un versículo sobre que Jesús es el pan de vida. Brillante, ¿verdad? Sí. Solo que no se usaba mucho.

Seguimos pensando que nuestra idea innovadora fue brillante. Muchos de los mejores desarrolladores siguen asombrados por el funcionamiento de la tecnología. Pero como solo tuvo un éxito marginal, cerramos la aplicación. Algunas personas se sintieron heridas, otras enfadadas. Pero como no se centraba en el compromiso bíblico que deseábamos, la eliminamos para destinar los recursos a algo que tuviera impacto.

Puede que tengas que cortar un ministerio o puede que simplemente te tomes un descanso de una actividad. Recuerdo haber tenido una conversación con mi amigo el pastor Rick Warren. Durante años y años, la Iglesia Saddleback ha impactado a miles de líderes a través de las conferencias Purpose Driven. Después de orar fielmente, Rick y su equipo decidieron no hacer conferencias por un tiempo. En su lugar, eligieron reunir grupos más pequeños y tener conversaciones. Rick dedicó varios años a interactuar con otros líderes en lugar de enseñarles.

He oído hablar de una iglesia que suspendió todos sus ministerios (excepto el culto de fin de semana) durante el verano. Al final del verano, reiniciaron solo los pocos que creían que contribuían a la visión.

Podar la vid de nuestro ministerio

Permíteme que te cuente parte de la historia de nuestra iglesia para ilustrarla. Crecimos lentamente en los primeros días. Durante los primeros años, nunca sentí que fuéramos una verdadera iglesia. En mi pensamiento distorsionado, creía que necesitábamos nuestro propio edificio y todas las otras cosas que tienen las verdaderas iglesias, como un ministerio de deportes, conciertos, conferencias y nuestra propia furgoneta. Pensaba que esos elementos importantes nos darían *eso* que buscábamos. Entonces seríamos una verdadera iglesia.

No me di cuenta de que ya *lo* teníamos. Dios estaba haciendo algo especial. Las personas perdidas estaban siendo halladas. Las personas convertidas estaban creciendo. La iglesia era espiritualmente vibrante. Todo ello sin ninguna de las cosas que yo pensaba que eran necesarias.

Un día construimos el edificio con el que había soñado. Un poco más tarde, iniciamos el ministerio de deportes que yo sabía que era necesario. Al poco tiempo, organizamos un concierto de verdad con entradas y camisetas de baja calidad a un precio excesivo. Luego organizamos una conferencia para matrimonios con un conocido orador que tenía su propio programa de radio. Eventualmente, compramos nuestra propia furgoneta para que nuestros alumnos pudieran jugar

Verdad o Reto en la parte de atrás mientras viajaban a casa desde el campamento. (Al menos eso es lo que yo solía hacer).

Hemos llegado. Por fin la legitimidad.

Entonces, un día me di cuenta de que todo lo que siempre había querido estaba matando lentamente todo lo que ya tenía. Nuestra iglesia *lo* tenía y no lo sabíamos. Eso nos llevó a añadir cosas que no necesitábamos, que estrangularon lo que ya teníamos. Todas las cosas nuevas que finalmente empezamos a hacer no contribuyeron a la visión. Competían con la visión. Estábamos dirigiendo toneladas de recursos a áreas no productivas.

Finalmente, reconocí la locura de todo esto. Miré el ministerio de deportes y me di cuenta de que estábamos sacando a los cristianos de sus partidos de entrenamiento con los no cristianos para que pudieran jugar juntos con los cristianos (pero actuando como no cristianos). ¿Qué tan tonto era eso?

> Un día me di cuenta de que todo lo que siempre había querido estaba matando lentamente todo lo que ya tenía.

Nuestros conciertos nos costaron muchísimo dinero y aún más tiempo y esfuerzo básicamente para entretener a los cristianos que iban a otras iglesias. Otra vez, una insensatez.

En otra ocasión nos gastamos una pequeña fortuna para traer a uno de los mejores oradores de conferencias matrimoniales, pero solo se presentaron ocho parejas. Una tontería con esteroides.

Entonces, uno de los neumáticos de nuestra furgoneta estalló en la autopista, volcó el vehículo y arrojó a varias personas a un lado de la carretera. (No hubo muertos ni heridos permanentes. Alabado sea Dios por su protección).

Fue entonces cuando decidí que no necesitábamos el ministerio de deportes, los conciertos, las conferencias o la furgoneta de la iglesia. Sin ellos, podíamos seguir siendo una verdadera iglesia. Después de más tiempo en oración, nuestros líderes decidieron cortar todas las actividades del ministerio excepto cinco. Así es, cinco. Solo cinco.

¿Cuáles fueron las cinco cosas que hicimos? Centramos toda nuestra energía en:

1. experiencias de fin de semana
2. misiones
3. pequeños grupos
4. niños
5. estudiantes

Eso es todo.

¿Pero qué pasa con la escuela dominical? ¿Y el estudio bíblico de los miércoles por la noche? ¿La escuela bíblica de vacaciones?

Nuestra respuesta: no.

¿Qué pasa con el ministerio de los solteros? ¿Ministerio de hombres? ¿Ministerio de mujeres?

Otra vez no.

¿Y las conferencias de la iglesia? ¿Conferencias de apología? ¿Conferencias de gestión financiera?

De nuevo… no.

¿Representaciones navideñas? ¿Producciones de Semana Santa? ¿Musicales infantiles?

No, en absoluto.

Para algunos, me he convertido en un hereje. Otros pueden pensar que soy un héroe con superpoderes.

Durante casi una década, solo hicimos cinco cosas. ¿Por qué? Porque creíamos que esas eran las cinco cosas que Dios nos llamaba y nos equipaba para hacer. Solo porque *puedas* hacer algo no significa que debas hacerlo.

En un momento dado nos dimos cuenta de que teníamos que aflojar, pero solo un poco. ¿Por qué?

Reconocimos que en nuestros primeros años, cuando éramos más pequeños, algunas de las cosas que hacíamos fuera de nuestros cinco esenciales nos ayudaron a crecer. Ya no eran necesarias cuando crecimos y, por lo tanto, no se incluyeron cuando redujimos el enfoque de nuestro ministerio a cinco.

El problema fue cuando empezamos a lanzar campus en todo Estados Unidos. Los campus normalmente empezaban siendo pequeños, pero como vivían según nuestro enfoque iniciado internamente, no podían hacer algunas de las cosas que nosotros pudimos hacer en nuestros primeros años. Nuestras estrictas reglas estaban impidiendo que algunos campus de iglesias más pequeños y nuevos disfrutaran de las mismas oportunidades que nos proporcionaron el crecimiento en nuestros primeros años.

Así que suavizamos nuestra postura. Pero no mucho. Permitimos que nuestros campus más pequeños realicen ocasionalmente actividades de evangelismo en los barrios. Pero incluso después de dar un poco de flexibilidad, todavía estamos predispuestos a proteger nuestro enfoque con muchos «no».

Te animo a que hagas lo mismo.

Pase lo que pase, la visión sigue siendo central.

Piensa en las prioridades

Cuando reduzcas tu enfoque, te animo a que no solo pienses en programas, sino también en prioridades. Me explico. Me reúno con los pastores de nuestros campus tres veces al año para formarlos. Durante una sesión de capacitación, les pedí que anotaran en una tarjeta las cinco prioridades principales que contribuirían a llegar a nuevas personas y hacer crecer la iglesia. Leí sus listas en voz alta. Había muchos temas buenos, como el desarrollo del equipo de trabajo, la inversión y el aprecio por los voluntarios, el cuidado de los miembros de la iglesia, la administración de los recursos, la creación de una atmósfera evangelizadora y la dirección de los servicios de fin de semana con excelencia. Todas sus ideas eran sólidas y útiles. Pero se olvidaron de una cosa. Y la única cosa que olvidaron fue enorme.

Suena ofensivamente simple, pero para crecer y alcanzar a más personas en la iglesia, debes tener asientos vacíos. Cuando un auditorio está lleno en un 80 por ciento o más, la gente no siente que haya espacio para ellos. La mayoría de nuestras iglesias tienen cinco, seis, siete, ocho o incluso nueve servicios de fin de semana. El problema es que están casi todos llenos en los dos horarios principales del domingo. Lo que sé de aquellos que son nuevos en la iglesia es que normalmente vienen a uno de los dos servicios del domingo por la mañana que son más convenientes. Esos son los servicios que suelen estar mucho más llenos.

Para crecer, debemos tener espacio para crecer. Para mí, esa es una prioridad absoluta. Pero ningún pastor del campus la mencionó ni una sola vez. (No fue culpa de ellos, sino mía). Tenían muchas buenas ideas, pero no se centraron en el área que daría cabida a nuevas personas para encontrar la vida en Cristo.

Cuando pienses en centrarte, no pienses solo en programar. Piensa en prioridades. (Y si preguntas hoy a uno de nuestros pastores de campus por su prioridad número uno, te prometo que no será el desarrollo del equipo o el aprecio a los voluntarios).

Una gran obra

Cuando Nehemías estaba reconstruyendo fielmente los muros derribados de Jerusalén, dos de sus enemigos, Sanbalat y Gesem, lo invitaron a una reunión con la intención de frustrar su progreso. Debemos memorizar la respuesta de Nehemías. La Nueva Traducción Viviente lo expresa de esta manera: «De modo que les respondí con el siguiente mensaje: "Estoy ocupado en una *gran tarea*, así que no puedo ir. ¿Por qué habría de dejar el trabajo para ir a encontrarme con ustedes?"» (Nehemías 6:3, énfasis añadido, NTV).

Nehemías *lo* tenía. La gente con él *lo* tenía. (¿Te imaginas la emoción de trabajar con gente que amas, sirviendo al Dios del cielo y haciendo historia? En el próximo capítulo, examinaremos cómo contribuye este tipo de camaradería). Las personas trabajaron juntas, empoderadas por Dios y por un gran liderazgo, y lograron lo imposible.

Los que *lo* tienen se quedan con lo que les trae. Cuando sepas que estás haciendo una gran tarea, haz lo posible por no distraerte. Si lo tienes, guárdalo. No lo desvirtúes haciendo las cosas incorrectas. Cuando aumentas tu concentración, disminuyes tus opciones. Las cosas buenas no son necesariamente cosas de Dios. Recuerda que creces con tus «no».

Dite a ti mismo: «Estoy concentrado. Estoy haciendo una gran tarea y no puedo ir».

Factores para tenerlo

- Los que lo hacen todo tienden a *perderlo.*
- Cuanto más clara sea tu visión, más fácil te será guardar lo que Dios te llama a hacer.
- En lugar de decir «y», tal vez haya que decir «o».
- Si persigues a dos conejos, ambos se escaparán.
- Para ser grande en algunas cosas y experimentar *eso,* hay que decir no a muchas cosas.
- La innovación requiere decir no a mil cosas.
- Cuando el enfoque aumenta, las opciones disminuyen.
- Los que *lo* tienen se quedan con lo que les trae.
- Creces con tus «no».

Preguntas para el debate o la reflexión

1. Jim Collins escribe sobre el «principio del erizo». Observa cuidadosamente a las personas que Dios ha puesto a tu alrededor, los recursos que tienes a tu disposición y las personas que están al alcance de tu ministerio y responde a esta pregunta: «¿En qué podemos ser los mejores del mundo?».
2. Lo bueno puede ser enemigo de lo grande. Mientras te centras en lo que puedes hacer bien, ¿qué cosas buenas de tu lista de

cosas por hacer deben cambiarse a tu lista de cosas para no hacer?

3. La mayoría de las iglesias añaden y añaden y añaden ministerios. Tal vez sea el momento de podar la vid. Si tuvieras que eliminar una parte de tu ministerio hoy, ¿cuál sería?

4. ¿Cuáles son los pocos ministerios necesarios para cumplir con tu visión? Si pudieras hacer solo unas pocas cosas para obtener el mayor rendimiento del ministerio, ¿qué cosas harías?

CAPÍTULO 6

Camaradería inconfundible

Es mejor tener una persona trabajando contigo que tres personas trabajando para ti.

—Dwight D. Eisenhower

Iniciamos Life.Church en 1996, el año en que se estrenó la película *Jerry Maguire*. El personaje del título, interpretado por Tom Cruise, dirigía las carreras de atletas profesionales. Hacia el final de la película, después de uno de esos raros momentos emotivos de los hombres, Jerry abraza fuertemente a su cliente y amigo Rod Tidwell. Otro atleta lo observa con envidia y decepción y le pregunta a su agente: «¿Por qué no nos abrazamos así?». El agente (un idiota que se dedica a ganar dinero) dudó, y luego, casi podías verlo pensando, *Las cosas que hago por un dólar,* se dio vuelta y buscó el abrazo. Los dos hombres se detuvieron a mitad del abrazo y se separaron torpemente.

No dio resultado.

No hay que fingir *eso*

Los ministerios que *lo* tienen lo disfrutan juntos. Tienen una camaradería inconfundible. Cualquiera que esté cerca de ellos puede verlo. Pueden sentirlo. Afinidad, comunidad, sinceridad, fraternidad (y sororidad). El cristianismo en su máxima expresión. A la gente le encanta estar junta. Y cuando lo están, cuando la gente interactúa, es algo eléctrico.

Para que la iglesia tenga *eso,* es probable que primero lo tenga el equipo de trabajo (o los voluntarios). Así como sucede con los líderes, sucede con toda la organización. Aunque me encantaría dedicar tiempo para hablar sobre la comunidad en toda la iglesia, limitaré la discusión al equipo de trabajo y a los voluntarios. A esto me referiré como «el equipo».

Los ministerios que *lo* tienen lo disfrutan juntos.

Para tener *eso* en todas partes, tiene que empezar en algún sitio. Debe comenzar con tu equipo.

Las amistades importan. Los estudios revelan lo importantes que son las amistades en el lugar de trabajo. Las investigaciones de Gallup demuestran que las amistades íntimas en el trabajo aumentan la satisfacción de los empleados en casi un 50 %.[4] Tom Rath, líder de la práctica global de Gallup, explica por qué los empleados que tienen un mejor amigo en el trabajo tienen siete veces más probabilidades de estar emocionalmente comprometidos en el trabajo. Él dice: «Las personas con amigos en el trabajo tienen un 88 % más de probabilidades de estar satisfechas con sus vidas». Las personas más felices son mejores miembros del equipo. Sin embargo, señala que menos de una de cada cinco personas considera a su jefe un amigo íntimo. Pero cuando un miembro del equipo es cercano al jefe, tiene dos veces y media más probabilidades de estar satisfecho en el trabajo.

En nuestro equipo de trabajo, los miembros más antiguos son mis mejores amigos. Brian Bruss empezó cuando nuestra iglesia tenía cinco meses de vida y apenas había llegado a la pubertad. (Es una broma, Brian. Sé que ya habías llegado a la pubertad. Quise decir que *actuabas* como si apenas hubieras llegado a la pubertad). Mi asistente y líder del equipo de la oficina, Lori Meek, ha sido parte de nuestra familia de la iglesia desde el año 2000. Su equipo, Adrianne Manning y Stephanie Pok, son como de la familia. Mark Dawson está detrás de la cámara. Es uno de los amigos más cercanos que tengo. (Y nunca podré traicionarle porque puede hacer que mi nariz parezca más grande en la pantalla de lo que ya es).

Bobby Gruenewald, Jerry Hurley y Sam Roberts son los líderes directivos de nuestra iglesia. Es difícil de creer para la mayoría de la gente, pero nuestro equipo de liderazgo direccional (algunos los llamarían líderes ejecutivos) han estado sirviendo juntos durante casi un cuarto de siglo. Sí, eso es extraordinariamente raro. Y sí, sabemos que lo que tenemos es extraordinariamente especial. Cuando nos reunimos, nos reímos tanto que lloramos. Nadie está nunca a salvo de que todos se unan para bromear con uno. A todos nos encanta. Todos estos miembros del equipo te dirían que una gran parte de la satisfacción de su ministerio son los recuerdos inolvidables que compartimos (muchos de los cuales no se los contaremos nunca a nadie).

El equipo con *eso* tiene amor entre ellos. No solo ministran juntos, sino que juntos transitan por la vida. Lo que tienen es más que una amistad. Es algo que Dios da, más que una asociación de personas con un amor profundo comprometidas con una sola misión. Son más que amigos. Son un equipo.

¿Has oído hablar del libro *Refrigerator Rights* [Derechos de refrigerador]? En él, los autores Will Miller y Glenn Sparks hablan de que hoy en día pocas personas tienen estos derechos en la vida de los demás.

Seguramente te preguntarás: *¿Qué son los derechos de refrigerador?* Alguien con derechos de refrigerador es una persona que se siente tan cómoda y tiene tanta confianza que puede entrar a tu casa, abrir tu refrigerador y servirse un sándwich y una bebida. No tiene que pedirlo.

Si eres como la mayoría, sospecho que muy pocas personas tienen derechos de refrigerador en tu casa. Normalmente, todo el mundo está demasiado ocupado para conocerse de verdad. La gente puede tener amistades en el trabajo o en el gimnasio o en las reuniones de la asociación de padres de alumnos, pero pocos comparten la vida en sus casas.

En cambio, los equipos que *lo* tienen están tan conectados y comprometidos entre sí que casi siempre tienen derechos de refrigerador. Cuando los demás ven *eso,* miran con envidia. *¿Por qué no nos abrazamos así? ¿Por qué no puedo abrir tu refrigerador y prepararme un sándwich de mortadela con mostaza de Dijon y queso?*

Pero al igual que el agente idiota de *Jerry Maguire* que no podía fingir un abrazo, no se puede fingir este tipo de vínculo. No todos los equipos ministeriales tienen *eso.* La mayoría no lo tiene. Y su ausencia es tan evidente como su presencia en un equipo. En lugar de zumbar con un zumbido relacional, una sala de personas sin él es mayormente silenciosa. Cuando hablan, todo es acerca de negocios. Pocas risas, poca alegría, poca vida. Trabajan juntos, pero no *lo* comparten.

¿Cuál es el problema?

¿Por qué nos resulta tan difícil experimentar el tipo de comunidad para la que Dios nos creó y que *eso* lo hace posible?

El encuestador George Barna realizó un interesante estudio que reveló que el noventa y cinco por ciento de los estadounidenses se declaran pensadores independientes.[5] Para muchas personas, la independencia es una virtud, una meta. Quieren ser económicamente independientes: *No necesito depender de nadie para ganar dinero.* Quieren ser independientes profesionalmente: *No tengo que rendir cuentas a nadie.* Y quieren ser independientes desde el punto de vista relacional: *No necesito a nadie ni respondo ante nadie.*

Una mujer de negocios quiere creer que es una mujer que ha triunfado por sí misma. Muchos deportistas están más preocupados por su rendimiento que por los resultados de sus equipos. Incluso en los matrimonios, las personas suelen estar más preocupadas por lo que pueden obtener que por lo que pueden dar.

No solo somos independientes, muchas personas hoy en día tienen miedo. Con tanto dolor relacional que soportan, especialmente aquellos que han servido en el ministerio y en roles de liderazgo, no es de extrañar que sean tímidos. Amy y yo hablamos a menudo de nuestras cicatrices en el ministerio. Hemos perdido a algunos de nuestros amigos más cercanos por malentendidos y medias verdades. Haciendo lo que creíamos que era lo correcto, hemos tenido que despedir a personas que nos importaban. A algunos les disgustamos hasta el día de hoy. Buenos amigos han dejado la iglesia sintiendo amargura hacia nosotros, o hacia Dios, o hacia ambos. Las personas a las que nos abrimos traicionaron sus confidencias, arrastrándonos a través de temporadas incómodas de dolor y miedo. Durante un tiempo, no quisimos volver a confiar. ¿Te sientes identificado? Es como esa canción de Adele. En realidad, es como *todas* las canciones de Adele. Has aprendido que a veces el amor dura, pero a veces duele, y te preguntas si volverás a amar y no dejarás que nadie se acerque lo suficiente como para lastimarte.

Tal vez hubo un momento en el que te abriste con alguien para contarle lo que te pasó, solo para que le restara importancia a tu dolor. O confiaste en alguien que terminó traicionándote. O diste tu corazón a alguien que se alejó y te rechazó. Inconscientemente, decidiste que saldrías adelante por ti mismo. Serías independiente, sin necesitar a nadie.

No puedo decirte con cuántos pastores y líderes de iglesias he hablado que están aterrorizados de abrirse. Están paralizados por el miedo, seguros de que si dejan entrar a alguien, saldrán perjudicados, otra vez. Tal vez seas tú. Después de ser quemado, no dejas que nadie se acerque lo suficiente como para hacerte daño. Eres independiente, pero muy consciente de que algo no va bien. Puede que tengas una frustración constante de bajo grado. Tal vez te atormenta una persistente sensación de melancolía. Vives en un estado persistente de depresión leve. Sabes que te falta algo, pero no sabes qué es.

Mientras tengas miedo a la intimidad y a la asociación espiritual, es probable que no puedas experimentar *eso*. Para *tenerlo,* tienes que compartirla con el otro. Así como no hay un *yo* en el *equipo,* no hay *eso* en la *independencia.*

Dios le dijo a Adán que no es bueno estar solo. Salomón dijo que dos son mejores que uno. Jesús dijo que Dios está presente cuando dos o tres se reúnen en su nombre. Los que *lo* tienen lo viven mejor juntos.

Efesios 2:19-21 dice: «Así que ahora ustedes, los gentiles, ya no son unos desconocidos ni extranjeros. Son ciudadanos junto con todo el pueblo santo de Dios. Son miembros de *la familia de Dios*. Juntos constituimos su casa, la cual está edificada sobre el fundamento de los apóstoles y los profetas. Y la piedra principal es Cristo Jesús mismo. Estamos cuidadosamente *unidos* en él y vamos formando un templo santo para el Señor» (NTV, énfasis añadido). Dios quiere que seamos miembros activos de su familia. Debemos estar unidos. Henry Ford dijo: «Unirse es un comienzo. Mantenerse unidos es un progreso. Trabajar juntos es el éxito».

No puedes experimentar *eso* solo. Se habla mucho de tener una relación «personal» con Jesús, lo cual es importante. Pero cuando lees las Escrituras, ves que Dios en realidad nos llama a una relación «compartida» con Jesús. Dios quiere que compartas *eso*. Y, sin embargo, para muchos, el objetivo es ser independiente. Estas personas bien intencionadas no se dan cuenta de que ser independiente es ser claramente no cristiano.

Si quieres *eso*, lo experimentarás mejor cuando vivas en auténtica comunidad con el pueblo de Dios.

¿Lo has entendido? Muchas personas persiguen una meta que se opone al plan de Dios. Dios te diseñó para ser *interdependiente*. Quiere que dependas de él y de su pueblo. Si quieres *eso*, lo experimentarás mejor cuando vivas en auténtica comunidad con el pueblo de Dios.

La culpa del aire acondicionado y del abridor de puerta del garaje

¿Dónde ha quedado la intimidad? ¿Por qué hay tanta gente aislada relacionalmente? ¿Por qué la gente de hoy vive mayoritariamente de forma independiente y a menudo sola? La culpa la tienen el aire acondicionado y el control remoto de la puerta del garaje. Así es. Antes del aire acondicionado, la gente se sentaba en el porche de su casa y se conocía. Tomaban bebidas frías, jugaban a las damas y charlaban durante horas, compartiendo sus vidas. Tenían una convivencia sana y relajada. Entonces, un malvado enemigo invadió nuestros hogares: el aire acondicionado permitió que la gente se quedara en casa. En ausencia de conexiones en el porche, los vecinos empezaron a distanciarse. Las relaciones se debilitaron.

Llegó la invención del abridor de puertas del garaje. De repente, podíamos evitar por completo a los vecinos. (Les dije a mis hijos que la gente solía tener que salir de sus coches para abrir las puertas del garaje. Se quedaron mirando con incredulidad). Muchos de los nuevos barrios no tienen aceras, lo que desalienta aún más la interacción. En lugar de tener amistades profundas y duraderas con los vecinos, muchas personas apenas conocen los nombres de sus vecinos.

Además, la tecnología nos ha liberado de la necesidad de hablar cara a cara. Podemos enviar mensajes de texto o correos electrónicos en su lugar, evitando temas desagradables y ahorrando el tiempo que requieren las conversaciones profundas. Podemos hacer operaciones bancarias por Internet, comprar zapatos por Internet, pedir pizza por Internet, hacer todas las compras de Navidad por Internet, pedir la comida por Internet y no tener que hablar nunca con nadie. Puede que dependamos de la tecnología, pero parece que ya no dependemos de las personas.

¿Has reconocido esta mentalidad independiente que se está extendiendo en la iglesia? Muchas personas quieren venir a los servicios de la iglesia de forma anónima. Los miembros del equipo quieren trabajar independientemente del equipo. Sin embargo, el Nuevo Testamento está salpicado de recordatorios de «unos a otros». Aunque las Escrituras dicen que nos amemos unos a otros, que nos animemos unos a otros, que nos ofrezcamos hospitalidad unos a otros, que seamos amables unos con otros, mucha gente se conforma con tolerarse unos a otros, si no con ignorarse unos a otros. Mi programa de búsqueda bíblica YouVersion no encuentra esos «unos a otros» en ninguna parte de las Escrituras.

Trayendo *eso* a tu equipo

Algunos equipos ministeriales tienen *eso*. Otros no. Los que no lo tienen pueden llamarse equipo, pero en realidad son un grupo de individuos que hacen sus propias cosas. Una iglesia típica puede tener un grupo que piensa en el ministerio de los niños y otro que se enfoca en los grupos pequeños y otro que planea las misiones. Estos grupos están compartimentados en silos no porosos. Se apasionan por lo que hacen, olvidando cómo su papel debe encajar en la misión general de la iglesia. Incluso si todos los jugadores son estrellas espirituales, el equipo nunca ganará a menos que los jugadores trabajen juntos. Como dijo Babe Ruth: «La forma en que un equipo juega en conjunto determina su éxito. Puedes tener el mejor grupo de estrellas individuales en el mundo, pero si no juegan juntos, el club no valdrá un centavo».

El apóstol Pablo utilizó el cuerpo como metáfora en 1 Corintios 12:12: «De hecho, aunque el cuerpo es uno solo, tiene muchos miembros, y todos los miembros, no obstante ser muchos, forman un solo cuerpo. Así sucede con Cristo». Cada uno de nosotros tiene su papel. El papel de una persona es ser el portavoz, comunicando la visión. Otro tiene el papel de las manos que llevan a cabo el trabajo diariamente. Otro desempeña el papel de los pies, llevando la obra y el ministerio hacia fuera. Y otro hace el papel del bazo. Bueno, vale, no tengo ni idea de lo que hace un bazo, ¡y no creo que quiera saberlo!

Ya lo has entendido. El cuerpo necesita que todas las partes funcionen juntas. Una boca o una mano o un pie o un bazo tirado en el suelo por sí mismo es solo una parte del cuerpo independiente, no tiene sentido. Es repulsivo. Fuera del cuerpo, buscando hacer lo suyo, dejará de funcionar. Y lo mismo ocurre en la iglesia. Por eso la mentalidad del ministerio independiente mata a *eso*. *Eso* necesita a otros con *eso* para florecer.

Ningún ministerio es una isla

Quizá conozcas el funcionamiento interno de los miembros del equipo de trabajo que compiten por un número limitado de recursos. (No estoy hablando de *tu* iglesia, por supuesto). Los ministerios de una iglesia compiten en silencio, o en voz alta, por los dólares del presupuesto. Discuten sobre quién puede utilizar ciertas salas en determinados momentos. Los ministerios compiten por el permiso para contratar ayuda administrativa. Durante los proyectos de construcción, cada departamento puede luchar por su parte justa. Los líderes de los equipos compiten por los reconocimientos. *¿Me mencionarán en la reunión de equipo?* La gente puede competir por el tiempo de los líderes del ministerio.

El problema es que cuando dos partes compiten, una pierde. Por eso, en el ministerio, los que tienen *eso* no compiten entre sí, sino que trabajan para *completarse* mutuamente. Aman tanto la misión que están dispuestos a dar y recibir. Están dispuestos a trabajar duro y a jugar duro. Disfrutan de la batalla, juntos. Cuando ganan, ganan como equipo. Cuando pierden, aprenden como equipo. Alguien dijo: «El trabajo en equipo es el combustible que permite a la gente común alcanzar resultados poco comunes».

Examinemos cinco elementos comunes que contribuyen a que se produzca la camaradería en un equipo.

1. Comprender el panorama general

Para ser un equipo fuerte con *eso*, cada miembro del personal y cada voluntario debe comprender la misión de la organización. Aquí es donde la visión y la camaradería se superponen y se potencian mutuamente. Si un miembro del equipo no ve cómo su papel se relaciona con el panorama general, sentirá que solo está haciendo un trabajo. Se sentirá infravalorado, poco apreciado y sin importancia. Su propósito debe ser expresado explícitamente, no solo asumido. Todo el mundo necesita su merecida parte de crédito.

Imagínate armar un rompecabezas de diez mil piezas. (Mi mujer está sonriendo mientras lee esto. Yo siento náuseas. Soy horrible con los rompecabezas). Si tu función es juntar diez piezas en una esquina, pero no tienes ni idea de la diferencia que hace tu parte, te aburrirás o frustrarás rápidamente. Querrás saber a qué estás contribuyendo. ¿Qué aspecto tendrá el rompecabezas completo? El papel del líder es señalar constantemente el objetivo, expresar una y otra vez cómo contribuye el papel de cada persona. El panorama general requiere una exposición constante.

Cuando una persona entiende y abraza la misión, disfrutará y apreciará la camaradería de sacrificarse juntos. Renuncian de buen grado a algunas cosas que aman por algo que aman aún más: alcanzar a la gente para Cristo. La Madre Teresa dijo: «Ninguno de nosotros, incluyéndome a mí, hacemos grandes cosas. Pero todos podemos hacer cosas pequeñas, con gran amor, y juntos podemos hacer algo maravilloso». Si no recordamos con regularidad por qué hacemos lo que hacemos, cómo nuestra parte contribuye a algo maravilloso, el equipo perderá *eso* y será simplemente un grupo de personas haciendo su propio trabajo.

Nuestro equipo hizo una vez un ejercicio que llamamos «Por causa de ti». Pedimos a los miembros de nuestro equipo de trabajo que se animaran mutuamente expresando cómo su papel contribuye a la obra más amplia de Dios en la iglesia. La conversación comenzó de una manera conmovedora. Alguien de nuestro equipo de finanzas le dijo a uno de los miembros del equipo de niños: «Gracias a que escribes un plan de estudios tan bueno, mi hijo está más cerca de Cristo». Otra persona compartió con alguien del equipo de instalaciones: «Gracias a que usted supervisa la disposición de las sillas, Dios toca vidas cada semana durante el culto». Al poco tiempo, la gente estaba llorando suavemente. Una persona sollozaba mientras expresaba con sincera emoción: «Les agradezco a todos por su aliento y sus oraciones, no solo mi matrimonio sobrevivió, sino que estamos más unidos de lo que jamás hubiéramos podido imaginar». No esperes que la transparencia y la vulnerabilidad se produzcan por sí solos; crea oportunidades para que tu equipo se vincule. Y cuando puedan vincularse en torno a la misión, de manera que les ayude a ver el panorama general, entonces conseguirás *eso*.

2. Divertirse juntos

Los equipos que tienen *eso* lo disfrutan y se divierten entre ellos. Se ríen juntos, a menudo. Cuando entro en medio de un equipo lleno de *eso* en nuestra iglesia, siempre tengo cuidado con el peligro. En cualquier momento, una banda elástica podría sorprenderme, una pistola de agua podría dispararme, o alguien podría saltar de detrás de un escritorio y atacarme. He sido abordado en muchas ocasiones. Incluso me han atacado de lleno. (Pero deberías ver a los demás).

Los equipos con *eso* le ponen apodos a todos. (En caso de que te lo preguntes, yo soy Maverick y mi chico del vídeo es Ice Man. ¿Oyes el tema musical de la película *Top Gun*?) Celebran los cumpleaños. Hacen fiestas por los «aniversarios de trabajo». Se hacen bromas los unos a los otros. Hacen viajes juntos. Cuentan historias sobre los demás y exageran más con cada relato. Inician a los nuevos miembros del equipo. (Podría escribir un capítulo entero sobre las iniciaciones más escandalosas, pero muchas de ellas entran en la categoría de «tenías que estar allí y ahora no puedes contarlo porque todos hemos jurado guardar el secreto»). Los que *lo* tienen lo disfrutan juntos.

Bien, sé que te lo estás preguntando, así que me adelantaré y te contaré *una* de las historias de iniciación. Hace unos años, Beau Coffron se unió a nuestro equipo para ayudar a supervisar nuestro ministerio de redes sociales. Nuestro equipo de comunicación quiso darle la bienvenida a su manera creativa (y humorísticamente cruel).

Así que este grupo increíblemente innovador de cuatro personas «decoró» su oficina.

- *Paso 1:* Cubrieron su alfombra de pared a pared con tiras de cinta adhesiva de dos caras. Las tiras se colocaron cuidadosamente a unos cinco centímetros de distancia.
- *Paso 2:* Llenaron cientos de vasos de plástico con hielo y purpurina.
- *Paso 3:* Aseguraron los vasos sobre las tiras de cinta adhesiva. (¿Puedes visualizarlo? Imagina el suelo de toda una oficina cubierto de pared a pared con cientos de vasos llenos de hielo y purpurina).
- *Paso 4:* Volvieron a casa para pasar la noche y dejaron que el hielo se derritiera, creando un arco iris de gloria infranqueable.

Beau llegó al día siguiente, abrió la puerta de su despacho y vio la obra maestra. Se rio, apreciando el gesto divertido del equipo. Se rio porque todavía no se daba cuenta de lo que estaba viendo. Intentó levantar una taza, y toda la fila de tazas pegadas a esa tira de cinta adhesiva se cayó, derramando agua con purpurina por toda su oficina. Cada taza estaba conectada a docenas más. Beau acababa de entrar en la *matrix*. Una *matrix* húmeda y brillante.

Creo que Beau trabajó fuera durante una semana. Sinceramente, no tengo ni idea de cómo resolvió el problema. (Me sorprende que haya vuelto a habitar su oficina).

Todos los grandes equipos proporcionan este tipo de ministerio sincero y edificante entre ellos.

Puede que pienses que no tienes fondos para divertirte. No puedes permitirte extravagantes eventos de formación de equipos. No hay problema. He descubierto que el mejor tipo de diversión no es algo que se pague ni se planifique. La diversión suele ser un subproducto fortuito del cumplimiento de una misión con las personas que quieres.

3. Desnudarse juntos

Puede que hayas leído este subtítulo y hayas pensado: *Esto puede ser interesante*. O si eres más del tipo religioso estirado, habrás pensado: *Qué desagradable*. En cualquier caso, ha llamado tu atención, ¿cierto?

Los equipos sin camaradería tienden a taparse. Los equipos con gran camaradería se desnudan relacionalmente, como diría el autor Patrick Lencioni. Los que no *lo* tienen pueden tener dos caras. Los que *lo* tienen, tienen una cara verdadera.

No hay nada que sustituya a la transparencia. Cuanto más reales seamos, más probable será que *lo* experimentemos. Cuanto más nos reprimamos, menos probabilidades tendremos de tenerlo. Mark Sanborn, autor de *bestsellers* y autoridad en liderazgo, dice: «En el trabajo en equipo, el silencio no es salud; es mortal».

Me refiero a mis allegados como mis amigos de pies desnudos. Amy dice que le encanta todo de mí, desde la parte superior de mi cabeza hasta la parte inferior de mis tobillos. ¿Por qué la parte inferior de mis tobillos? Porque Amy dice que tengo pies feos. Si alguien llama a nuestra puerta y no sabemos quién es, ella nunca dice: «Craig, rápido, ponte una camisa». ¿Craig en toples? No hay problema. Lo que siempre grita es: «Craig, rápido, ponte unos calcetines. ¡No podemos dejar que nadie vea tus pies!».

Mis amigos íntimos pueden ver mis pies. (Sí, por supuesto, pueden soportarlo). Son mis compañeros de pies desnudos. Es más, si tu equipo tiene camaradería, las mujeres pueden presentarse sin maquillaje. Los chicos no tienen que afeitarse. Todos son libres de eructar… Ya me callo.

Ya te haces una idea. Somos abiertos con los demás. Aportamos nuestro verdadero yo. Si uno está sufriendo, los demás lo saben. Somos una familia.

Es domingo por la noche y estoy escribiendo en mi oficina. Algunos de nuestros amigos más cercanos acaban de irse de nuestra casa. Amy y yo hemos estado agotados por esta temporada de ministerio agotador (pero gratificante). En lugar de aguantarnos y esforzarnos por parecer fuertes, invitamos a nuestros amigos y nos desahogamos y revelamos nuestras necesidades. Nuestros amigos cercanos nos escucharon atentamente y luego oraron por nosotros con pasión. Ya podemos sentir que Dios aligera la carga.

Demasiadas personas en el ministerio no sienten la libertad de mostrar su verdadero yo. Tal vez sin darse cuenta, están montando un espectáculo espiritual, representando un papel, mientras se asfixian, muriendo una muerte relacional lenta y solitaria. Te animo a ser tú mismo. Da miedo, pero la realidad es que la gente prefiere seguir a un líder que siempre es real que a uno que siempre tiene razón. La gente puede quedar impresionada con tus puntos fuertes, pero conectará contigo cuando reveles tus debilidades.

El psicólogo Sidney Jourard escribe sobre los beneficios de ser abierto. Lo describe como «una función de atracción y confianza». Nos encariñamos con las personas que se abren a nosotros. Él explica: «Cuando las personas demuestran que les gustamos y confían en nosotros lo suficiente como para compartir información personal, empezamos a gustarles y a confiar en ellos. Como expresión de nuestro nuevo sentimiento, es probable que revelemos algo sobre nosotros mismos, reforzando así los sentimientos positivos». Por eso las personas cerradas rara vez hacen amigos. Anótalo: Cuanto más abierto sea tu equipo, más probable será que experimenten *eso* juntos. Cuanto más cerrado sea, más *lo* matará.

Nuestro equipo realiza regularmente revisiones de 360 grados. Se trata de que los miembros del equipo se evalúen mutuamente. La revisión comienza de forma anónima para fomentar la honestidad. A medida que el proceso avanza, nos volvemos específicos entre nosotros para ayudarnos a estrechar lazos y crecer. Estas son algunas de las cosas que los miembros del equipo han dicho sobre mí:

- «Craig es un gran comunicador y un líder visionario».

- «El aspecto más impactante del liderazgo de Craig es su amor radicalmente creciente por Jesús. Su capacidad de transferir lo que Dios está haciendo en él nos está cambiando como organización».
- «La desconexión de Craig con las operaciones diarias puede ser un problema. Su fuerza para delegar puede convertirse en una debilidad cuando no sabe lo que está pasando».
- «Craig necesita comprometerse más con los miembros del equipo fuera de su oficina y planta. Se sorprendería de lo que no sabe».

Me sentí bendecido y afirmado por las declaraciones positivas. Y me estremeció que algunos me consideren demasiado desvinculado. Imagínense que no diera la oportunidad de recibir este tipo de información valiosa. Seguiría dando por sentado que todo va por buen camino sin darme cuenta de que se había producido una fuga.

4. Celebrar las victorias

Muchos ministerios tienen victorias. Pocos las celebran. Una victoria es cuando algo sale bien. Oramos. Planificamos. Actuamos. Y Dios nos bendice. Pero luego perdemos *eso*, porque nos saltamos un paso crítico. No festejamos.

Demasiadas victorias se quedan sin celebrar.

Me encanta lo que Andy Stanley hace con su equipo en cada reunión de equipo. Abren sus reuniones con historias de cómo han cambiado vidas. Celebran las victorias, grandes y pequeñas. Todos disfrutan de lo que Dios ha hecho, expresando juntos una actitud de gratitud.

Hoy temprano, recibí un correo electrónico de nuestro líder del equipo de jóvenes. Uno de nuestros campus tuvo un evento extraordinario durante el cual Dios nos dejó boquiabiertos. (Yo no estaba allí en ese momento, lo cual fue una suerte porque mis pies... bueno, ya sabes). El líder del equipo incluyó a todo nuestro personal en el correo electrónico para que pudiéramos celebrar la victoria. Más tarde, cuando lo vi acercarse al edificio, lo tumbé al barro para celebrar. Durante todo el día presumió de por qué su camiseta estaba llena de barro. Estaba cubierto de *eso* y le encantó: celebridad por un día.

Los equipos que tienen *eso* buscan excusas para celebrarlo. Aniversarios. Finalización de proyectos significativos. Lanzamientos de ministerios. Victorias personales. Incluso los errores divertidos, las meteduras de pata o los momentos vergonzosos pueden ser divertidos de conmemorar. Esta semana, nuestro equipo de finanzas se vistió con ropa de los años ochenta para celebrar algo. (La semana pasada, vi a un tipo con un disfraz de pollo bailando al ritmo de música rap mientras su equipo lo animaba. (De nuevo, no pregunté). Nuestro equipo creativo suele traer comida para celebrar cumpleaños y nacimientos de bebés. Paso mucho tiempo probando la comida para asegurarme de que es segura para comer. No subestimes el valor de ayudar a toda tu iglesia a disfrutar de las ganancias. (La factura de compras de mi familia ha bajado setenta y cinco dólares al mes).

Los que tienen *eso* lo celebran juntos.

Oprah Winfrey dijo: «Cuanto más alabes y celebres tu vida, más habrá que celebrar en la vida». Los que tienen *eso* lo celebran juntos.

5. Peleando detrás de puertas cerradas

Los equipos que tienen *eso* son como una familia. Parte de ser familia es pelear. Así es. Los equipos que *lo* tienen saben mezclar bien las cosas y seguir siendo amigos. Mantienen su identidad como equipo, son leales hasta el final.

El legendario entrenador de la NBA, Pat Riley, resumió la lealtad al equipo cuando dijo: «El compromiso con el equipo no existe. O estás dentro o estás fuera». Los que *lo* tienen están dentro. Lo contrario ocurre con los que no lo tienen. Por fuera, pueden parecer tranquilos. Pero en el fondo, a menudo se forma una tormenta. La gente es amable y educada por fuera, pero por dentro está llena de resentimiento y amargura.

Parte de tener *eso* es saber que como grupo podemos resolverlo y seguir siendo amigos. Cualquier organización de éxito sabe cómo trabajar a través del conflicto. Los equipos que no tienen *eso* evitan los conflictos. Los equipos que tienen *eso* entienden que el conflicto es a veces necesario para tener *eso*.

Cuando una iglesia tiene *eso,* las cosas se mueven rápidamente. El cambio es constante. Si parpadeas, te has perdido algo. Debido al rápido ritmo de los avances, la gente puede sentirse excluida, desinformada o no apreciada. Otras veces, las personas con opinión tienen ideas muy diferentes sobre lo que debería ocurrir. A veces estas diferencias pueden resolverse con facilidad y tranquilidad. Otras veces hace falta una buena pelea a la antigua para solucionar las cosas.

Los que *lo* tienen saben pelear. Cuando hablo de peleas en la iglesia, no me refiero al tipo de peleas en la que el diácono se enfada con el pastor y le da un puñetazo en plena reunión, y la mujer del pastor se enfada con la mujer del diácono y se arrastra para agarrarla del pelo y le araña la cara mientras todos los maridos la animan como si estuvieran viendo la UFC (lucha libre). Esas son definitivamente peleas interesantes, pero no son productivas. Cuando hablo de una pelea, me refiero a cerrar las puertas y discutir apropiadamente en privado. Las personas que tienen *eso* saben decir lo que piensan, sacarlo a la luz y no salir de la habitación hasta que se resuelva el asunto. Una vez resuelto, actúan públicamente como si la pelea nunca hubiera ocurrido.

Esto nos ocurrió hace poco. A eso de las 9:07 de la mañana, en nuestra reunión de jefes de equipo direccional, le respondí duramente a Jerry por qué pensaba que su idea no era buena. (No lo era, por cierto. Me atengo a mi historia). Se abalanzó sobre mí diciéndome que no le gustaba mi tono de voz. Levanté aún más la voz diciéndole que su tonta idea provocaba mi mal tono y que si tenía mejores ideas, yo tendría mejores tonos. La pelea había comenzado.

Lo curioso es que nuestra iglesia había sido nombrada por Glassdoor como el mejor lugar para trabajar en Estados Unidos. Menos de dos horas después, tenía programado entrevistar a Jerry sobre la creación de una gran cultura de trabajo porque él es el líder al que le doy más crédito por haber ganado el premio y, más importante, por haber creado la cultura. ¿Qué tal eso para sentirse incómodo? Nos peleamos. Luego hacemos un podcast juntos sobre grandes entornos de trabajo. Solo que no fue incómodo en absoluto. Tan rápido como estalló (y créanme, estalló), pasó. No pasó porque lo barriéramos bajo la alfombra. Pasó cuando Jerry se detuvo y asumió lo que había hecho mal. Yo hice lo mismo. Entonces nos disculpamos. Nos perdonamos mutuamente. E hicimos una de las mejores entrevistas que hemos tenido en el podcast. Porque somos leales el uno al otro, podemos pelear y recuperarnos rápidamente.

Colin Powell dijo: «Cuando debatimos una cuestión, la lealtad significa darme tu opinión sincera, tanto si crees que me va a gustar como si no. El desacuerdo, en esta fase, me estimula. Pero una vez que se ha tomado una decisión, el debate termina. A partir de ese momento, la lealtad significa ejecutar la decisión como si fuera propia». Los líderes con *eso* luchan juntos en privado y permanecen juntos en público. La palabra esencial en ambos escenarios es *juntos*.

Como dije, trabajo estrechamente con otros tres líderes direccionales de la iglesia. De hecho, ponemos nombre a nuestras peleas y nos reímos de ellas. Tuvimos la Pelea de Craig, en la que casi los despido a todos. La Pelea de los desnudos junto a la fogata, en la que casi me despiden. (Para que conste, había una fogata, pero nadie estaba desnudo). ¿Y la que acabo de contar con Jerry? Esa es la Pelea de Jerry con su idea tonta.

Ellos tenían *eso* en Jerusalén

Como pastor de una iglesia en crecimiento, me he dado cuenta de que es difícil ir a cualquier lugar, localmente, sin que alguien se entusiasme por hablar conmigo. Un amigo me sugirió que, si tenía prisa, me pusiera el móvil en la oreja y fingiera que estaba en medio de una conversación.

Un día, mientras caminaba por una gran tienda, probé su sugerencia. Noté cómo algunas personas me saludaban amablemente, pero nadie me paró. Mi nuevo plan funcionó estupendamente hasta que, justo en medio de mi «conversación», sonó mi teléfono móvil. Muy fuerte.

Atrapado.

En lugar de evitar las relaciones y luchar por la independencia, le pido a Dios que me haga *interdependiente*, como los creyentes de la iglesia del primer siglo. ¿Recuerdas cuando Pedro predicó en Jerusalén el día de Pentecostés y tres mil personas se convirtieron a Cristo? Estos nuevos creyentes tuvieron *eso* de manera especial. Sin un café de Starbucks en el vestíbulo, ni folletos a cuatro colores, ni una impresionante página web en la que confiar, estos creyentes dependían de la presencia de Dios y de su pueblo. *Lo* tenían, y se extendió rápidamente. Las Escrituras lo muestra:

- Los creyentes se dedicaban a la Palabra de Dios, a pasar tiempo juntos y entre ellos (Hechos 2:42).
- Debido a su compromiso, todos quedaron sorprendidos por lo que Dios estaba haciendo (Hechos 2:43).
- Estaban tan comprometidos entre sí que, si alguien tenía una necesidad, otro vendía algo y le daba el dinero. Eran tan generosos que al final nadie tenía necesidad (Hechos 2:44-45; 4:34).
- Pasaban tiempo juntos en sus casas. Tenían derechos de refrigerador (Hechos 2:46).
- Dios les concedió gran favor con la gente, y esta rogaba por formar parte. Otros veían *eso* y lo deseaban. La gente se convertía cada día (Hechos 2:47).

¿Dónde está hoy ese tipo de comunidad de Hechos 2? En lugar de entregarnos profundamente y depender unos de otros, muchos se evitan. El tipo en el gimnasio con sus AirPods, señalando a todos, «Déjenme solo». La persona que pasa un tiempo ilimitado de pantalla a pantalla con la gente, pero prácticamente ningún tiempo cara a cara. (¿Te acuerdas la vida por Zoom durante la cuarentena de covid-19?) La gente está sola por la vida.

En el próximo capítulo, veremos cómo la camaradería, la asociación, el trabajo en equipo y la familia, alimentados por la pasión de Dios, pueden superar casi cualquier obstáculo al contribuir a otro factor: el pensamiento innovador.

Factores para tenerlo

- Las personas de los equipos que tienen *eso* lo disfrutan juntos.
- Mientras tengas miedo a la intimidad y a la asociación espiritual, es probable que no *lo* experimentes.
- Dios nos llama a algo más que a una relación personal con Jesús. Quiere que experimentemos una relación *compartida* con él.
- Los que no tienen *eso* compiten entre sí. Los que *lo* tienen se completan unos a otros.
- Tenemos que dedicar tiempo a celebrar nuestras victorias juntos.
- Para tener *eso*, hay que compartirlo con los demás. *Eso* muere cuando se está solo.
- Los líderes con *eso* entienden el panorama general, se divierten, son abiertos, celebran las victorias y luchan a puertas cerradas.

Preguntas para el debate o la reflexión

1. Muchas personas se esfuerzan por ser independientes en lugar de aprender a ser interdependientes. ¿De qué manera las personas de tu ministerio crecen juntas y se vuelven más dependientes de Dios y de los demás? ¿Cómo se aíslan los que te rodean y se vuelven más independientes? ¿Qué hay que hacer para mejorar?

2. Los equipos que tienen *eso* lo disfrutan juntos. La pasan muy bien entre ellos. ¿Cómo fomenta tu organización el espíritu de

equipo? ¿Qué haces en tus interacciones cotidianas para que todos disfruten? ¿Cuáles son tus planes para desarrollar la camaradería?

3. ¿En qué medida se conocen los miembros de tu equipo? ¿La gente describiría tu organización como un entorno afectivo? ¿Cuántos de los miembros de tu equipo tienen derecho al refrigerador en tu casa? ¿Qué podrías hacer para invitar a más personas a tu vida y al corazón del equipo? ¿Tienes un mejor amigo en el trabajo? ¿Cómo responderían los demás miembros de tu equipo a esta pregunta?

4. ¿En qué medida los miembros de tu equipo comprenden el panorama general? ¿Entiende la gente el valor de su función y cómo encaja en el gran esquema? ¿O sienten que solo están haciendo un trabajo? ¿Los miembros de tu equipo compiten por los recursos o se complementan entre sí? Explica. ¿Qué puedes hacer para expresar mejor la visión y mostrar su valor a los que están sirviendo?

CAPÍTULO 7

Mentes innovadoras

La innovación no es absolutamente necesaria, pero tampoco lo es la supervivencia.
—**Andrew Papageorge**

Imagina que te pregunto: «¿Podrías reunir cien mil dólares en efectivo para el final de esta semana?». Lo más probable es que, a menos que seas muy rico, te rías y digas: «¡Sigue soñando!». Solo te pedí que hagas lo imposible. Puede que pienses: *Es imposible que pueda conseguir esa cantidad de dinero. Apenas puedo pagar mis facturas.*

Ahora imagina a las personas que más quieres en el mundo. Tu lista podría incluir a tu cónyuge, tus padres, tus hijos y algunos amigos cercanos y de confianza. Piensa en una de esas personas en concreto. (Estoy pensando en mi hija adolescente Joy, porque acaba de irrumpir en mi habitación y me ha dicho: «¡Papá, eres el mejor!». Luego me pidió permiso para salir hasta tarde con sus amigos. Pero todavía estoy centrado en la parte «el mejor»). ¿Tienes a tu persona en mente? Bien. Sigamos.

Supongamos que te digo que un ser querido, que amas mucho, está muy enfermo. No me refiero a la enfermedad de «tengo que ir a vomitar las tripas durante una hora, inclinándome reverentemente ante el dios de porcelana». Me refiero a la enfermedad de «te queda menos de un mes de vida». Tendría toda tu atención.

Ahora imagina que te digo que los médicos están seguros de que tu ser querido morirá este mes a menos que le consigas un tratamiento poco común antes de que termine esta semana. Debido a la escasez de este tratamiento, es *muy* costoso.

Probablemente estés pensando: *¡El dinero no es problema! Si este tratamiento va a curar a mi ser querido, ¡haré lo que sea necesario!*

«¿Cuánto cuesta?», preguntas, decidido a encontrar el dinero.

Sobriamente, respondo: «Una sola inyección cuesta cien mil dólares».

¿Qué harías tú?

Recuerda que hace un par de minutos pensabas que encontrar cien mil dólares en pocos días sería imposible. Ahora tu perspectiva ha cambiado. No será fácil, pero encontrarás la manera de conseguir el dinero. Puede que consigas un préstamo con garantía hipotecaria. Podrías llamar a un pariente rico. Puede que vendas todo lo que tienes. Podrías crear una cuenta en GoFundMe. Incluso podrías considerar la posibilidad de asaltar un banco. (Espero que no, pero deberías tener a mano tu vieja máscara de covid-19 por si acaso). ¿Por qué estás dispuesto a llegar a esos extremos? Ahora estás motivado.

¿Qué ha cambiado? En el primer escenario, no tenías ningún incentivo. Pero como está en juego la vida o muerte en el segundo escenario te hace imparable.

La chispa de la pasión encendió el combustible para la innovación.

Una idea podría cambiarlo todo

La innovación es diferente de la creatividad. La creatividad es pensar en nuevas ideas. Las personas con ideas nuevas no son necesariamente innovadoras. Las personas que *hacen* nuevas ideas son innovadoras. La autora Sarah Ban Breathnach dijo: «El mundo necesita soñadores y el mundo necesita hacedores. Pero sobre todo, lo que más necesita el mundo son soñadores que hagan». Los líderes que tienen *eso* hacen algo más que pensar en nuevas ideas; las hacen realidad.

Wikipedia define la innovación como el proceso de hacer mejoras introduciendo algo nuevo. Si hay algún grupo en el mundo que debería estar motivado para hacer mejoras, reflejando la naturaleza creativa de Dios, deberían ser los cristianos. *Imago Dei* es el término del latín que expresa la idea de que los seres humanos son creados a imagen de Dios. Puesto que estamos hechos a imagen de un Creador creativo, nosotros también deberíamos concebir ideas creativas. El psicólogo, médico y consultor Edward de Bono dijo: «No hay duda de que la creatividad es el recurso humano más importante de todos. Sin creatividad, no habría progreso, y estaríamos repitiendo siempre los mismos patrones».

> Los líderes que tienen *eso* hacen algo más que pensar en nuevas ideas; las hacen realidad.

Como reflejo de Dios, los creyentes innovadores suelen tener *eso*. Y nace de su pasión por agradar a Dios, alcanzar a la gente y ayudar a los necesitados. Esa pasión les impulsa a liderar como si fuera importante. En nuestra iglesia, a menudo decimos: «Haremos cualquier cosa, menos pecar, para alcanzar a los que no conocen a Cristo. Y para aquellos que nadie está alcanzando, haremos cosas que nadie está haciendo». Con el aumento de la pasión viene el aumento de la creatividad para llegar a la gente.

El apóstol Pablo obviamente *lo* tenía. Y a menudo hacía las cosas de forma novedosa. Cruzó fronteras y cambió su enfoque para llegar a diferentes personas. Él dijo: «Entre los judíos me volví judío, a fin de ganarlos a ellos... Entre los débiles me hice débil, a fin de ganar a los débiles. Me hice todo para todos, a fin de salvar a algunos por todos los medios posibles» (1 Corintios 9:20, 22).

Los ministerios que *lo* tienen están llenos de personas tan apasionadas que se ven impulsadas a innovar. Se convertirán en todas las cosas para todas las personas o harán cosas inusuales para alcanzar a los que están lejos de Cristo o para ayudar a los que están sufriendo. Como los cuatro hombres que atravesaron el techo para llevar a su amigo lisiado a Jesús, los creyentes motivados no ven obstáculos. Crean oportunidades.

En lugar de decir: «Nunca dará resultado», dicen: «¿Y si esto funciona?»

En lugar de quejarse: «No podemos llegar a ciertas personas», con fe exclaman: «Encontraremos la manera de hacerlo».

Mientras muchos se lamentan diciendo: «No tenemos lo necesario para marcar la diferencia», los líderes innovadores dicen: «Dios es nuestro proveedor; tenemos más que suficiente».

Estos innovadores reflejan el corazón de Robert Schuller cuando dijo: «Una idea es todo lo que se necesita para resolver un problema imposible». Ellos se comprometen a encontrar esa idea. Y suelen tener éxito.

Cuando eso cambia

Si lo que su iglesia o ministerio está haciendo ahora es efectivo y está cambiando vidas, disfrútelo mientras dure. Porque lo que funciona ahora no funcionará en el futuro. El mensaje que predicamos nunca debe cambiar, pero la forma de comunicarlo debe cambiar a medida que el mundo cambia. Esto puede parecer desalentador, pero es cierto. Si no cambias, no durarás. Si no adaptas la forma de compartir el evangelio, es probable que tu efectividad disminuya con el tiempo porque el mundo está cambiando demasiado rápido. William Pollard dijo: «La arrogancia del éxito es pensar que lo que hiciste ayer será suficiente para mañana».

Si el tema de este libro fueran las empresas en lugar de las iglesias, probablemente estarías de acuerdo con este pensamiento: «Las empresas más exitosas del futuro harán cosas que nadie hace hoy». Si no estás de acuerdo, te animo a dar un paseo por el carril de la memoria. Si tienes la edad para recordarlo, piensa en 1980. En 1980, el monte Santa Helena entró en erupción, el Cubo de Rubik debutó, las notas Post-it se convirtieron en algo popular y yo fui elegido presidente de mi clase de octavo grado. (Supongo que no sabías nada de mi elección aplastante, sin ofender).

Si te dedicas a los negocios en 1980, recordarás que las cuatro grandes empresas eran General Motors, Walmart, Exxon y Ford. Si avanzamos hasta hoy, las empresas que aparecen en los titulares son Apple, Amazon, Facebook y Google, todas las cuales no existían el año en que gané la gran elección. Es seguro decir que todas estas empresas están haciendo cosas que la mayoría de nosotros ni siquiera soñábamos que fueran posibles.

Los cambios masivos no se limitan a las empresas. Tomemos como ejemplo las iglesias. Las mayores iglesias de Estados Unidos en la actualidad no existían en 1980 (ni siquiera en 1990). ¿Han cambiado las iglesias? Durante siglos, cuando una iglesia se reunía, lo hacía en un solo edificio y su ministerio se limitaba principalmente a una sola comunidad. Luego, la tecnología y la innovación hicieron posible una iglesia en múltiples lugares. Poco después, la iglesia en línea se convirtió en una realidad.

Si estás preparado para el cambio, estás preparado para el crecimiento. Esta mentalidad cambia la forma de ver los problemas. Si lo piensas, toda innovación es en realidad una solución a un problema. Los problemas no son cosas que hay que temer, sino oportunidades que hay que aprovechar. Cuando se piensa en ello, muchas grandes innovaciones son soluciones a un problema que la gente ni siquiera sabía que tenía. Nadie pedía un iPod, un iPad o un iPhone. La mayoría de la gente nunca quiso un dispositivo que te escuchara las veinticuatro horas del día, reprodujera música, te dijera el tiempo y te enviara lo que pidieras en Amazon. Pero yo uso todos esos dispositivos hoy en día (excepto el iPod, que es *tan* 2002).

Si tienes un problema en tu ministerio, piensa que es una oportunidad. Puede que hayas perdido a un miembro clave del equipo, que no encuentres un terreno o que te cueste transmitir en línea. Dite a sí mismo que no es solo un problema que hay que resolver, sino una oportunidad que hay que aprovechar. Un problema es igual a un potencial. Porque toda innovación es una solución a un problema.

Acepta tus limitaciones

En 2006 y 2007, nuestra iglesia fue nombrada la más innovadora de Estados Unidos y apareció en la revista *Outreach*. Me sentí honrado, pero reconocí abiertamente que eran las personas que me rodeaban las que eran innovadoras. Yo solo era el tipo lo suficientemente loco como para dejarles probar sus descabelladas ideas. (Para que conste, creo que los líderes más innovadores son aquellos de los que la mayoría de nosotros aún no hemos oído hablar).

Debido a este honor, a veces me invitan a consultar y a enseñar sobre innovación. Antes de hablar del tema, las dos quejas más comunes que escucho de los líderes son:

1. No tenemos gente creativa.
2. Si tuviéramos más dinero, podríamos ser muy creativos.

Aunque reconozco que la abundancia de recursos abre muchas posibilidades, sugiero que estas dos quejas son simplemente excusas que impiden que muchas buenas ideas se hagan realidad. Nuestros líderes se han topado con algo que ha cambiado la forma de llevar a cabo el ministerio. Tal vez hayan escuchado el viejo adagio: «Donde Dios guía, siempre provee». Nosotros hemos inventado un nuevo refrán: «Dios a menudo guía por lo que *no* provee».

Vuelve a leerlo despacio y piensa en ello en relación con tu ministerio. Dios a menudo guía por lo que no provee. ¿Te encuentras frente a un muro sin un buen plan para superarlo? ¿Te has topado con un obstáculo que parece insuperable? Tal vez Dios te guíe para que veas algo que no verías si él hubiera quitado el muro.

Un gran ejemplo de este principio se encuentra en Hechos 3. Pedro y Juan se dirigían a su reunión de oración vespertina en el templo cuando vieron a un hombre que había estado lisiado toda su vida siendo llevado a su puesto de limosna. El mendigo reconoció a Pedro y le extendió su taza, con la esperanza de obtener algo de cambio para comprar la cena. Fue entonces cuando Dios utilizó las limitaciones de Pedro, lo que Pedro *no* tenía, para guiarlo. Piénsalo. Si Pedro hubiera tenido unos cuantos dólares, habría sido fácil arrojarle un billete al hombre, asentir amablemente y seguir adelante para llegar a tiempo a la oración. Pero como no tenía lo que el hombre quería, pudo darle lo que *necesitaba*. Pedro dijo: «*No tengo* plata ni oro, pero lo que tengo te doy. En el nombre de Jesucristo de Nazaret, ¡levántate y anda!» (Hechos 3:6, énfasis añadido). Entonces Pedro se agachó y levantó al hombre para que se pusiera en pie. Me pregunto si esto habría ocurrido si Pedro no hubiera estado limitado económicamente.

La verdad: tienes lo que necesitas. Cuidado con las excusas. La mayoría de nosotros las ponemos de vez en cuando. Quizá hayas pensado:

- Podríamos hacer mucho más si nuestra gente diera más.
- Podríamos llegar a más gente si tuviéramos un edificio mejor.
- Podríamos tener un ministerio impresionante si pudiéramos pagar más personal.

Siempre que tengas la tentación de quejarte de lo que no tienes, recuerda que Dios te ha dado todo lo que necesitas para hacer todo lo que él quiere que hagas. Pedro escribió: «Todo lo que se necesita para llevar una vida agradable a Dios nos ha sido dado milagrosamente al conocer, personal e íntimamente, a Aquel que nos invitó a Dios» (2 Pedro 1:3, traducción libre del inglés de THE MESSAGE).

Dios te ha dado todo lo que necesitas para hacer todo lo que quiere que hagas.

Si no tienes algo que crees que necesitas, quizá sea porque Dios quiere que veas algo que nunca has visto. Los que tienen *eso* reconocen que Dios *lo* trae. No se encuentra en las cosas que el ojo puede ver.

La verdad es que la innovación es más una cuestión de mentalidad que de dinero. Si crees que no puedes, no puedes. Si crees que puedes encontrar una manera, probablemente lo harás. Si crees que te falta para hacer lo que tienes que hacer, no harás lo que tienes que hacer, aunque tengas lo que necesitas. Tener más no siempre es mejor. Puede ser peor. ¿Por qué? Más gente puede retrasar las cosas. Más tiempo puede volverte perezoso. Más dinero puede hacer que compres soluciones en lugar de crearlas. Cuando miras el mundo de los negocios, ves esta realidad. La mayoría de las empresas innovadoras son emergentes que no tienen mucho u organizaciones maduras que imponen restricciones artificiales para impulsar la innovación.

La limitación puede impulsar la innovación

Hemos planteado varios factores críticos de la innovación:

1. *La pasión* crea motivación, lo que lleva a la innovación. No podrías conseguir cien mil dólares en pocos días si no tuvieras una importante razón para hacerlo. Si hubiera una razón, encontrarías la manera.
2. *Los problemas* suelen ser oportunidades disfrazadas. La mayoría de las innovaciones son soluciones a problemas.
3. *Las limitaciones* suelen revelar oportunidades. Te ayudan a ver cosas que de otro modo podrías pasar por alto.

Si se juntan estos factores, se obtiene:

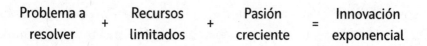

Problema a resolver	+	Recursos limitados	+	Pasión creciente	=	Innovación exponencial

Tu mayor innovación en el ministerio podría provenir de tu mayor limitación, si tienes una sincera pasión por alcanzar y cuidar a las personas. Cuando le pides a Dios ojos para ver, puedes ver lo que siempre ha estado ahí, pero que nunca lo habías notado. ¿Alguna vez has comprado un automóvil y luego, al conducirlo, te has dado cuenta de que hay docenas de personas que conducen el mismo automóvil? Estaban a tu alrededor la semana pasada; simplemente no tenías la mentalidad para verlos. Las limitaciones y la pasión tienen una forma de cambiar nuestras mentes y nuestros ojos.

Dios hizo esto por nosotros en Life.Church. Cuando nuestra iglesia tenía varios años, construimos nuestro primer edificio, un auditorio con capacidad para unas seiscientas personas. En un año, se quintuplicó la gente. En nuestra limitada forma de pensar, nos habíamos topado con un muro. Añadir más servicios parecía imposible. Sabíamos que no podíamos permitirnos construir de nuevo. Y aunque pudiéramos, nos llevaría demasiado tiempo. Sin ningún lugar donde crecer, temíamos perder *eso*.

Fue entonces cuando Dios nos dio una inyección de creatividad. Afortunadamente, nuestro equipo está formado por líderes apasionados que pidieron a Dios que transformara este obstáculo en una oportunidad. Después de orar y hacer una lluvia de ideas, alguien sugirió que consideráramos reunirnos en un segundo lugar. Que sepamos, eso no se había hecho nunca. (Ignorábamos que esa práctica lejos estaba de ser nueva y que se hacía en todo el mundo).

Armados de pasión, nos dirigimos al propietario de un cine y le preguntamos si podíamos celebrar allí el culto de los domingos. Esto es una práctica común hoy en día, pero en ese momento, el cine nunca había considerado tal opción. El propietario dijo que sí, y de la noche a la mañana nuestra mayor limitación se convirtió en el catalizador de lo que consideramos una gran innovación: la iglesia multisitio.

Cuando la gente empezó a celebrar el culto en el teatro, encontraron *eso*. Invitaron con entusiasmo a otros a asistir a la iglesia en un entorno poco tradicional. Dieron a los invitados todas las razones para venir, explicando que se podía comer palomitas en la iglesia, sentarse en cómodas sillas, ¡e incluso besarse en la última fila!

Dios no había terminado de mostrarnos cosas nuevas. Poco después de añadir este segundo lugar de encuentro, mi esposa dio a luz a nuestro cuarto hijo de seis, Sam. (Sí, dije seis. Y sí, amo a los niños. Pero *realmente* amo a mi esposa). Sam nació a las 4:00 a. m. de un domingo. Sabía que, si dejaba a mi esposa en el hospital para ir a predicar, podría ser mi último sermón y mis hijos podrían crecer como huérfanos. Yo estaría muerto y mi mujer estaría huyendo de la policía. Me entró el pánico. *¿Qué vamos a hacer? No podemos conseguir a un miembro del equipo para enseñar tan rápido. Tampoco podemos invitar a un predicador a las 4:00 a. m.* Sin otras opciones, decidimos pasar el video del mensaje del sábado por la noche.

¡Funcionó! ¿Por qué? Porque *eso* dio resultado. Otro obstáculo, otra innovación: el mensaje en vídeo. Esas pequeñas ideas nos han permitido llegar a miles y miles de personas a las que no habríamos llegado de otra manera. Si estás enfrentando un obstáculo en este momento, tal vez Dios aumente tu pasión y te dé una idea innovadora. Esa idea innovadora podría dar a tu ministerio más de *eso* que nunca.

El gurú del liderazgo Peter Drucker dijo: «Una empresa establecida que, en una era que exige innovación, no es capaz de innovar, está condenada al declive y a la extinción». Aunque se refería a las empresas, yo diría que esta cita se aplica también a las iglesias. ¿A qué obstáculo te enfrentas? Pídele a Dios que te dé ideas para un avance. No pienses en pequeños cambios. Piensa radicalmente. Piensa fuera de la caja. ¡Destruye la caja! Roger Enrico, ex presidente de Pepsico, dijo: «Cuidado con la tiranía de hacer pequeños cambios en cosas pequeñas. Más bien, haz grandes cambios en las cosas grandes». Por el bien de los que no conocen a Cristo, piensa en grande.

Romper las reglas

La mayoría de los más grandes innovadores espirituales de la historia fueron personas que rompieron las reglas. Thomas Edison dijo: «Aquí no hay reglas. Estamos tratando de lograr algo». La gente que tiene *eso* vive la vida de forma diferente a la gente que no lo tiene.

Nadie es un mejor ejemplo que Jesús. Según los estándares de los fariseos, Jesús fracasó diariamente, porque ellos medían el éxito según sus reglas. Él rompió el día de reposo. Se juntaba con la gente equivocada. Sus discípulos eran incultos. Hizo las cosas al revés y al derecho.

Y cumplió la perfecta voluntad de Dios y pagó el precio de nuestros pecados. Según los fariseos, Jesús fracasó. Según Dios, se convirtió en el salvador del mundo.

Cuando intentas algo nuevo en el ministerio, la mayoría de la gente te dirá que tu idea nunca funcionará. El experto en liderazgo Warren Bennis dijo: «La innovación… por definición no será aceptada al principio. Se necesitan intentos repetidos, demostraciones interminables, ensayos monótonos antes de que la innovación pueda ser aceptada e interiorizada por una organización. Esto requiere una *paciencia valiente*». Si tienes una idea genial, sé lo suficientemente valiente como para seguirla. Rompe algunas reglas.

Martín Lutero rompió una gran regla. Cuando la Iglesia dijo que la persona común no era lo suficientemente madura espiritualmente para manejar la Palabra de Dios, Lutero no estuvo de acuerdo. Rompió las reglas traduciendo de forma innovadora la Biblia al alemán y poniéndola en manos de personas comunes y corrientes.

Juan Wesley rompió algunas reglas. Se consideraba una herejía predicar fuera del edificio de una iglesia. Cuando fue expulsado de su iglesia, predicó al aire libre. Su pasión por predicar a Cristo, combinada con la escasa disponibilidad de lugares cerrados, le llevó a inventar la reunión al aire libre. Este avance abrió las puertas a muchos otros, como Billy Graham.

Los líderes de la iglesia de hoy en día siguen rompiendo las reglas para dirigir de forma nueva e innovadora. ¿Quién sabe cuántas personas han venido a Cristo por líderes creativos con *eso* que rompieron las reglas? ¿Y quién sabe cuántas personas pueden venir a Cristo si tienes el valor de hacer algo que no se ha hecho antes?

Ofendido por *eso*

Mientras Dios bendice tu ministerio con *eso,* recuerda que los que no lo tienen tienden a criticar a los que lo tienen, especialmente cuando lo haces de forma diferente. Larry Ellison, multimillonario director general de la corporación Oracle, dijo: «Cuando innovas, tienes que estar preparado para que todos te digan que estás loco».

Por ejemplo, el primer globo aerostático. «El 4 de junio de 1783, en la plaza del mercado del pueblo francés de Annonay, no muy lejos de París, una humeante hoguera situada en una plataforma elevada era alimentada con paja húmeda y viejos trapos de lana. En lo alto, tensando sus cuerdas, había un enorme saco de tela de treinta y tres pies de diámetro. En presencia de "una respetable asamblea y de un gran número de personas", y acompañado de grandes ovaciones, el globo fue cortado de sus amarras y liberado para elevarse majestuosamente hacia el cielo del mediodía. El globo se elevó dos mil metros, el primer ascenso público de un globo, el primer paso en la historia del vuelo humano. Llegó a tierra a varios kilómetros de distancia, en un campo, donde fue atacado por campesinos con horquillas y despedazado como instrumento del mal».[6] ¡Caramba!

Jesús experimentó la resistencia a lo irregular casi a diario. Cuando sanó a una mujer que había estado lisiada por un espíritu durante dieciocho años, los fariseos se ofendieron porque lo hizo en sábado. Según Mateo 12, la sanidad que Jesús hizo un día sábado motivó a los fariseos para maquinar alguna manera de matarlo. Eso es *increíble.* No se puede sanar un día sábado, ¡pero sí *se puede* tramar un asesinato! Si vas a intentar algo nuevo, prepárate para ofender a algunos fariseos.

Lo que hoy es aceptado, a menudo fue rechazado al principio. En 1876, Western Union hizo circular un memorando interno que decía: «Este "teléfono" tiene demasiados defectos para ser considerado seriamente como un medio de comunicación. El aparato no tiene ningún valor para nosotros». Las innovaciones en la comunidad cristiana no son una excepción. Mucho de lo que se acepta hoy en día era despreciado hace apenas unos años. Por ejemplo, la gente gritó «herejía» cuando Martín Lutero utilizó la imprenta para poner la Biblia a disposición del público. Las prácticas generalmente aceptadas hoy en día, que habrían sido condenadas en muchas iglesias hace apenas unas décadas, incluyen vestirse de manera informal para ir a la iglesia, aplaudir durante el culto y mostrar vídeos en un servicio de adoración. Las innovaciones de las iglesias multisitio y la enseñanza por vídeo, la iglesia en línea y el aprovechamiento de las redes sociales siguen siendo despreciados y rechazados por algunos.

La controversia de ayer puede convertirse en la norma de hoy. Lo contemporáneo de hoy se convierte en lo tradicional de mañana. Cuando tengas *eso*, encontrarás nuevas formas de difundirlo. Pero prepárate para lo que conlleva: la crítica.

Dado que predicar a Cristo suele acarrear críticas, no me preocupa que la gente me dispare por probar cosas nuevas. Lo acepto como parte de lo que viene con el territorio. No te preocupes cuando la gente te critique por tu audacia para alcanzar a otros. Preocúpate cuando no lo hagan. Hagas lo que hagas, no dejes que las reglas de la gente te impidan seguir a Dios. Cuando él te de *eso*, ve con él.

Demasiado de algo bueno puede matar *eso*

Cuando tengas *eso,* puede que te pongas en marcha con nuevas ideas. Pero ten cuidado: demasiado de algo bueno puede matar *eso*.

Trabajé con los líderes de una gran iglesia que, sin duda, tuvo *eso* durante años. Durante los primeros días de la iglesia, la gente era apasionada, generosa, comprometida y crecía espiritualmente. Traían a sus amigos. Cientos fueron salvados. Tenían un impacto en la comunidad.

Con el tiempo, construyeron varios edificios: las fases uno, dos y tres. A medida que la iglesia crecía, en lugar de utilizar voluntarios para dirigir el culto, contrataron a profesionales. En lugar de reclutar miembros para apilar sillas después de la iglesia cada semana, pagaron a un personal. En lugar de predicar mensajes apasionados y crudos, el pastor contrató a un equipo de investigación y utilizó otros métodos que mantenían la enseñanza a distancia.

Por fuera, mejoraron; por dentro, desarrollaron una inmunidad a la fiebre que antes los impulsaba. Las experiencias de fin de semana solían ser más toscas. Ahora se producían profesionalmente, con ensayos generales y detalladas comprobaciones técnicas y de sonido. Incluso con todas estas «mejores» herramientas, la iglesia perdió algo. Los servicios eran elegantes y estaban bien producidos, pero carecían de lo que los había hecho especiales antes. La iglesia había dejado *eso* que tenían.

Kathy Sierra, en su blog Creating Passionate Users, se pregunta: «¿Qué hace que las películas independientes sean más atractivas que muchas de las grandes producciones de Hollywood? ¿Qué hace que la música *indie* sea más interesante que los resbaladizos discos de grandes marcas y producciones? ¿Cuál es la magia que desaparece cuando escuchas la versión en estudio de algo que en su día oíste en vivo? No es que la mayoría de nosotros tengamos el problema de tener un presupuesto demasiado grande para nuestro propio bien, pero aun así… quizás deberíamos pensar si algunas imperfecciones podrían ser algo *bueno*. Tal vez deberíamos considerar si nos esforzamos demasiado por limar todas las asperezas».[7]

A continuación, ofrece lo que llama la curva de las imperfecciones.

Los que *lo* tienen se apasionan aún más por alcanzar a la

La curva de las imperfecciones

Felicidad del usuario

«es casi bueno»

«¡genial!»

«parece ser demasiado»

«necesitamos un mejor presupuesto»

«perdió su filo»

«esto apesta»

«esto apesta»

Bajo **Valores de producción** Alto

gente. Pero no te dejes engañar y confía en tus campanas y silbatos espirituales o podrías hacerte demasiado hábil, perder tu ventaja y luego perder *eso*. Dios no necesita lo que muchas iglesias creen que es necesario para alcanzar a la gente. No pongas tu fe en las innovaciones. Mantén tu fe en Cristo.

Dile al diablo que se vaya al infierno

Tom Kelley comienza su libro *Las diez caras de la innovación* con esto: «Todos hemos estado allí. La reunión decisiva en la que uno plantea una idea nueva o una propuesta que le apasiona. Un debate vertiginoso desemboca en un flujo de apoyo que parece a punto de alcanzar la masa crítica. Y entonces, en un momento desastroso, las esperanzas se desmoronan cuando alguien pronuncia las fatídicas palabras: "Permíteme que haga de abogado del diablo…"».[8] Después de hacer esa declaración aparentemente inofensiva, la persona se siente libre para hacer añicos tu idea. Puede decir que tu idea es demasiado descabellada. Recuerda que la única razón por la que parece una locura es porque nadie la ha visto antes.

Tu nueva idea encontrará resistencia. Puede que funcione o no. En el próximo capítulo, hablaremos de la necesidad de fracasar en el camino hacia el éxito. No permitas que el abogado del diablo mate el plan de Dios. Decide hoy que tu equipo trabajará en conjunto para encontrar nuevas formas de alcanzar a las personas, no más razones para seguir igual. Y cuando alguien intente tomar el papel mortal del diablo, dile al diablo que puede irse al infierno.

Factores para tenerlo

- Los líderes que tienen *eso* hacen algo más que pensar en nuevas ideas; las hacen realidad.
- La innovación es más una cuestión de mentalidad que de dinero.
- Dios a menudo guía por lo que no provee.
- Los problemas son oportunidades disfrazadas.

- Un problema que resolver + recursos limitados + pasión creciente = innovación exponencial.
- Tienes todo lo que necesitas para hacer lo que Dios quiere que hagas.
- Los líderes innovadores hacen cualquier cosa para llegar a los perdidos menos pecar.
- «Solo hace falta una idea para resolver un problema imposible» (Robert Schuller).
- La innovación es impresionante, pero no pongas tu fe en ella. Mantén tu fe en Cristo.

Preguntas para el debate o la reflexión

1. Muchas iglesias ponen excusas para no intentar algo nuevo. Algunas creen que no tienen gente creativa. Otras afirman que carecen de recursos. ¿Cuál de estas excusas ha afectado tu ministerio? Recuerda que tienes todo lo que necesitas para hacer lo que Dios quiere que hagas. ¿Qué recursos (personas, edificios, tecnología) están subutilizados? ¿Qué te está mostrando Dios?

2. ¿Fomenta tu comunidad ministerial la innovación? Si es así, ¿qué factores impulsan la innovación en el ministerio? Si no es así, ¿qué impide la innovación? ¿Qué puedes hacer para cambiar la cultura y fomentar formas creativas de ministerio?

3. ¿Has encontrado algo en tu ministerio que parece ser un obstáculo? Durante los próximos diez minutos, haz una lluvia de ideas para encontrar soluciones. Ninguna idea es mala. Durante la lluvia de ideas, no dejes que nadie diga: «Sí, pero…». En cada idea que surja, obliga a la gente a decir: «Sí, y….».

4. ¿Qué idea se ha estado cociendo a fuego lento dentro de ti? ¿Te está llamando Dios a hacer algo nuevo que puede ser odiado durante un tiempo, pero que cambiará vidas durante años? ¿Qué vas a hacer al respecto?

CAPÍTULO 8

Disposición a fallar

Solo aquellos que se atrevan a fracasar en gran medida
pueden alcanzar grandes logros.
—**Robert F. Kennedy**

¿Recuerdas haber aprendido a caminar? ¿No? Yo tampoco. Pero en algún momento te diste vuelta por primera vez (y seguro que algún padre gritó de alegría). Luego te deslizaste y más tarde gateaste. Día tras día, intentabas nuevas hazañas para superar tus logros anteriores. Al poco tiempo, te sentaste a la mesa o en un sofá. Y un día diste el mayor paso de tu vida. Bueno, técnicamente en ese momento era el *único* paso de tu vida. Sin ningún medio de apoyo visible, diste un gran paso de fe. No puedo hablar por ti, pero cada vez que veía a uno de mis seis hijos dar su primer paso, sus ojos se hacían enormes con una mezcla de emoción y miedo mientras se tambaleaban como un Frankenstein de medio metro de altura. Luego, no importaba si era después del primer paso o del tercero, siempre se caían. Siempre.

Tú hiciste lo mismo. No lo recuerdas, pero probablemente te mentalizaste con alguna frase de autoayuda: «Lo que mi mente puede concebir, mi cuerpo lo puede lograr. Lo que mi mente puede concebir, mi cuerpo lo puede lograr», y entonces diste un paso de celebración y te caíste sin contemplaciones. Imagínate que después de tu primera caída pensaras: *Bueno, ya está. Lo he intentado. Las cosas no funcionaron. No estoy hecho para ser un caminante. Supongo que me arrastraré por el resto de mi vida.*

Eso nunca sucedería, pero el miedo al fracaso hace que muchos líderes piensen con este tipo de absurdo. Y siguen arrastrándose mientras Dios quiere que salten y se lancen.

Si miras cualquier iglesia que tiene *eso,* verás una iglesia que ha fracasado después de muchos intentos llenos de fe. La mayoría de ellas han fracasado *a menudo.* Por lo general, estas iglesias están dirigidas por personas agresivas, que hacen lo que sea, que tienen la piel dura y que están dispuestas a cometer errores. Saben que sin fe es imposible complacer a Dios. Entienden que la fe a menudo requiere riesgo. ¿Qué significa eso? Que no puedes ir a lo seguro y complacer a Dios. La fe en un Dios grande te llevará a correr grandes riesgos. La fe de estas iglesias hace que no tengan miedo a fracasar. El quinto ingrediente de liderazgo para una iglesia que tiene *eso* y perdura es la disposición a fallar.

Por el contrario, los ministerios que carecen de *eso* suelen ir a lo seguro, haciendo solo lo que es indudable que tendrá éxito. Se repliegan en el miedo, sin tener nunca la fe necesaria para adentrarse en algo nuevo y desconocido.

Aunque suene contradictorio, fracasar a menudo puede ayudar a que un ministerio experimente *eso.* Ser demasiado precavido puede acabar con *eso.* A primera vista, estas ideas no parecen tener sentido. Pero son ciertas. Los líderes temerarios que *lo* tienen suelen soñar, experimentar y probar los límites. No saben lo que no se puede hacer y están dispuestos a intentar cosas que otros creen imposibles. Porque saben que son más que vencedores por medio de aquel que nos ama, estos apasionados emprendedores espirituales se arriesgan. No siempre tienen éxito, fracasan a menudo. Pero cuando fracasan, tienden a recuperarse rápidamente. Los fracasos temporales suelen ir seguidos de un éxito duradero. Lo intentan, fracasan, aprenden, se adaptan y lo vuelven a intentar. Después de una serie de experiencias de aprendizaje accidentales, estos líderes tan duros suelen tropezar con ideas ministeriales innovadoras que nunca habrían descubierto sin tirar los dados. Como dijo una vez el filósofo y educador John Dewey: «El fracaso es instructivo. La persona que realmente piensa aprende tanto de sus fracasos como de sus éxitos».

Fracasar y avanzar

La persona de las Escrituras que probablemente mejor ejemplifica el principio de «fallar a menudo» es Pedro. Me identifico con él porque tenía grandes intenciones, pero a menudo metía la pata de forma dramática. Aunque estaba lejos de ser perfecto, Pedro aún tenía *eso*. Quizá lo que llevó a Pedro a conseguirlo, mantenerlo y difundirlo fue su disposición a fracasar. Si Pedro viviera hoy, entendería tan bien como cualquiera lo que Walter Brunell quería decir cuando afirmaba: «El fracaso es la matrícula que se paga por el éxito».

Piensa en cuántas veces la naturaleza agresiva de Pedro condujo a lo que podríamos llamar grandes oportunidades de aprendizaje. Una vez ofreció un consejo no solicitado a Jesús, insistiendo en que este no renunciara a su vida. Jesús, el maestro, recompensó a Pedro llamándole Satanás. Supongo que eso llamó la atención de Pedro. (Tengo muchos nombres con los que sueño que Jesús me llama —amigo, hijo, siervo fiel—, pero Satanás no es uno de ellos).

En otra ocasión, Pedro saltó de una barca (mientras los otros once discípulos iban a lo seguro) y caminó sobre el agua hacia Jesús antes de perder la concentración y la fe y hundirse como, bueno, *Pedro* (que en griego es *petros,* o «roca»). Otra gran y húmeda lección.

También está la vez que Jesús fue arrestado por una tropa de soldados, y Pedro lo defendió lealmente blandiendo su espada sobre la cabeza de un sirviente del sumo sacerdote judío (es interesante que Pedro no fuera tras uno de los soldados), fallando ligeramente el centro de su objetivo y en cambio cortando la oreja del pobre hombre. De nuevo, Jesús ofreció a Pedro una instrucción más valiosa.

Poco después, Pedro lanzó la bomba nuclear de los fracasos cuando negó a Jesús tres veces. El Evangelio de Lucas nos muestra lo que sucedió después de que Pedro fingiera no conocer a Jesús. «El Señor se volvió y miró directamente a Pedro. Entonces Pedro se acordó de lo que el Señor le había dicho: "Hoy mismo, antes de que el gallo cante, me negarás tres veces"» (Lucas 22:61). Pedro había prometido su lealtad eterna a Jesús, incluso apartando a los demás discípulos, afirmando que siempre estaría al lado de Jesús, aunque los demás no lo hicieran. Luego, Pedro se acobardó y se escondió, y ni siquiera hizo una demostración de apoyo en la cruz mientras Jesús daba su vida.

Fue un fracaso, pero también una oportunidad de crecimiento.

El impacto total de esta lección no se hizo sentir en Pedro hasta después de la resurrección, cuando Jesús le perdonó y le devolvió un puesto de gran responsabilidad. Piensa en ello. Normalmente no es la forma en que recompensamos los fracasos, pero Dios es diferente. Cuando Jesús resucitó y perdonó a Pedro, este discípulo nunca volvió a ser el mismo.

La educación de Pedro consistió en intentar, fracasar, aprender, ajustarse y volver a intentar. Su «fracaso lo llevó a avanzar» y muy probablemente contribuyó a la decisión de Dios de elegir a Pedro como predicador invitado el día de Pentecostés. ¿Puedes imaginar a alguien que predique con más pasión que el tipo que fue perdonado después de negar a Jesús tres veces?

> Asumimos riesgos no solo porque pueden dar resultado, sino también porque cuando fallamos, fracasamos y avanzamos.

Pedro aprendió de sus fracasos. Luego le dijo a la gente que se arrepintiera de sus pecados, y llevó a tres mil personas a Cristo y ayudó a que naciera la iglesia. Pedro fracasó a menudo. Pero aun así tenía *eso*.

Asumimos riesgos no solo porque pueden dar resultado, sino también porque cuando fallamos, fracasamos y avanzamos.

Como estudiante de marketing en la universidad, estaba capacitado para llamar la atención de la gente. Esta ventaja se convirtió en una maldición cuando involuntariamente herí a algunos líderes de la iglesia con una campaña de vallas publicitarias dirigida a los que no tienen iglesia. Este es uno de mis momentos más vergonzosos como líder de la iglesia. Me arrepiento de haberlo hecho, pero no puedo cambiar lo que hicimos.

Nuestra estrategia de divulgación incluía vallas publicitarias que decían: «¿Crees que la iglesia es aburrida y anticuada? Nosotros también». Otro decía: «¿Odias a la iglesia? Nosotros también». Cada afirmación iba seguida de la frase «Lifechurch.tv... no es lo que esperas». (Lifechurch.tv ya no es nuestro nombre. Otra temporada vergonzosa. Pero guardaremos esa historia para otro libro). Aunque estos carteles atrajeron la atención de nuestro público objetivo, también atrajeron el fuego de un grupo no previsto: otras iglesias. En mi corazón, no estaba atacando a otras iglesias. Sin embargo, otros líderes se ofendieron. Cuando me puse en su lugar, entendí por qué. Tuve que admitir mi error y aprender de él. Ahora tengo cuidado de edificar otras iglesias y me esfuerzo por no hacer quedar mal a otro ministerio.

Los que fallan y avanzan pueden identificarse con Michael Jordan, uno de los mejores jugadores de baloncesto de todos los tiempos, que dijo: «He fallado más de nueve mil tiros en mi carrera. He perdido casi trescientos partidos. Veintiséis veces me confiaron el tiro ganador del partido y fallé. He fallado una y otra vez en mi vida. Y por eso tengo éxito».

No superar tu máximo local

Seth Godin escribe en su libro *Small Is the New Big* [Lo pequeño es el nuevo grande] sobre la idea de un «máximo local». Explica que cuando una organización tiene dificultades para avanzar, es probable que sus líderes estén intentando comprender la verdadera naturaleza del máximo rendimiento.

Godin explica: «Todo el mundo empieza en ese punto de la esquina inferior izquierda. No tienes éxito porque aún no has empezado.

Entonces intentas algo. Si funciona, acabas en el punto A… Por supuesto, siendo un capitalista orientado al éxito, eso no es suficiente. Así que haces más. Se empuja, se perfecciona y se optimiza hasta que se llega al máximo local. El máximo local es donde tus esfuerzos realmente valen la pena. Así que te esfuerzas más. Y terminas en el punto B. El punto B es un fastidio. El punto B es un retroceso. El punto B es donde el resultado de un mayor esfuerzo en contra de tu estrategia no arroja mejores resultados. Así que te retiras. Vuelves a tu máximo local».[9]

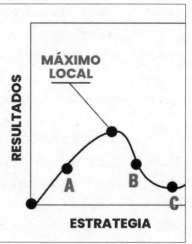

Por «máximo local», Godin parece referirse al lugar de tu éxito más cómodo. Con un poco de esfuerzo y un poco de fuerza mental, descubres que puedes seguir produciendo resultados consistentes con relativa facilidad.

En el mundo eclesiástico, aquí es donde se queda mucha gente. Ir más allá del máximo local es arriesgado. Probablemente cometerás algunos errores, fracasarás y tendrás dificultades. Eso da miedo, así que la mayoría se queda con lo que conoce. Se quedan en su máximo local. Pero según Godin, el gráfico del máximo local está incompleto. El gráfico realmente se ve así:

El gran máximo es lo que quieres. La diferencia entre tu máximo local y el gran máximo puede ser uno o dos fracasos seguidos de temporadas de aprendizaje. *Eso* no está tan lejos.

El problema es que hay que pasar por el punto C. El punto C incluye algún fracaso, incluso un tiempo de resultados reducidos. Los que carecen de *eso* tienen miedo de C.

Desanimados por los reveses, se echan atrás y empiezan a evitar los riesgos. Retroceden a su antiguo lugar de dominio. Dejan de crecer como líderes y se congelan en el tiempo.

Pero los líderes que tienen *eso* superan los fracasos. Saben que los contratiempos pueden ser la base de cosas mejores. Estudian sus fracasos y aprenden de ellos. A nadie le gusta fracasar, pero cuando los que tienen *eso* fracasan, piensan en términos de fracasar y avanzar.

El fracaso no es una opción

Una iglesia que he seguido tuvo *eso* durante años. Este ministerio único y especial fue construido por líderes que fracasaron a menudo. Estos valientes pioneros espirituales tiraron los dados, y a menudo parecieron perder sus apuestas. Pero con cada fracaso, los líderes emprendedores aprendieron, se ajustaron y volvieron a atacar. Descubrieron nuevas formas de ejercer el ministerio y dieron un ejemplo a las iglesias de todo el mundo.

Un día esta iglesia se dio cuenta de que había logrado mucho. Tenían a las iglesias de todo el mundo mirando hacia ellos, siguiendo cada uno de sus movimientos. Sintiendo el peso de ser un ejemplo tan respetado, los líderes se volvieron más y más cautelosos. En pocos años, estos líderes cristianos, que antes eran los más atrevidos, empezaron a jugar a lo seguro.

Una vez me reuní con algunos de estos grandes y les expuse algunas ideas fuera de serie. Uno de ellos me explicó, en un tono que casi parecía de disculpa: «Craig, cuando llegas a donde estamos, no puedes permitirte cometer errores. Para nosotros, el fracaso no es una opción».

Mi corazón se rompió. Estos eran mis héroes. Habían hipotecado sus casas por la visión de la iglesia. Habían soportado duras críticas por sus experimentos ministeriales. Habían abierto nuevos caminos. Habían trazado senderos. A veces tuvieron éxito, pero a menudo fracasaron. Cuando fracasaron, aprendieron y crecieron. Superaron obstáculos. Rompieron barreras. Deshicieron paradigmas. Marcaron el camino para que miles de personas lo siguieran. Tenían *eso* como pocas iglesias que he conocido. Ahora estaban empezando a perderlo.

La cita de este líder se me ha quedado grabada: «El fracaso no es una opción». Estoy totalmente de acuerdo. En nuestras reuniones, lo repito a nuestro equipo una y otra vez, con un pequeño giro: «El fracaso no es una opción. *Es esencial*».

Aquellos que tienen *eso* suelen entender que el fracaso forma parte del éxito. El empresario y autor Robert T. Kiyosaki dijo: «Los ganadores

«El fracaso no es una opción. *Es esencial*».

no tienen miedo a perder. Pero los perdedores sí. El fracaso forma parte del proceso del éxito. Las personas que evitan el fracaso también evitan el éxito». Como los grandes líderes son innovadores, también suelen tener miedo. Eso no los detiene. Saben que el camino hacia su mayor potencial suele pasar por su mayor miedo. Apuestan la granja. Batean lo más lejos posible. A menudo los que batean con fuerza les falla el batazo. Pero también batearán la pelota fuera del parque.

Para que conste, mis amigos de la iglesia que decidieron que nunca fallarían, están empezando a fallar de nuevo. ¿Y adivinen qué? Están empezando a tener éxito en nuevas formas. El mundo de la iglesia está observando y celebrando como esta iglesia que una vez *lo* tuvo, y comenzó a perderlo, lo está recuperando de nuevo.

Preparados, listos, a fallar

A medida que busques a Dios y él encienda *eso* en tu corazón, creo que te hablará. Tal vez ya lo ha hecho. Te está dirigiendo para que salgas de tu zona de confort y hagas algo que requiere fe. Si no lo ha hecho todavía, lo hará pronto. Cuando lo haga, recuerda mis palabras, tu enemigo espiritual, el padre de la mentira, tratará de disuadirte.

Una de las mayores herramientas del diablo es el miedo. Te preguntarás: «¿Cómo puedo superar el miedo al fracaso?». Me gusta lo que mi amigo Mark Batterson dice sobre el miedo: «El antídoto para

el miedo al fracaso no es el éxito, sino pequeñas dosis de fracaso».
Piénsalo. Para evitar que te contagies la gripe, ¿qué tipo de vacuna te
pone el médico? Te da una pequeña dosis de gripe. Recibes lo justo
para entrenar a tu cuerpo a rechazarla. Lo mismo ocurre con el fracaso. Una vez que fracasas y te das cuenta de que fracasar no es el
fin del mundo, no tienes tanto miedo de volver a fracasar. El autor,
conferenciante y profesor Leo F. Buscaglia lo dijo muy bien: «Parece
que adquirimos sabiduría más fácilmente a través de nuestros fracasos
que de nuestros éxitos. Siempre pensamos que el fracaso es la antítesis
del éxito, pero no es así. El éxito suele estar al otro lado del fracaso».

Dios me dio el gran regalo del fracaso al principio del ministerio.
Mucho de lo que intenté fracasó. Nuestro ministerio de teatro se vino
abajo. Nuestro intento de un coro no funcionó. Nuestro primer viaje
misionero no se realizó. Nuestro estudio bíblico de los miércoles se
estrelló antes de despegar. Nuestra noche de adoración mensual solo
se realizó dos veces. Intentamos una ilustración de sermón muy simple durante la cual Sam Roberts debía lanzarme una pelota de fútbol.
Practicamos docenas de veces. El «día del partido», delante de toda la
iglesia, lanzó un pase salvaje y yo me lancé, perdiendo el balón y estre-
llándome contra la batería. Un pase truncado. ¿El fracaso más tonto?
Enviamos veinte mil correos invitando a la gente a nuestra iglesia. El
único problema fue que no pusimos la dirección de la iglesia. (No me
lo puedo inventar).

Mucho de lo que hemos intentado ha fracasado. La mayoría de la
gente no lo sabe.

Una de las cosas por las que nuestra iglesia es conocida es por
reunirse en múltiples lugares. Nuestro primer intento de producir
un vídeo fue un desastre. Después de luchar durante cuatro meses,
lo abandonamos. Luego, en 2005, intentamos tener dos sedes de la
iglesia a mil millas de distancia. En ese momento, teníamos cinco o
seis iglesias que se reunían en Oklahoma. De repente, decidimos que
sería increíble comenzar dos (¡no una, sino dos!) en Phoenix, Arizona.

¿Alguno de nosotros era de Phoenix? No. ¿Entendíamos la cultura? No. ¿Habíamos estado en Phoenix? Sí. (No éramos tan tontos). Pero yo solo había estado una vez y fue para asistir a una conferencia. (Así que tal vez éramos bastante tontos).

Empezamos con esas malas vallas publicitarias. (¿Por qué no hacer amigos con otras iglesias mientras éramos nuevos en la ciudad?) Luego nos lanzamos para abrir dos gimnasios escolares en lados opuestos de la ciudad. Tuvimos setecientas o más personas en ambos lugares antes de que comenzara nuestro avivamiento Gideon. (Si no sabes lo que es un avivamiento Gideon, es cuando creces *hacia atrás*). Cuando se hizo obvio que ambos no podrían sobrevivir, combinamos los dos en un solo campus y esperamos lo mejor.

Un par de dolorosos años después, lo dejamos. Ninguno de los dos campus sobrevivió. Nos sentimos totalmente avergonzados. No solo toda nuestra iglesia sabía de nuestro fracaso, sino también muchos otros líderes de las iglesias que estaban observando. Desperdiciamos mucha energía y dinero. Era dinero de *Dios* que tiramos por el retrete. Y lo que es peor, herimos y decepcionamos involuntariamente a la gente. Era difícil explicar cómo podíamos invitar a la gente a dar su corazón a nuestra iglesia y luego cerrar el local de la iglesia.

Lo intentamos, fracasamos, aprendimos. Fue una educación cara y dolorosa. Pero fue una educación valiosa. Lo que aprendimos de ese fracaso habría sido difícil de aprender de otra manera. Aunque no quiero volver a pasar por una temporada así, esos errores nos ayudaron. Nos enseñaron lo que funciona y lo que no funciona. Las lecciones que aprendimos de esos fracasos se convirtieron en la base de nuestro impacto actual. Ahora nuestra iglesia se reúne no solo en Oklahoma, sino en Texas, Arkansas, Kansas, Misuri, Nebraska, Florida, Nuevo México, Nueva York, Tennessee, Iowa y Colorado. Intentamos seguir el consejo del escritor irlandés Samuel Beckett: «Sigue fallando. Sigue. Solo que la próxima vez, intenta fracasar mejor». Se podría decir que hemos fracasado en nuestro camino hacia el éxito.

Si no tienes *eso*, tal vez necesites probar algo nuevo y fracasar en ello. En nuestra iglesia, queremos dar a nuestros líderes dos regalos: la libertad de fracasar y el espacio para levantarse. A menudo le digo a nuestro equipo: «¡Fracasa! Si no fracasas, has dejado de soñar. Con el tiempo, dejarás de aprender. Y dejarás de crecer».

Los que tienen *eso* fracasan a menudo.

La virtud de ser picado dos veces

Un día, salía de mi casa y me picó una avispa en la nuca. Lloré como una niña de cuatro años. (En realidad, la mayoría de las niñas lo soportarían mejor que yo). Ahora, cada vez que paso por ese lugar, dudo.

Demasiados líderes ministeriales dudan. Es fácil entender por qué. Han intentado algo que no ha funcionado como esperaban. Se han enfrentado al ridículo, a los chismes y tal vez incluso se les ha pedido que dejen sus funciones ministeriales. Han sido picados una vez y se alejan del camino para evitar que se repita.

Cuando fracasas, tiendes a dudar de ti mismo. *Tal vez no escuché a Dios. Tal vez no tengo los dones para el ministerio. Tal vez siempre fallaré. No creo que tenga lo que se necesita.* Luchas contra ese síndrome de vacilación. Claro, querrás estar en oración y actuar con sabiduría al mismo tiempo que avanzas. Sí, siempre querrás considerar el costo antes de empezar un nuevo esfuerzo ministerial. Pero recuerda las palabras del escritor de Hebreos: «Pero sin fe es imposible agradar a Dios» (Hebreos 11:6, RVR1960). Dios te llama a arriesgarte a ser picado de nuevo. Y otra vez. Y a reconocer que esta es la mejor manera de vivir, la única manera de agradarle.

Si esperas que tu emprendimiento tenga el éxito garantizado, probablemente estarás esperando el resto de tu vida. A veces, el fruto de tus pasos de fe no se mide tanto por lo que Dios hace *a través* de ti, sino por lo que Dios hace *en* ti.

Mientras escribo este capítulo, acabamos de cerrar un ministerio importante. He mencionado nuestra nueva empresa, la aplicación

BibleLens. No mencioné que había presumido de ella ante unas 350.000 personas en la Cumbre de Liderazgo Global. Eso hace que el fracaso sea aún más doloroso. Volvimos a fracasar, muy públicamente. ¿Y qué hicimos después? Hicimos muchas preguntas para aprender de nuestro error. La próxima vez seremos más inteligentes, mejores y más sabios. (Y es probable que no vuelva a anunciar grandes empresas no probadas en conferencias de liderazgo).

Tengo otra idea con la que estoy jugando ahora mismo. Es diferente. Es arriesgada. Es algo que potencialmente podría ser un cambio radical para las iglesias. Por otra parte, tal vez me equivoque. No lo sabremos hasta que lo intentemos.

Desentierra tu talento

Jesús contó una historia en Mateo 25 sobre tres encargados de la casa cuyo amo les confió «talentos» de dinero. (No hay que confundirlo con nuestra palabra española *talento*, un talento era una unidad de oro o plata, que valía bastante en aquella época). Dos de los muchachos se arriesgaron a fracasar e invirtieron el dinero de su amo. El tercero tuvo miedo y se negó a fracasar. Jugó a lo seguro, evitó el riesgo y enterró su talento, como hacen tantos líderes y ministerios hoy en día.

Entonces el maestro regresó y llamó a sus empleados para que le informaran sobre sus inversiones: «Después llegó el que había recibido solo mil monedas [el tipo que tenía temor de fracasar]. "Señor —explicó—, yo sabía que usted es un hombre duro… Así que tuve *miedo*, y fui y escondí su dinero en la tierra. Mire, aquí tiene lo que es suyo". Pero su señor le contestó: "¡Siervo malo y perezoso!… Quítenle las mil monedas y dénselas al que tiene las diez mil"» (Mateo 25:24-28, énfasis añadido).

Lucas 19 cuenta una historia similar. La versión *The Message* ofrece este resumen en el versículo 26: «Arriesga tu vida y obtén más de lo que jamás soñaste. Juega a lo seguro y termina sosteniendo la bolsa». Los que arriesgaron vieron un aumento. El que jugó a lo seguro lo perdió todo.

¿Qué sueño has enterrado? ¿Qué carga te ha dado Dios que has dejado de lado? Desentiérralo. Sácalo. Quítale el polvo. Es hora de empezar a orar sobre tu próximo riesgo.

¿Te está llamando Dios a iniciar un nuevo ministerio? ¿Tal vez una experiencia de adoración los sábados por la tarde? ¿O un segundo local? ¿Un alcance misionero? ¿Una nueva iglesia? ¿Un ministerio en línea?

Tal vez Dios te llama a arriesgarte con una persona. A añadir a tu equipo ministerial a alguien que la mayoría piensa que no está cualificado. Para llegar a alguien que está lejos de Dios.

¿O puede ser que Dios te esté guiando para que te arriesgues y cierres un ministerio en dificultades? Tal vez sabes que Dios quiere que tengas una conversación difícil con alguien. Tal vez te está guiando a encontrar un nuevo lugar para usar tus dones.

Es el momento de sacar a relucir tu talento, los bienes que Dios te ha confiado para que los utilices para sus propósitos.

Recuerda que, cuando das un paso de fe, el miedo al fracaso puede asaltarte, como le ocurre a la mayoría de las personas. *¿Y si no funciona? ¿Qué pensará la gente? ¿Y si esto es una bomba?* Me identifico. Siento esos miedos. Uno de mis mentores me dijo: «Cuando crees que Dios te llama a hacer algo, tienes que sentir miedo y hacerlo de todos modos» (parafraseado mío).

Deja que Dios convierta el miedo en fe. En lugar de convertirte en un líder indeciso, pídele a Dios que te haga audaz y agresivo.

Ministerio sin remordimientos

Cuando mi hijo Sam tenía dos años, tontamente le monté en un patinete y le dejé bajar conmigo por nuestro empinado camino de entrada. Hicimos docenas de paseos juntos con éxito, gritando de alegría mientras volábamos por el empinado camino de entrada. Muchos niños de dos años tendrían demasiado miedo. Pero Sam no. Internamente sonreí con orgullo, pensando, *Sip, de tal palo, tal astilla.*

En nuestro último viaje, Sam entró en pánico y se bajó del patinete, partiéndose el fémur en dos. Oí cómo se rompía. Fue culpa mía, una consecuencia de mi mal juicio. Gritó y chilló de horror y dolor. El pequeño Sam pasó las siguientes seis semanas con una escayola en todo el cuerpo. Cuando le quitaron la escayola, tardó semanas en aprender a caminar de nuevo.

A partir de ese momento, Sam estaba comprensiblemente aterrorizado por la pronunciada pendiente del camino de entrada. (Sí, sé que una horrible paternidad causó eso. Sí, he cambiado mi forma). El camino de entrada, sin embargo, era solo un monstruo segundo. El monstruo grande, peludo y súper aterrador era el scoot-scoot, el nombre que le daba a su archienemigo. Sam caminaba por el otro lado del garaje para que el scoot-scoot no le «agarrara».

Puedes imaginar mi sorpresa un par de años más tarde cuando Sam se acercó valientemente a mí y me dijo que *tenía* que ir en el scoot-scoot por el camino de entrada. Me di cuenta de que estaba paralizado por el miedo, pero quería afrontarlo y superarlo. Le dije con firmeza: «No, no vale la pena. No va a suceder». Cuanto más le decía que no, más insistía Sam. «No lo entiendes, papá», suplicó. «*Tengo* que hacerlo». Había algo en su tono, una silenciosa determinación que me hizo hacer una pausa. Fue entonces cuando me di cuenta de que Sam tenía algo que demostrar, no a mí sino a sí mismo.

Durante un buen rato, se quedó de pie en lo alto del camino de entrada sujetando el patinete y mirando hacia abajo como si se tratara de un fracaso potencial. Llorando en silencio, respirando profundamente y preparándose para enfrentarse a su mayor miedo, Sam respiró profundamente una vez tras otra, hablando a sí mismo de valor como un guerrero que se prepara para la batalla. Después de varios arranques en falso, Sam se impulsó y se elevó por el camino de entrada. Al llegar al final, rugió en señal de victoria y lanzó el scoot-scoot como un receptor de fútbol americano en la zona de anotación después de una captura ganadora del juego. Sam había arriesgado y ganado. Nunca podré estar más orgulloso de él. Era un viaje que tenía que hacer, un miedo que tenía que vencer.

¿Qué viaje necesitas hacer?

Aprender a fracasar con elegancia

A los dobles de riesgo se les paga para que fallen. Se caen, se golpean y explotan con gracia. Tenemos que aprender a fracasar con elegancia.

Como he fracasado a menudo, he aprendido algunos principios sobre cómo fracasar. Estos son algunos de los que te pueden resultar útiles:

1. *Llama a tus nuevas ideas experimentos.* A veces los líderes hacen promesas que quizá no puedan cumplir. En lugar de hacer declaraciones absolutas sobre lo que va a suceder, ayuda presentar los nuevos emprendimientos como experimentos. Esto da a los líderes cierto margen de maniobra para hacer pequeños ajustes o grandes adaptaciones. Si el experimento no funciona, nos llevamos algo valioso, algo que hemos aprendido y que podemos explicar a los interesados.

2. *Crea una cultura que permita el fracaso.* Explica a tu equipo que el fracaso forma parte del éxito. Habla abiertamente de tus fracasos y de lo que has aprendido. Diles que, como ministerio, vas a errar por ser proactivo y fracasar de vez en cuando, en lugar de ser pasivo y tener éxito siendo mediocre.

   Por ejemplo, una vez tuve una asistente que era demasiado precavida. La reté a cometer tres fallos agresivos en el siguiente trimestre. Le dije que en lugar de que yo «pisara el pedal» para que acelerara, prefería que me hiciera «usar los frenos» de vez en cuando.

   Siempre cometeremos errores. Prefiero que los cometamos de forma proactiva que de forma pasiva.

> Los mayores remordimientos que tenemos no son los fracasos, sino los riesgos que no tomamos.

Creo que los mayores remordimientos que tenemos no son los fracasos, sino los riesgos que no tomamos. Tenemos que ayudar a nuestro equipo a saber que los errores forman parte del progreso y que el fracaso está permitido.

3. *No interiorices los fracasos.* El motivador Zig Ziglar dijo: «El fracaso es un acontecimiento, no una persona». Cuando falles, permítete sentir la decepción. Esa es la realidad, y una parte importante de ella. Siente la decepción, pero no interiorices la desaprobación.

   Thomas Edison fracasó repetidamente, pero dijo: «No he fracasado. Solo he encontrado 10.000 formas que no funcionan». ¿Te imaginas que sus primeros intentos ineficaces le llevaran a decidir que era incapaz? Nunca habría inventado la bombilla.

   Fracasar en algo no te convierte en un fracasado. Quítatelo de encima. Aprende de ello. Vuelve a intentar algo. Sí, te sentirás inseguro de ti mismo e inseguro de tu idea, pero si esperas a estar 100 % seguro para intentar algo nuevo, casi siempre llegarás demasiado tarde. Así que avanza.

4. *Haz un informe después de los fracasos y los éxitos.* En lugar de vivir en la negación de nuevos emprendimientos decepcionantes, tómate el tiempo para informar. Enumera los puntos de aprendizaje. ¿Qué es lo que dio resultado? ¿Qué es lo que no resultó? ¿Qué podrías haber hecho diferente? ¿Cuáles son las lecciones que has aprendido para el futuro? No desperdicies un revés por no aprender de él.

5. *Vuelve a intentarlo.* Si te caes de la moto, vuelve a subirte a ella y monta de nuevo. No dejes que la derrota de ayer te impida ganar mañana. Inténtalo de nuevo. Dios no ha terminado contigo. La mayoría de los grandes éxitos son consecuencia de múltiples fracasos. Winston Churchill dijo: «El éxito consiste en ir de fracaso en fracaso sin perder el entusiasmo».

¿Te imaginas pagar por algo y luego no recibir lo que pagaste? Tal vez sí. Tal vez hayas pasado por un autoservicio, y luego de irte descubres que no tienes uno de los artículos que pediste. No. El fracaso es a menudo el precio que se paga por el éxito. No fracases y luego no consigas lo que has pagado. Inténtalo de nuevo.

Bájate de la barca

Hay que arriesgarse para conseguir *eso* y mantenerlo. Eso significa que hay que tomar una decisión. Como líderes, a menudo tememos el fracaso más que cualquier otra cosa. Pero nuestro mayor dolor es el arrepentimiento. Por eso tienes que tomar algunas decisiones llenas de fe. Puedes evitar los riesgos, minimizar las desventajas y seguir jugando a lo seguro. Pero también renuncias a las ventajas y nunca sabrás lo que podrías haber sido si hubieras desarrollado la fe para intentarlo. Para seguir teniendo *eso*, debes enfrentar tus miedos o probablemente acabarás arrepintiéndote.

Cuando lideras al límite, aprendes a enfrentarte tus miedos y vencerlos, solo para que surjan otros nuevos. Aprendes que la ilusión de la seguridad se evapora con tu último logro. Pero, como Pedro, reconoces que estás más seguro cuando estás fuera de la barca y *con Jesús* que si tus miedos te mantienen en la barca.

Bájate de la barca. Enfréntate a tus miedos. Fracasa. Aprende. Ajústate. Inténtalo de nuevo. Y observa cómo Dios hace más de lo que puedes imaginar.

Factores para tenerlo

- El fracaso no es una opción. Es una necesidad.
- Si no estás fracasando, has dejado de soñar. Al final dejarás de aprender y dejarás de crecer. Los que tienen *eso* fracasan a menudo.
- Es imposible complacer a Dios sin fe, lo que significa que tenemos que arriesgar.

- A veces, el fruto de tus pasos de fe no se mide tanto por lo que Dios hace a través de ti, sino por lo que Dios hace en ti.
- El fracaso es a menudo la matrícula del éxito (adaptado de Walter Brunell).
- Haz un informe después de haber fracasado para que se convierta en una experiencia de aprendizaje.
- Si estás respirando, Dios no ha terminado contigo.
- Si has fracasado, has aprendido algo que otros no han aprendido y estás en la posición perfecta para volver a intentarlo y tener éxito.
- Los grandes líderes aprenden el arte de fracasar y avanzar.
- El dolor del arrepentimiento suele ser mayor que el dolor del fracaso. Así que bájate de la barca.

Preguntas para el debate o la reflexión

1. Describe la «cultura del fracaso» en tu ministerio. ¿Se desaconseja enérgicamente el fracaso estratégico, se tolera discretamente o se acepta públicamente?
2. ¿Tu ministerio está cada vez más lleno de fe o es más reacio al riesgo? ¿Cuándo fue la última vez que has tomado un gran riesgo de fe? ¿Qué pasó? ¿Qué aprendiste?
3. La versión de la Biblia *The Message* ofrece este resumen en Lucas 19:26: «Arriesga tu vida y obtén más de lo que jamás soñaste. Juega a lo seguro y termina sosteniendo la bolsa». A la luz de este versículo, ¿qué te está diciendo Dios sobre tu ministerio? ¿Cómo estás jugando a lo seguro? ¿Qué riesgo te está llamando Dios a tomar? ¿De qué te arrepentirás si al menos no lo intentas?
4. Los grandes líderes suelen preguntar: «¿Qué intentarías si supieras que no puedes fallar?» Habla con tu equipo sobre esto. Si supieras que Dios bendeciría cualquier cosa que hicieras, ¿qué intentarías?

CAPÍTULO 9

Corazones enfocados hacia afuera

Si tu evangelio no toca a otros, no te ha tocado a ti.
—Curry R. Blake

Algo que vi hace años todavía me rompe el corazón. Estaba predicando en una pequeña iglesia del otro lado de la ciudad. La recepcionista voluntaria me dijo sin rodeos antes de que comenzara el servicio: «Joven, será mejor que haga un buen trabajo predicando, porque tenemos una visitante en la iglesia». Evidentemente, tener un invitado en la iglesia era algo inusual. Explicó que una señora acababa de llamar y pedir indicaciones para llegar a la iglesia. «Nuestra iglesia lleva varios años disminuyendo», dijo la recepcionista con tristeza, «y necesitamos miembros que nos ayuden a mantener las puertas abiertas».

Antes de que empezara el servicio, me quedé afuera de la puerta principal con un gorila de la iglesia (eh, perdón, quiero decir un anciano de la iglesia). Estábamos saludando a la gente, y entonces la vi. *La visitante.* La razón por la que supe que esta mujer no era miembro de la iglesia fue que no se parecía a nadie más. Todos los miembros estaban vestidos con buenos trajes y bonitos vestidos. Esta joven parecía haber dormido con lo que llevaba puesto. No es que no se cuidara, sino que era obvio que estaba en una época difícil de su vida. Mientras

142

se acercaba lentamente a la iglesia, sus ojos y su lenguaje corporal comunicaban que estaba nerviosa e intimidada. Admiré su valentía para visitar una nueva iglesia ella sola. ¿Qué la había impulsado a venir? ¿Había sufrido abusos? ¿Había sido abandonada? ¿Había llegado al límite de sus fuerzas y necesitaba desesperadamente esperanza?

El anciano se puso delante de la joven, impidiéndole el paso al santuario. «Señorita», dijo el hombre en tono intimidatorio, «en nuestra iglesia, nos ponemos lo mejor para Dios».

Quedé boquiabierto en *shock. ¡No! No puede ser que le haya dicho eso.* Por desgracia, sí lo había hecho. Los ojos de esta joven se llenaron de lágrimas mientras corría hacia su automóvil para emprender la huida.

Fue desgarrador.

Yo diría que muchas personas hoy en día no rechazan a Cristo tanto como a la iglesia. Tal vez más específicamente, están rechazando a los cristianos que juzgan. Una vez le pregunté a un hombre por qué no iba a la iglesia. Respondió sin dudar: «Porque ya he ido».

Él fue a una iglesia. No tenían *eso*, y nunca más regresó.

¿Has visitado alguna vez una iglesia y te han dejado de lado o te han pasado por alto? Te hace sentir increíblemente incómodo y no deseado. Lo curioso es que las iglesias que parecen poco amistosas para los de afuera pueden estar llenas de la gente más amable del mundo. Pero solo si eres de los de adentro.

Las iglesias sin *eso* pueden estar tan unidas, tan vinculadas, tan cerca las unas de las otras, que involuntariamente pasan por alto a los que no conocen. Son acogedoras, cálidas y hospitalarias con los suyos. Pero si eres de afuera o tienes un aspecto diferente por tu ropa o tus tatuajes, puedes ser ignorado o incluso rechazado.

Los ministerios con *eso* recuerdan que Jesús vino por los de afuera. Vino por los que estaban perdidos. Quebrantados. Sufriendo. Abandonados. Solos. Olvidados. Pobres. Jesús vino por los que la religión rechazó. Muchas iglesias, sin saberlo, se centran en el circulo interior, olvidando a las personas que más necesitan a Jesús. Estas iglesias son como un hospital que ya no acepta pacientes. O un come-

Los ministerios con *eso* recuerdan que Jesús vino por los de afuera.

dor social que ya no alimenta a personas hambrientas. O como un Bob Esponja que ya no lleva pantalones cuadrados. (Puede que haya hecho una metáfora de más).

Examina una iglesia que lidera como si *eso* fuera esencial y encontrarás una obsesión virtual por alcanzar a las personas que no conocen a Cristo. No añaden nada a su misión. Ayudar a la gente a encontrar una nueva vida *es* su misión. La pasión por compartir a Cristo los consume de una manera hermosa.

Las iglesias sin *eso* suelen estar llenas de cristianos sinceros que creen en la Biblia. Desafortunadamente, están más preocupados por ellos mismos que por las personas que aún no son cristianas y no creen en la Biblia. Aman tanto la comodidad de su burbuja cristiana que no están dispuestos a seguir a Jesús cuando él trata de llevarlos a hacerse amigos de los pecadores para que puedan buscar y salvar a los perdidos.

¿A quién amas?

Una vez, un tipo le preguntó a Jesús: «De todos los mandamientos, ¿cuál es el más importante?».

Jesús le respondió: «"*Ama* al Señor tu Dios con todo tu corazón, con toda tu alma, con toda tu mente y con todas tus fuerzas". El segundo es: "*Ama* a tu prójimo como a ti mismo". No hay otro mandamiento más importante que estos» (Marcos 12:28-31, énfasis añadido).

¿A quién *amas*? Si amas a Dios, debes amar a la gente. Si no amas a la gente, no amas a Dios. «Todo el que ama es un hijo de Dios y conoce a Dios; pero el que no ama no conoce a Dios, porque Dios es amor… si no amamos a quienes podemos ver, ¿cómo vamos a amar a Dios, a quien no podemos ver?» (1 Juan 4:7-8, 20, NTV). Es así de sencillo.

Nos sentimos muy cómodos amando a los que son como nosotros, pero también estamos llamados a amar a los que no son como nosotros, y especialmente estamos llamados a amar a los que están lejos de Dios.

Cuando amamos profundamente, el amor nos lleva a hacer cosas que de otro modo no haríamos. Por ejemplo, soy un tacaño, pero me gasto mucho dinero en una cita con mi esposa. ¿Qué me lleva a hacerlo? El amor me lleva a hacerlo.

Otro ejemplo: No me gustan la mayoría de los gatos. (Estoy tratando de ser cortés). Mis hijos adoran los gatos. Así que, durante casi veinte años, hemos tenido dos gatos que escupen bolas de pelo, que nunca vienen cuando los llamas, que te ignoran todo el día y te despiertan a las tres de la mañana. ¿Por qué tuve dos de algo que no disfruto? Porque amo a mis hijos. El amor me obligó a hacerlo.

Cuando uno de mis hijos me pidió ayer lo último de mi bebida favorita, se lo di. El amor me obligó a hacerlo.

Hace años, cuando mi hijo Stephen era un niño pequeño y se hizo caca encima, su hermana lo vio y vomitó su cena de espaguetis con albóndigas directamente sobre la caca recién hecha, lo limpié todo. ¿Qué me hizo hacerlo? Bueno, en realidad *Amy* me obligó a hacerlo, pero ya me entiendes.

El amor te hace hacer locuras. ¿A quién amas? ¿Amas a las personas que no conocen a Cristo? Los que lo conocen sí aman, y profundamente.

Pero, sinceramente, muchos de los llamados cristianos no aman como deberían. No hay que buscar mucho para encontrar iglesias llenas de gente que se aísla del mundo, se atrinchera, evita las películas populares y la música secular. Estos tipos religiosos encerrados en sí mismos se mantienen alejados de cualquiera que beba cerveza, que maldiga después de un mal golpe de golf, que fume cualquier cosa, que tenga un tatuaje, escuche música rap o lleve vaqueros con agujeros. Juzgan a las personas que votaron diferente. Critican a las estrellas de rock. Se alejan de las personas con un color de piel diferente. Miran con desaprobación el pelo morado y las crestas. Tienen miedo de los bares, de los conciertos de rock y de algunas redes sociales.

Demasiados creyentes evitan a «ese tipo» de personas. De alguna manera han olvidado que Jesús vino para ese tipo de personas.

Las iglesias que tienen *eso* se preocupan por los demás y por las personas que están lejos de Dios.

¿Amas a las personas que están sin Cristo? Sé honesto. ¿Tiene tu ministerio personas cuyo corazón late por los que están fuera de la familia de Dios? Las iglesias que tienen *eso* se preocupan por los demás y por las personas que están lejos de Dios. Las iglesias y los ministerios sin *eso* se preocupan más por las ovejas dentro del redil que por las cabras fuera de la iglesia. Esa falta de cuidado se comunica claramente. Una iglesia que visité tiene una hermosa vidriera con el versículo «Jesús es la luz del mundo». El problema con eso es que las palabras estaban dirigidas a la gente dentro de la iglesia en lugar de a la gente que observaba el mensaje desde afuera.

¿Qué hizo que el buen pastor dejara a las noventa y nueve para ir a buscar a la que se había perdido? El amor. ¿Qué hizo que el padre se quedara en la puerta de la casa esperando, deseando y orando para que su hijo perdido volviera a casa? El amor. ¿Qué movió a nuestro Padre celestial del cielo a la tierra? De nuevo, el amor. Juan 3:16 registra su motivación: «Porque de tal manera *amó* Dios al mundo, que ha dado a su Hijo unigénito, para que todo aquel que en él cree, no se pierda, mas tenga vida eterna» (RVR1960, énfasis añadido). ¿Qué impulsó a Jesús a sufrir mucho, a derramar su sangre inocente y a ofrecer voluntariamente su vida? El amor le hizo hacerlo.

¿Amas a los perdidos?

Una política de techo abierto

La vida en Palestina en la época de Jesús era muy pública. La gente generalmente dejaba las puertas abiertas durante el día. Una puerta abierta significaba que cualquiera podía entrar.

Un día, en Capernaúm, Jesús empezó a enseñar en una casa de puertas abiertas, y sus seguidores irrumpieron en ella. Pronto la pequeña casa se llenó como una lata de sardinas y la gente se desbordó en las calles. (Jesús podría haber asistido a dos servicios o haber creado un segundo campus. Lástima que no estuviéramos allí para aconsejarle).

Sabemos que, de toda la multitud, por lo menos cuatro tenían *eso*. Estos cuatro fanáticos tenían un amigo lisiado que necesitaba desesperadamente a Jesús. Estaban en una misión, no para conseguir una *selfie* con el Salvador, sino para llevar a su amigo a Cristo.

¿Y el resto de la multitud? Algunos probablemente eran sinceros en su deseo de escuchar a Jesús. Otros podrían haber sido escépticos, esperando demostrar que Jesús era un farsante. Pero estos cuatro amigos estaban pensando en otra persona. Aunque los demás se quedaron con las palabras de Jesús, muchos no entendieron el corazón de su mensaje. Jesús no vino para los sanos, sino para los enfermos.

Para la multitud, la reunión era sobre ellos. ¿Qué podían conseguir? ¿Qué podían aprender? ¿Qué podía ofrecerles Jesús? Las iglesias sin *eso* están llenas de cristianos bien intencionados con actitudes similares. Se escucha en sus palabras egocéntricas:

- Nos encanta esta iglesia porque está cerca de nuestra casa.
- Vamos a esta iglesia porque a nuestros hijos les encanta la guardería.
- Nos gusta ir temprano por el café y las donas gratis.
- Esta iglesia me hace sentir mejor conmigo mismo.

Se oye en su lenguaje cuando buscan un hogar para la iglesia. «Estamos comprando una iglesia», podrían decir. Sabemos lo que quieren decir, pero sus palabras implican que son consumidores que buscan una iglesia que satisfaga sus necesidades. Cuando encuentran una iglesia que les gusta, la eligen. Si un día esta iglesia ya no les sirve, se van, cantando el himno nacional de los consumidores de iglesias: «No nos alimentan. No nos alimentan. Vamos a dejar todas las iglesias de la ciudad y no pararemos hasta que estemos muertos». El pastor

Erwin McManus preguntó: «¿Cuándo hemos olvidado que la iglesia no existe para nosotros? Somos la iglesia, y existimos para el mundo».

Mirar hacia fuera

Si tu ministerio se ha enfocado en los ya convencidos, es una apuesta segura que tu ministerio no tiene *eso*. Es probable que no veas a muchas personas nuevas, si es que hay alguna, que llega a la fe en Cristo. Los bautismos son pocos y distantes entre sí. Las clases de membresía son muy pequeñas. No estás experimentando las grandes obras del Espíritu de Dios. La gente nueva no está viniendo y quedándose e invitando a otros a unirse al viaje espiritual. Los miembros antiguos no están creciendo. Las cosas pueden ser estables, pero están espiritualmente estancadas. No estás viendo un movimiento que avanza.

Podemos aprender algunas cosas de estos cuatro hombres. Para empezar, para tener *eso,* tenemos que preocuparnos por la gente que está lejos de Dios. Mucha gente no lo hace.

Oí una historia sobre un predicador que corregía a su iglesia, que estaba encerrada en sí misma. «El problema», retumbó la voz del predicador, «es que la gente se está muriendo en todo el mundo y a ustedes les importa un bledo». Cuando pronunció la última palabra, la multitud jadeó. Las mujeres se miraron entre sí, atónitas. Los niños se sentaron en posición de firmes, con miedo a moverse. Los ancianos se miraban unos a otros, enviando mensajes silenciosos pero entendidos: *Tenemos que reunirnos. Pronto.*

El ministro continuó, mucho más lentamente y con evidente dolor. «La parte más triste es…», hizo una pausa y volvió a empezar. «Lo más triste es que la mayoría de ustedes están más molestos porque utilicé la palabra *maldita* en la iglesia que por la gente que se está muriendo y yendo al infierno».

Ay.

Como pregunta mi amigo el pastor Vince Antonucci: «¿Estás cerca de la gente que está lejos de Dios? Si no estás cerca de la gente que está lejos de Dios, no estás tan cerca de Dios como crees. Porque el corazón de Dios siempre está con la gente que está lejos de él».

Ay, otra vez.

¿Te preocupas por los que están sin Cristo? Antes de que me des la respuesta eclesiástica programada que dan la mayoría de los cristianos, permíteme ayudarte a responder a esta pregunta con sinceridad.

- ¿Cuándo fue la última vez que tuviste a una persona perdida en tu casa? (El plomero que te reparó el fregadero no cuenta).
- ¿Cuántas conversaciones significativas has tenido con personas no cristianas esta semana?
- ¿Cuándo fue la última vez que hablaste de tu fe con alguien alejado de Dios?
- ¿Quiénes son los no creyentes por los que has orado hoy?

Si no puedes responder a estas preguntas con varias historias o nombres de personas, lo más probable es que estés en el camino de la despreocupación. Tal vez ya hayas llegado e instalado en ese peligroso destino. Para ser justos, la mayoría de los cristianos no se levantan una mañana y declaran: «He decidido no preocuparme más por los perdidos». Esa actitud se va imponiendo con el tiempo. Después de ser un cristiano por algunos años, no tenemos mucho en común con los no cristianos, así que típicamente no desarrollamos relaciones de calidad con ellos. Con el tiempo, muchos seguidores de Cristo se dan cuenta de que casi no tienen relaciones cercanas o incluso en desarrollo con los no creyentes.

Si ese es tu caso, pídele a Dios que quebrante tu corazón por los que no tienen a Cristo. Lo hará. Antes de que pase mucho tiempo, Dios te enviará a alguien, quizás a un montón de personas, que te importarán cada vez más. Tu amor por ellos aumentará. Cuando eso suceda, tendrás *eso,* y es casi imposible apagarlo. Tu pasión por orar aumenta. Empiezas a buscar oportunidades para cambiar las conversaciones hacia cosas espirituales. Te vuelves siempre consciente de que estás representando a Cristo. Cuando *lo* tienes, la gente tiende a quererlo. Tu pasión por Jesús y su misión se vuelve contagiosa.

Me encontré con dos tipos maravillosamente odiosos. Sin duda, tenían *eso*. Ambos tipos hablaban simultáneamente, describiendo el estudio bíblico que estaban teniendo en un restaurante. Después de rellenar demasiadas veces la Coca-Cola Light, estos dos fueron al baño de hombres y siguieron hablando de Jesús mientras «se ocupaban de sus necesidades». Otros dos chicos escucharon su conversación. En poco tiempo, estos evangelistas del baño guiaron a los otros dos chicos en una oración para conocer a Cristo, ¡allí en el baño de hombres! Sus nuevos amigos los siguieron hasta su mesa y disfrutaron del resto del estudio bíblico. Ahora los nuevos creyentes son asiduos a las reuniones de estudio.

Durante demasiados años, no me centré en compartir a Cristo. Como muchos, me distraje, consumido por mis propios problemas. La vida se convirtió en un asunto mío. Necesitaba volver a conectar con Jesús y que él reavivara mi llama evangelizadora. Le pedí y me respondió. Ahora que *lo* tengo de nuevo, Dios parece estar trayendo gente a mí. Como un entrenador que veo a menudo en el gimnasio. Este tipo sabe que soy pastor, pero no se contiene a la hora de decir palabrotas a mi alrededor. Suelta palabrotas como un rapero suelta rimas. El otro día, yo estaba listo para hacer ejercicio, pero me di cuenta de que él necesitaba hablar. En el pasado, podría haber sido egoísta y haberlo ignorado educadamente para poder empezar a sudar. Pero supe que Dios quería que me detuviera y continuara la conversación con este tipo.

Momentos después, el entrenador, al que apenas conocía, me contó que su novia le había engañado. Antes de que pudiera plantear algo espiritual, me pidió que orara por él. Después de nuestra oración, le hablé de Jesús. Sintió curiosidad, pero tenía algunas reservas sobre el cristianismo debido a una mala experiencia con algunos cristianos. Le invité a la iglesia. Me dijo sinceramente: «Eso es lo que tengo que hacer».

Si eres líder de tu ministerio, necesitas reconocer que, para bien o para mal, tu ministerio te refleja. Si no te preocupas por las vidas sin Cristo, es probable que las personas que diriges tampoco se preocupen. El conocido profesor de predicación Howard Hendricks dijo: «En medio de una generación que grita por respuestas, los cristianos están tartamudeando».

Lecciones de cuatro destructores de hogares

Muchas iglesias dan involuntariamente la espalda a las personas que más necesitan a Jesús. Nos centramos hacia adentro. Hacemos nuestros estudios bíblicos. Escuchamos nuestra música cristiana favorita. Vemos nuestros programas cristianos. Hablamos nuestro idioma cristiano. *Alabado sea el Señor, hermano. ¡Gracias a Dios que soy comprado por la sangre, santificado, lleno del Espíritu y atado a la gloria!* Y esencialmente les decimos a los que más lo necesitan: «Pueden irse al infierno». Sé que eso no es lo que *en la realidad* estamos diciendo, pero si no tenemos cuidado, eso es lo que nuestras actitudes indiferentes comunicarán.

Aquí hay algunas cosas que debemos aprender de los cuatro fervientes amigos de Capernaúm. Primero, reconocieron que su amigo necesitaba a Jesús. Demasiados creyentes olvidan que los perdidos *realmente* necesitan a Jesús. Se puede ver en lo que yo llamo la «teología del buen chico». No puedo decirte cuántas veces he visitado a una familia en la que alguien acaba de fallecer y le pregunto por su ser querido fallecido. La familia se mueve incómodamente antes de decir: «Bueno, el abuelo no iba mucho a la iglesia y ciertamente no era religioso, pero era muy trabajador, y aparte de su problema con el juego y de que encargó una bailarina nudista para su octogésimo cumpleaños, era una persona bastante moral. Sabemos que está en un mejor lugar». Queremos creer que las personas que amamos nunca van al infierno. Siempre podemos convencernos de que la gente está mejor ahora que se ha ido, y eso disminuye nuestra urgencia por alcanzar a los que no tienen a Cristo.

También vemos que se necesitaron cuatro personas para llevar al hombre a Jesús. Una iglesia que tiene *eso* reconoce que alcanzar a la gente no es solo trabajo del pastor. Es trabajo de todos. Yo no puedo hacerlo solo. Tú no puedes hacerlo solo. Se necesita de todos nosotros.

> Una iglesia que tiene *eso* reconoce que alcanzar a la gente no es solo trabajo del pastor. Es trabajo de todos.

Se necesita de todos nosotros, y de Dios. Muchos no hacen evangelismo porque sienten que no están calificados para llevar a alguien a Jesús. Buenas noticias: Dios llevará a la persona a Jesús a través de ti.

Si eres como yo, puede que te sientas nervioso en las conversaciones espirituales. En el seminario, tomé una clase de evangelismo personal. Teníamos que ir de puerta en puerta, llamar e intentar guiar a la persona desprevenida (que probablemente estaba traumatizada por estar frente a un joven seminarista dispuesto a hablar del infierno mientras un profesor le miraba por encima del hombro para calificarle), hacia Cristo. Mi profesor siempre nos recordaba que debíamos orar antes de llamar a la puerta. Yo siempre suplicaba: «¡Señor, te ruego que no haya nadie en casa!». ¿Por qué? Porque estaba nervioso. Nunca sentí que lo haría bien.

Tenemos que recordar que nosotros hacemos nuestra parte, los demás hacen su parte y Dios hace su parte. Nosotros nunca somos la respuesta; Jesús siempre lo es.

Conozco a muchos pastores que tienen miedo de pedir a la gente que ponga su fe en Jesús en sus reuniones religiosas. Les preocupa que nadie responda. Siempre les digo a los ministros jóvenes: «No fallas si el Espíritu te impulsa a pedirle a alguien que siga a Cristo y la persona no lo hace. Fracasas cuando el Espíritu te impulsa, pero tienes demasiado miedo para hacerlo». No te culpes si alguien rechaza a Jesús. Eso es ponerte en el lugar de Dios.

El evangelismo se hace en equipo. Tú puedes ser uno de los cuatro. Tu posición puede ser la del predicador. Eres el intercesor entre bastidores. O tal vez seas el conversador. Te involucras naturalmente y ayudas a explicar el evangelio. O simplemente eres un hacedor del amor de Jesús. Tus acciones hablan más fuerte que las palabras de la mayoría de la gente. Puede que Dios te ponga en el primer tiempo y luego te deje mirar desde la banca mientras otros llevan a cabo sus especialidades. Haz tu parte. Deja que los demás hagan la suya. Observa a Dios hacer la suya.

Basta de tonterías

Los cuatro chicos con *eso* estaban decididos a hacer todo lo necesario para llevar a su amigo lisiado a Jesús. Cuando se acercaron a la casa donde Jesús estaba enseñando, no pudieron entrar porque la multitud era demasiado grande. Sin dejarse intimidar por ese pequeño problema, los cuatro amigos decidieron entrar por fuerza, así que se subieron al tejado de la casa. Los tejados de estas casas solían ser planos, con vigas separadas cada metro. Los huecos entre las vigas estaban cubiertos de maleza y arcilla y rellenos de estiércol. Has leído bien. Estiércol.

Imagina la escena: Jesús está enseñando. Está en ello, moviéndose, fluyendo con el Espíritu. Un pedazo del estiércol seco le cae en la cabeza. Mira hacia arriba y el techo comienza a derrumbarse. El dueño de la casa no está muy contento. De repente, la luz del sol pasa por un agujero, iluminando las siluetas de cuatro tipos inclinados y mirando a todos. Jesús comienza a reírse con deleite.

Estos chicos estaban dispuestos a atravesar cualquier barrera. Incluso cavaron a través del estiércol.

Las iglesias que tiene *eso* están llenas de personas que desean sinceramente alcanzar a los perdidos. No dejan que ninguna excusa los detenga. ¿Una multitud bloqueando el camino? No hay problema. Pasarán por encima, por debajo, alrededor o a través de ella. ¿Está el techo en el camino? Nada se interpone en su camino. Atravesarán el techo.

El amor supera los obstáculos.

Lo primero que hizo Jesús fue sanar el mayor quebranto del hombre lisiado. Jesús perdonó sus pecados. Sí, así es. Antes de sanar al hombre, Jesús le dio un regalo aún mayor. Le ofreció la gracia. Entonces Jesús le dijo al paralítico: «"A ti te digo, levántate, toma tu camilla y vete a tu casa". Él se levantó, tomó su camilla en seguida y salió caminando a la vista de todos. Ellos se quedaron asombrados y comenzaron a alabar a Dios. "Jamás habíamos visto cosa igual", decían» (Marcos 2:11-12).

Sabes que tu ministerio tiene *eso* cuando las personas empiezan a hablar como la gente de esta historia. Le dicen a todo el mundo: «Jamás habíamos visto cosa igual».

Cambiando el enfoque hacia afuera

Si tu ministerio no *lo* tiene y lo deseas, es esencial cambiar el enfoque evangelizador hacia afuera. Mantengamos las cosas simples. ¿Qué se necesita para ver a la gente venir a Cristo? Yo diría que tres cosas. Desglosémoslas para entender la importancia de cada una.

1. Gente que no conoce a Cristo

Para ver a la gente venir a Cristo en tu ministerio, necesitas que estén presentes personas que no lo conocen. Esto puede parecer obvio, pero vale la pena decirlo. Pregúntate honestamente, ¿las personas que aún no son cristianas se sienten bienvenidas, amadas y abrazadas en tu iglesia? ¿Vienen regularmente personas que no conocen a Cristo? ¿Preguntando? ¿Interesándose por el tema? Si la gente que está lejos de Dios no viene a tu iglesia, necesitas identificar por qué. Algunas razones podrían ser:

- Los miembros de tu iglesia no tienen relaciones con los perdidos.
- Tu gente está demasiado avergonzada para traer a sus amigos a tu iglesia.
- Tu edificio, tus reuniones o la gente de tu iglesia está comunicando sutilmente «manténganse alejados».

Haz lo que sea necesario para que tu ministerio sea un lugar que acoja a las personas que no conocen a Cristo.

2. Una explicación clara del mensaje del evangelio

Algunas iglesias predican un mensaje que puede ser directamente de la Biblia y que algunos llamarían profundo, pero asumen que todos los que están escuchando ya son cristianos. Enseñan al creyente y olvidan que muchos de sus oyentes aún no han cruzado la línea de la fe. Otros predican simplemente mensajes del tipo «cómo tener una vida mejor». Eso puede ser útil, pero no esperen que la gente se salve. Si los mensajes contienen más autoayuda que evangelio, la gente no escuchará ni abrazará las Buenas Nuevas.

Cuando Jesús vino a la tierra, estaba lleno de gracia y de verdad. (Ver Juan 1:14). Por eso me gusta la idea de ofrecer comodidad y confrontación simultáneamente. Al mismo tiempo, acogemos a la gente con nuestro ambiente confortable y nuestra amabilidad, y la confrontamos amorosamente con la verdad. Si la gente no se ve a sí misma como pecadora, nunca verá su necesidad de un salvador. Te sugiero que invites a la gente a seguir a Cristo cada vez que te reúnas.

3. Una fe genuina

Por último, necesitas una fe real. Si no crees *realmente* en el poder de Cristo para cambiar vidas, la gente lo sabrá. Lo contrario también es cierto. Si crees con cada fibra de tu ser que Cristo puede y va a transformar vidas a través del poder de su gracia, la gente lo percibirá, lo sentirá y a menudo llegará a creerlo también.

Así que crees que tienes *eso*

Puede que hayas leído este capítulo y hayas pensado, *soy parte de un ministerio muy evangelizador.* Afortunadamente, hoy somos testigos de que muchas iglesias ven docenas, cientos, incluso miles de personas que encuentran a Cristo. Si ese es tu caso, alabo a Dios contigo.

Pero aquí hay una rápida advertencia. No nos jactemos en algo que no es nuestro para jactarnos. En última instancia, predicamos, oramos, invitamos, creemos, pero sabemos que es Jesús quien cambia vidas.

Cuando empezamos a medir nuestro éxito por la actuación de Dios, estamos pisando un terreno peligroso. Intento adoptar el punto de vista del veterano buzo de rescate, interpretado por Kevin Costner, en la película de 2006 *El guardián*. Al final de la película, el prometedor buzo le pregunta al legendario buzo que se retira: «¿Cuál es tu número?». Quiere saber cuántos rescates lleva el poseedor del récord. El joven y competitivo buceador da por hecho que tal vez escuche trescientos rescates.

En cambio, el personaje de Costner responde: «¿Cuál es mi número? Mi número es el veintidós».

El joven está sorprendido. «Veintidós», dice con gran decepción. «Pensé que habías salvado a muchos más».

El veterano mira hacia atrás por encima de su hombro y dice: «Veintidós es el número de personas que he perdido. Es el único número que he contado».

En lugar de presumir de cuántas personas han visto salvadas, los que tienen *eso* se dan cuenta de cuántas más Dios quiere alcanzar.

Factores para tenerlo

- Cuando amamos profundamente, el amor nos hace hacer cosas que de otra manera no haríamos.
- Para tener *eso*, tenemos que preocuparnos por los que están lejos de Dios. Mucha gente no lo hace.
- Tenemos que reconocer que nuestros amigos necesitan desesperadamente a Jesús.
- Cuando nuestras iglesias miran hacia dentro en lugar de mirar hacia fuera, básicamente estamos diciendo a los no creyentes: «Puedes irte al infierno».

- El evangelismo se hace en equipo y cada uno de nosotros tiene un papel que desempeñar.
- Ten cuidado de no culparte si alguien rechaza a Cristo. Si lo haces, podrías tener la tentación de atribuirte el mérito cuando alguien lo acepte.
- El amor supera cualquier obstáculo. Tenemos que estar dispuestos a hacer lo que sea necesario para llegar a las personas que están lejos de Dios.
- Debemos tener la fe para compartir claramente el mensaje del evangelio y esperar que la gente responda.

Preguntas para el debate o la reflexión

1. ¿Amas a la gente que no conoce a Cristo? ¿Lo hacen los líderes de tu iglesia? En una escala del uno a diez (siendo diez la más alta), ¿cuál es la temperatura evangelística de tu iglesia? ¿Estás dispuesto a perder a algunas personas de tu iglesia para alcanzar a los que no conocen a Cristo?

2. ¿Qué estás haciendo para alcanzar a los perdidos? ¿Cuándo fue la última vez que tuviste a una persona perdida en tu casa? ¿Cuál es la conversación espiritual más reciente que has tenido con un no creyente? ¿Por quién estás orando para que reciba a Cristo?

3. ¿Tu iglesia, se enfoca más en el exterior o en el interior? ¿Comprendería claramente el evangelio un invitado después de asistir a tu iglesia durante un mes? ¿Traerías a un no creyente a tu iglesia cada semana? ¿Por qué? Si has dicho que no, discute lo que debe cambiar.

4. Un gran ministerio evangelístico debe ofrecer tanto consuelo como confrontación. ¿Tu ministerio es más reconfortante o confrontador? ¿Qué necesitas hacer mejor para ofrecer un equilibrio de gracia y verdad?

CAPÍTULO 10

Mentalidad de reino

Lo que hacemos por nosotros mismos muere con nosotros.
Lo que hacemos por los demás y por el mundo permanece y
es inmortal.

—Albert Pine

Hace un tiempo, me encontré con una señora mayor que me reconoció como el pastor de Life.Church. Me explicó que era miembro de otra iglesia de la ciudad. Aunque no conocía bien a su pastor, le dije que había oído hablar muy bien de él. Ella respondió: «¡Vaya! No puedo creer que hables bien de la competencia». Sorprendida, le expliqué que de ninguna manera veía a su iglesia como una competidora. Ella respondió: «Bueno, su iglesia es definitivamente *nuestra* competencia. Estamos luchando para asegurarnos de conseguir tantos miembros como podamos antes de que ustedes y otras iglesias los consigan todos».

El corazón de Dios debe romperse ante ese tipo de actitud. Jesús dijo en Lucas 11:17: «Todo reino dividido contra sí mismo quedará asolado, y una casa dividida contra sí misma se derrumbará». El ministro puritano del siglo XVII, Richard Baxter, hizo eco del sentimiento de Jesús cuando lamentó: «¿No es suficiente que todo el mundo esté en contra de nosotros, sino que también debemos estar en contra los unos de los otros? ¡Oh, felices los días de persecución, que nos unieron en amor, a quienes el sol de la libertad y la prosperidad se desmorona por nuestras contiendas!».

Cuanto más posesivos y competitivos seamos, más divididos estaremos. Prácticamente todos los ministerios que he conocido que tenían *eso* no eran divisivos. Los líderes tenían mentalidad de reino: nuestro séptimo ingrediente de liderazgo para tener *eso*.

¿Qué quiero decir con mentalidad de reino?

Un ministerio con mentalidad de reino es aquel cuyos líderes se preocupan más por lo que Dios está haciendo en todas partes que por lo que Dios está haciendo aquí. Los líderes con mentalidad de reino saben que no se trata solo de su propio ministerio. Un ministerio con mentalidad de reino es generoso y está deseoso de asociarse con otros para hacer más cosas para la gloria de Dios.

Es difícil tener *eso* sin desear que otros ministerios tengan éxito. Cuando *lo* tienes, sabes que no te pertenece. Le pertenece a Dios. Él lo da. Y como es suyo y no tuyo, estás agradecido por tenerlo y dispuesto a compartirlo.

Los que tienen *eso* saben que no se trata de ellos. No se trata de sus nombres personales. No se trata de North Point, Elevation Church, Transformation Church, Gateway Church, Wesley United Methodist, First Baptist, First Presbyterian, First Christian, Calvary Chapel, Hope City, Redeemer Covenant, Fresh Life, Lord of Life Lutheran, Holy Ghost Temple of Righteous Praise, o como sea que se llame tu iglesia. *Eso* no se trata de *tu* ministerio de estudiantes, *tu* ministerio de niños, *tu* presencia en YouTube, *tu* aplicación de la iglesia, *tu* nuevo logotipo o sitio web. Y ciertamente no se trata de tu nombre. *Eso* se trata de Jesús. No hay otro nombre bajo el cielo por el cual podamos ser salvos, y por lo tanto ningún otro nombre realmente importa. Todo se trata de él.

> Los que tienen *eso* saben que no se trata de ellos.

Yo aprendí esto de la manera más difícil. Hubo un año en particular en nuestra iglesia en el que definitivamente no teníamos *eso*.

Ese fue el año en que nuestra iglesia no creció. Creo que no crecimos porque habíamos perdido el enfoque, yo había perdido el enfoque, y *eso* se desdibujó, se desvaneció y desapareció.

Un fin de semana de ese año, conducía entre nuestros dos campus para hablar. Cada vez que hacía ese viaje, pasaba por delante de varias iglesias. Por el aspecto del estacionamiento vacío de una de ellas, asistían muy pocas personas. Con una combinación de orgullo y lástima, oré, *Dios, ayuda a esta pequeña iglesia. Te ruego que los bendigas y que lleguen a un montón de gente nueva.*

Mientras oraba, sentí que Dios me hacía una pregunta: *Craig, ¿te emocionaría que su crecimiento superara al tuyo?*

Mi respuesta sincera fue que no.

Es difícil de admitir. No, no habría sido feliz si esta iglesia superara a la nuestra. No es que no quisiera que llegaran a la gente. Solo que yo quería llegar a más. No importa cómo se corte la manzana, yo era territorial, inseguro y egocéntrico. Aunque tenía un corazón para el reino de Dios, mi mayor deseo era construir mi reino, y Dios simplemente no bendice eso. *No debería* hacerlo. Creo que es por eso que no estábamos creciendo. Si yo fuera Dios, tampoco habría hecho crecer nuestra iglesia.

Napoleón Bonaparte dijo una vez: «Estoy rodeado de sacerdotes que repiten incesantemente que su reino no es de este mundo y, sin embargo, ponen mano en todo lo que pueden obtener». ¿Conoces a algún pastor así? Decimos que nuestra iglesia o ministerio no se trata de nosotros. Pero para muchos, «nosotros» es todo lo que hablamos o pensamos. No solo que nuestro reino no es de este mundo, sino que construir nuestros reinos es seguramente uno de los pecados más graves. Después de reconocer mi actitud pecaminosa, mis oraciones cambiaron. *Dios, hazme más generoso. Expande mi corazón hacia los demás. Hazme un líder con mentalidad de reino.*

Como pastores y líderes cristianos, deberíamos emocionarnos cuando otros ministerios tienen éxito. Tal vez pienses que lo haces, pero ¿has notado que es más fácil emocionarse por los que están creciendo en *otra* ciudad? *Sí, ¡Dios! ¡Estoy emocionado de que su ministerio en ese otro estado esté creciendo!* Pero si están en *mi* ciudad, es fácil sentirse amenazado o competitivo. *¿Qué? ¿La iglesia de la calle de abajo lo está haciendo bien? Deben estar predicando un mensaje de bienestar.*

Esa actitud es errónea.

Es peligrosa.

Me atrevería a decir que Dios no dejará que un ministerio conserve *eso* por mucho tiempo si no lo comparte. Guardarlo para uno mismo es una forma segura de matarlo. Los ministerios que no tienen mucho de ello a menudo trabajan duro para guardar lo poco que tienen. Lo curioso de tener *eso* es que cuanto más se intenta acapararlo, menos se tiende a tenerlo. Cuanto más estás dispuesto a darlo, más parece que Dios te *lo* da.

Estaba dispuesto a tomar de otros, pero...

¿Has tenido alguna vez uno de esos momentos en los que estabas preparando un mensaje, pero Dios parecía estar jugando al silencio?

Era un sábado por la noche, en algún momento del primer año de nuestra iglesia, horas antes de que tuviera que predicar, y no tenía nada. Oré, leí mi Biblia y oré un poco más. A veces, cuando me estoy preparando, Dios da poder al proceso, casi como si estuviera inspirando cada palabra. Otras veces, es como si no existiera. Esta fue una de esas veces.

Pánico. Desesperación. *Dios, ¿dónde* estás? Por favor, *dame algo que valga la pena compartir. Te prometo que estudiaré más, que seré más amable con mi esposa, que daré más dinero, que haré ese viaje a África que he estado evitando, que leeré los términos y condiciones de las actualizaciones de mi iPhone antes de aceptarlas.*

Entonces lo hice. (Durante años había oído hablar de quienes lo hacían, pero yo nunca lo había hecho). Bueno, supongo que técnicamente no lo hice yo. Dejé que otra persona lo hiciera. Escuché un mensaje de Rick Warren, lo cambié un poco, añadiendo mis propias ilustraciones y lo prediqué al día siguiente. *Y, ¡qué sorpresa!* Dios lo bendijo y lo usó. De repente aprendí a apoyarme en los que me habían precedido.

En los años 90, algunas de las iglesias más conocidas tenían ministerios de casete. (Si no sabes lo que era un retroproyector, es posible que tampoco recuerdes las cintas de casete. Fueron populares después de las cintas de ocho pistas y antes de los CD). Empecé a pedir los casetes de otros pastores y estos me ayudaron a aprender a predicar. Con poca experiencia enseñando la Palabra de Dios, ciertamente iba a poner algunos huevos. (Con esto me refiero a que algunos mensajes no me iban a salir bien). Pero algunos predicadores experimentados nos aconsejaron a mí y a todos los que asistían a Life.Church en sus principios. Lo más sorprendente es que estos pastores ni siquiera lo sabían. Ciertamente, sus mensajes me ministraron, pero no me refiero a eso. Escuché a estos pastores, tomé prestado de ellos, hice míos sus mensajes y después de darles crédito, prediqué «nuestros» mensajes.

Luego, cuando descubrí Fellowship Church y North Point Church, el pastor Ed Young y el pastor Andy Stanley me abrieron los ojos a diferentes maneras de ministrar y comunicar la verdad de Dios. Su visión me enseñó cómo aprovechar mi mente renovada y cómo ser creativo espiritualmente. Ocasionalmente tomé prestados sus títulos, frases y puntos, y luego los utilicé en mi iglesia para alcanzar a más personas de las que hubiera podido por mi cuenta. (El único problema es que no tengo un aspecto tan genial como el de Andy junto a su televisor, y no puedo hacer las ilustraciones tan atrevidas de Ed).

Muchos de los grandes comunicadores invitan a otros ministros a utilizar sus mensajes. Durante mis primeros años de ministerio, me beneficié innumerables veces del trabajo de otros. Apoyado en los hombros de grandes comunicadores y líderes, mientras me sometía a la nueva dirección de Dios, fui empoderado por Dios para alcanzar a más personas de las que jamás soñé.

Entonces un día, me enteré de un tipo que predicó una de *mis* series. *¡Ese predicador despreciable, inútil y ladrón de sermones! ¿Cómo pudo hacer eso? ¡Ese es mi sermón!*

Al principio, me sentí protegida por mi duro trabajo. Luego recordé que yo había hecho lo mismo y que Dios había usado lo que aprendí de otros para hacer un impacto para él.

Estaba dispuesta a tomar de los demás, pero al principio dudaba en ser generoso con lo que erróneamente llamaba mío. Finalmente, me di cuenta de que debía sentirme honrado y emocionado de que alguien elogiara mi trabajo de esa manera.

Dios cambió rápidamente mi corazón, que pasó de ser defensivo y territorial a estar más orientado al reino. Estaba muy emocionado. ¡Qué honor! ¿*Realmente* produje algo que alguien más pudiera usar? ¿Era posible que otros predicadores se beneficiaran de *mis* estudios, como yo me había beneficiado de los suyos? Oré, *Dios, por favor úsame para ayudar a otros pastores de la misma manera que has usado a otros pastores para ayudarme.*

Si estás buscando encontrar más de *eso* en tu ministerio, tal vez deberías buscar más formas de dar lo que tengas a otros. Eso es lo que he estado aprendiendo y apasionándome cada día que pasa.

Compartir *eso*

¿Te has preguntado alguna vez qué pasaría si las iglesias trabajaran realmente juntas? Vesta Kelly dijo: «Los copos de nieve son una de las cosas más frágiles de la naturaleza, pero mira lo que pueden hacer cuando se mantienen unidos». Piensa en lo que los creyentes podrían hacer si se asociaran. En lugar de ser celosos, territoriales o fácilmente amenazados, ¿qué pasaría si fuéramos extravagantemente generosos con nuestros recursos, ideas y ministerios? ¿Crees que Dios aumentaría *eso*? (Cuando se trata de títulos de sermones creativos, «Auméntalo» podría ser uno de ellos).

Al final me di cuenta de que mientras me quejaba y quejaba porque tan poca gente practicaba la generosidad del reino, nunca hacía nada al respecto. Era egoísta. Quería que los demás fueran generosos y serviciales, pero yo no lo era. Entonces el Espíritu de Dios cambió mi corazón.

Habiendo aprendido de otros, quería transmitir la riqueza. A medida que nuestra iglesia crecía, más gente nos pedía ideas y apoyo. Una de las cosas más comunes que nos pedían las iglesias era utilizar nuestros vídeos, obras de arte, elementos creativos y mensajes. A medida que aumentaba la demanda, nos vimos tentados a vender nuestros recursos para aumentar los ingresos. Más dinero significa más ministerio; no hay nada malo en ello. Todas las iglesias que conozco que venden sus mensajes y contenidos creativos utilizan los beneficios para llegar a más personas. Tienen organizaciones enormes, con gastos generales y empleados, que proporcionan recursos valiosos y accesibles. Más poder para ellos.

Al igual que otras iglesias, queríamos ayudar a otros ministerios de todo el mundo, pero lanzar una división para hacerlo no se ajustaba a nuestra visión. Oramos, *Señor, ¿cómo podemos asociarnos con otros ministerios, sin perder tu tiempo y dinero, para hacer avanzar tu reino?*

Finalmente, Dios nos dio una idea descabellada, tan loca que podría funcionar. ¿Qué pasaría si, de forma idealista, regaláramos nuestros contenidos creativos? Tuvimos algunas discusiones difíciles. Sabíamos que construir los sistemas, mantener el ancho de banda, reunir al personal y gestionar el sitio nos costaría algo, pero Dios nos estaba llamando claramente a dar este salto de fe, y la inversión sería minúscula comparada con los potenciales dividendos espirituales. Así nació Life.Church Open.

A algunos miembros de nuestro equipo les preocupaba que, si regalábamos nuestras cosas, podríamos perder *eso*. Si alguien más tuviera algo de lo que consideramos especial, ¿no disminuiría nuestro impacto? Rápidamente descubrimos lo contrario. Cuanto más regalábamos, más utilizaba Dios los mismos recursos en otros lugares, y en lugar de agotar nuestras ideas creativas, descubríamos más. Cuanto más regalábamos, más nos devolvía Dios. ¿No es eso exactamente lo que prometió Jesús? En Lucas 6:38: «Den, y se les dará: se les echará en el regazo una medida llena, apretada, sacudida y desbordante. Porque con la medida que midan a otros, se les medirá a ustedes».

Un ministerio egocéntrico y competitivo generalmente pierde *eso*. Un ministerio con mentalidad de reino parece atraerlo. «Den, y *se les dará*». A medida que te vuelvas más generoso, Dios probablemente aumentará tu impacto y alcance. A medida que su influencia se expande, probablemente atraiga a líderes, pastores y ministros creativos más fuertes.

Un ministerio con mentalidad de reino parece atraer a *eso*.

A medida que tu biblioteca de recursos ministeriales crece, podrías vender lo que tienes con integridad. Ese podría ser el camino correcto para ti. Con las ganancias, podrías cavar pozos de agua para los sedientos, construir hogares para los huérfanos, pagar tu programa televisivo o plantar iglesias.

Pero podrías plantearte algo completamente distinto, que ahora es más posible que nunca gracias a la tecnología. Podrías tomar lo que has creado, gastar un poco más y ponerlo a disposición de los demás. ¿Y si regalas todo lo que puedas?

Si decides compartir *eso*, esto es lo que creo que ocurrirá:

- *Ayudarás a los pastores a realizar un mejor ministerio*. Es emocionante. Pastores de todo el mundo, en iglesias de todos los tamaños, se han puesto en contacto con nosotros para decir que se están beneficiando de lo que ya hemos creado. En el primer mes tras el lanzamiento de Life.Church Open, sin ningún tipo de publicidad, más de mil iglesias de once países descargaron más de diez mil recursos del sitio. Hoy, el número de recursos que han ayudado a otros ministerios se cuenta por cientos de millones.
- *Desarrollarás asociaciones del reino*. Estamos haciendo amistad con líderes que no habríamos conocido de otra manera. Nuestras

amistades han crecido más allá de nuestras expectativas, y estamos trabajando juntos para encontrar personal, compartir ideas e incluso asociarnos para plantar nuevos campus e iglesias.

- *Serás un modelo de administración eficaz.* Prolongarás la vida de tu material creativo. Si predicas un sermón una vez, se utiliza una vez. Si lo regalas, puede ser utilizado cincuenta veces. Si quinientas personas asisten a tu iglesia, y gastas quinientos dólares en personal y en el uso de equipos para hacer un vídeo, el coste de ese vídeo es de un dólar por persona. Pero si otras diez iglesias utilizan ese mismo video, y cada una tiene 150 miembros, entonces has reducido dramáticamente el costo a solo veinticinco centavos por persona. Cualquier pastor te dirá que Dios honra ese tipo de fidelidad sensata.

- *Animarás a otros a practicar la generosidad radical.* Casi inmediatamente después de que lanzáramos Life.Church Open, otras iglesias siguieron su ejemplo. ¿No es genial?

- *Dios te bendecirá con más.* Podría ser un contenido e ideas más creativas y bíblicas. Podrían ser dadores generosos o líderes evangelizadores. Dios podría enviarte más personas que no conocen a Cristo. La conclusión es que cuando das *eso*, Dios te lo devuelve. A medida que hemos compartido las ideas que Dios ha compartido con nosotros, él ha provocado aún más. ¿Quién es más creativo que el Creador?

- *Cuando compartes* eso, *surge la unidad del reino.* Las cosas que nos dividen pierden importancia. Todos compartimos nuestra humanidad, nuestra caída. Cuando vemos a los demás ser reales en cuanto a lo que son, nos sentimos atraídos y es más probable que nos ayudemos mutuamente. También compartimos una misión, y compartir nuestros recursos va en contra de la mentalidad competitiva que rompe el corazón de Dios.

- *Realmente, no puedes imaginar lo que va a pasar.* Solo Dios puede ver el cuadro completo. De la misma manera que un determinado mensaje, una determinada canción o un determinado giro de la frase pueden sorprenderte catalizando el cambio en las personas, a menudo no sabemos lo que Dios está tratando de hacer hasta que nos arriesgamos. Si realmente creemos que somos su pueblo, que este es su mundo y confiamos en él para la eternidad, ¿qué podemos perder?

Podrías pensar, *Bueno, es fácil dar mucho cuando eres una iglesia grande con muchos recursos.* Eso puede ser cierto. Pero creo que Dios quiere que demos *antes* de que sea fácil. Eso es cuando se necesita fe. Empezamos a hablar de dar nuestros recursos durante la temporada financiera más difícil en la historia de nuestra iglesia. Habíamos pedido bastante dinero prestado y habíamos llegado al punto máximo de nuestra deuda (más de 23 millones de dólares). Sabíamos que vender recursos con integridad podría ser un generador de ingresos. Pero Dios nos llamó a confiar en él por fe.

A lo largo del camino, desarrollamos nuestra plataforma Church Online. La creamos para poder tener la iglesia en línea, pero luego nos dimos cuenta de que podría beneficiar a otras iglesias. Sabíamos que podíamos venderla para generar ingresos, pero decidimos regalarla. Antes de la pandemia, tres mil iglesias utilizaban semanalmente nuestra plataforma Church Online. Durante la pandemia y el tiempo de cuarentena, ese número aumentó a más de veinticinco mil iglesias. Nuestro coste por proporcionar nuestra plataforma en línea se disparó a más de 500.000 dólares al mes. Eso es mucho dinero, pero es un honor porque es una forma de bendecir a la iglesia con miras al reino.

Cuando creamos la aplicación bíblica YouVersion, todos los expertos nos dijeron que pusiéramos anuncios o que vendiéramos la aplicación por noventa y nueve centavos. Pero yo llegué a la fe porque alguien me entregó una Biblia Gedeón gratis. Queremos repartir Biblias gratis. La aplicación de la Biblia es una contribución que podemos hacer al cuerpo de Cristo. Y sí, podríamos aumentar nuestros recursos si la vendiéramos a noventa y nueve centavos. Ya hemos superado las 500 millones de descargas, ¡eso sería un gran ingreso! Pero Dios nos ha llamado a confiar en él por fe.

Siempre he oído a los predicadores decir: «No puedes superar a Dios». Dios demostró que eso es cierto. El mismo fin de semana que anunciamos nuestra decisión de servir a otras iglesias con recursos gratuitos, nuestras ofrendas «misteriosamente» aumentaron considerablemente. No fue solo una semana; no bajaron. Era solo cuestión de tiempo antes de que empezáramos a reducir nuestros préstamos y, por la gracia de Dios, quedamos libres de deudas unos pocos años después. Estoy convencido de que Dios honró nuestra decisión de bendecir a otras iglesias. Si das un paso de fe con la generosidad del reino, sé que bendecirás a otros, y es mi oración que Dios te sorprenda con bendiciones mayores de las que puedas imaginar.

John Wesley lo dijo bien: «Haz todo el bien que puedas. Por todos los medios que puedas, de todas las maneras que puedas, en todos los lugares que puedas, en todos los momentos que puedas, a todas las personas que puedas, mientras puedas». Las iglesias con *eso* se muestran así. Saben que podemos hacer mucho más juntos que separados.

Otras formas de compartir *eso*

Cuando Dios bendiga tu ministerio, oro para que tengas hambre de asociarte con otros. Lo que te dé, compártelo. Pregúntate qué puedes dar. Aquí hay algunas ideas para tener más mentalidad de reino.

Conozco varias iglesias que comparten edificios. Si tienes un edificio o incluso una sala que no se utiliza, tal vez podrías ofrecer el uso de tus instalaciones gratuitamente a una iglesia que empieza o a una iglesia internacional para que se reúna cuando no las utilices. Tal vez la iglesia podría comprarte un nuevo sistema de sonido o un proyector de vídeo a cambio de utilizar tu edificio. Con una planificación cuidadosa y una buena comunicación, todos ganan.

¿Qué te parece recoger una ofrenda para otro ministerio? Supongamos que otra iglesia de tu ciudad emprende un proyecto de construcción. Recoge una ofrenda y envíasela a ellos. Tu iglesia puede ser un modelo de generosidad del reino y ayudar a la familia de Cristo.

Como iglesia con mentalidad de reino, ¿qué pasaría si oraras por otra iglesia de tu ciudad cada domingo que te reúnes para el culto? Imagina el poder de la oración que toca el corazón de Dios al pedirle que bendiga, fortalezca y provea a otras iglesias para que cumplan su misión y glorifiquen a Dios. Piensa en cómo inspiraría a tu iglesia para animar a otras y celebrar tu ministerio mientras cada una impacta a tu ciudad en diferentes maneras.

También puedes comprometerte a hablar bien de otros ministerios. Para abrazar a otros, tienes que reconocer que tu forma de realizar el ministerio no es la única, ni siquiera la mejor. Si todos llevaran a cabo el ministerio como tú, nunca llegaríamos al mundo. Puedes decidir nunca hablar mal de otro líder cristiano o de otra iglesia. Ocúpate en presumir de otros ministerios, especialmente en tu propia comunidad.

Trato de animar a los pastores a no «alejar» a otros ministerios. Supongo que muchos líderes espirituales ni siquiera reconocen que están haciendo quedar mal a los demás cuando dicen cosas como: «La mayoría de los pastores no le dirán esto, pero yo le diré la verdad». (Traducción: Yo soy mejor que los otros pastores). «Algunas iglesias lo suavizan, pero en nuestra iglesia predicamos la Palabra de Dios sin concesiones». (Traducción: Nuestra iglesia es mejor que las otras). En lugar de decir lo que no eres, di lo que eres. Ten confianza en tu vocación sin hacer que los demás parezcan malos o menos.

También puedes pensar en formas de asociarse con otras iglesias y ministerios. Más de trescientas mil iglesias estadounidenses están tratando de hacer un trabajo misionero por separado. ¿Qué pasaría si te asociaras con otra iglesia (o dos o veinte) para marcar la diferencia en un lugar significativo? Esto podría poner fin a los días en los que te encuentras cancelando viajes misioneros debido a la falta de interés.

En cambio, tus viajes se desbordarán de participantes y tal vez tengas que hacer más reservas.

Tal vez tu iglesia no pueda permitirse un pastor de solteros a tiempo completo. Considera la posibilidad de reunir a cuatro o cinco iglesias para celebrar eventos mensuales para solteros. Todas las iglesias pueden seguir ministrando a sus adultos solteros y tal vez alcanzar a algunas personas nuevas. Algunos de los solteros podrían incluso agradecerte cuando encuentran esposas o maridos piadosos. (O te escriban amargos correos electrónicos si no lo logran).

Como Dios te da *eso*, regálalo. (Si te ayuda a motivarte, puedes cantar la vieja canción de los Red Hot Chili Peppers «Give It Away» [Regálalo], que dice: «Give it away, give it away, give it away now», [Regálalo] una y otra vez).

> Como Dios te da *eso*, regálalo.

¿Recuerdas dónde encuentras *eso*? ¡Lo encuentras en las personas! Uno de los regalos más generosos que puedes dar es el de las personas. Podrías enviar en oración a individuos o familias con dones espirituales, o simplemente con corazones maravillosos, a otras iglesias. Varias veces en Life. Church, he promovido otras iglesias. En todas las comunidades en las que nos reunimos, hacemos una lista de otras iglesias saludables y decimos a nuestros asistentes: «Si no estás marcando la diferencia o creciendo espiritualmente en Life.Church, prueba una de estas». Luego describimos algunos de los puntos fuertes de cada una. Muchas personas aceptan el reto y luego nos escriben notas de agradecimiento. Despejamos algunas plazas necesarias para llegar a más gente, y otras iglesias de la ciudad se mostraron agradecidas y más fuertes.

Incluso hemos sido honrados por varias iglesias que han llamado y han dicho, en efecto, «No tenemos *eso*, pero lo queremos. ¿Podríamos unir nuestros ministerios?». Nos hemos asociado con algunas iglesias que han decidido formar parte de Life.Church. En todo el país, muchos ministerios se están dando cuenta de que pueden hacer más unidos que divididos.

Sé generoso con *eso*. Encuentra una iglesia que pueda beneficiarse de lo que estás haciendo y adóptala. ¿Cómo sería eso? No estoy seguro. Decide tú en oración. ¿Cómo puedes ayudar? Tal vez tus líderes puedan ser mentores de los suyos. Tal vez puedas darles tus viejas túnicas del coro o tu camioneta de la iglesia. Tal vez les ayudes a encontrar el líder de adoración que están buscando. Lo que sea que puedas hacer, hazlo.

Como líderes de la iglesia, debemos preguntarnos continuamente: «¿Qué tenemos que pueda beneficiar al reino?». Te aseguro que Dios te ha dado algo valioso. Podría ser tu:

- tiempo
- ideas
- personas
- talento
- edificios
- reputación
- finanzas
- blog
- líderes de adoración adicionales

¿Recuerdas la señora de la que te hablé al principio del capítulo? ¿La que dijo que nuestra iglesia era la competencia de la suya? Me encontré con ella de nuevo varios meses después. Se me acercó humildemente y me dijo: «Creo que le debo una disculpa». Me explicó que su pastor estaba utilizando algunos de nuestros recursos y que estaba encantado de asociarse con nosotros para llegar a la gente. Sonrió de oreja a oreja y me abrazó, luchando contra las lágrimas mientras decía: «Gracias a Dios que estamos en el mismo equipo».

Lo que tengas, recuerda que no es tuyo. Pertenece a Dios y Él quiere que lo regales. Entonces, ¡mira cómo Dios lo extiende, lo multiplica y lo reparte!

¿Qué puedes hacer? Más de lo que crees.

Factores para tenerlo

- Cuanto más posesivos y competitivos seamos, más divididos estaremos.
- Un ministerio con mentalidad de reino se centra más en lo que Dios está haciendo en todas partes que en lo que Dios está haciendo aquí.
- Si tienes una mentalidad de reino, hablarás bien de otras iglesias y ministerios y los promoverás.
- Un ministerio con mentalidad de reino es generoso y está hambriento por asociarse con otros para conseguir más para la gloria de Dios.
- Cuando tienes *eso*, sabes que no te pertenece. Le pertenece a Dios. Él lo da. Como es suyo y no tuyo, estarás dispuesto a compartirlo.
- Cuanto más tratas de conservar *eso*, menos tiendes a tenerlo. Cuanto más estás dispuesto a darlo, más parece que Dios te lo da.
- Las iglesias con mentalidad de reino se preguntan: «¿Qué tenemos que podamos regalar?» y «¿Cómo podemos asociarnos con otros ministerios para hacer crecer el reino de Dios?».

Preguntas para el debate o la reflexión

1. ¿Ves a otros ministerios como compañeros de equipo o como competencia? Cuando una nueva iglesia o un ministerio similar comienza cerca de ti, ¿te sientes emocionado o amenazado? ¿Por qué? ¿Qué puedes hacer para entrenar tu mente a enfocarse en el reino en lugar de hacia adentro?
2. ¿Te emocionaría que Dios bendijera a un ministerio pequeño más de lo que está bendiciendo al tuyo? ¿Por qué?
3. ¿Tu liderazgo se centra más en la construcción de tu ministerio o en la construcción del reino de Dios? ¿Qué pueden hacer como líderes para estar más centrados en el reino? ¿Qué pueden hacer

para ayudar a otras iglesias? ¿Qué tienes que podrías dar a otro ministerio? ¿Cómo puedes promover la unidad del reino con tus palabras?

4. El evangelista, pastor y autor británico Alan Redpath dijo: «Antes de poder orar, "Señor, venga tu reino", debemos estar dispuestos a orar, "Que se vaya mi reino"». ¿Cómo crees que Dios quiere expandir su reino a través de ti? ¿Hay alguna parte de tu ministerio que sea más tu reino que el de Dios? ¿Qué debe cambiar en tu corazón o en tus acciones?

PARTE 3

LO QUE SIGNIFICA RECUPERAR *ESO* Y PROTEGERLO

No soy un maestro de la cocina, pero intento cocinar cada tanto. Cuando lo hago, necesito usar una receta porque no tengo el don espiritual de chef. (¿Existe el don espiritual de chef?).

Seguro que has utilizado alguna que otra receta, y por eso sabes que el ingrediente mágico de una receta es... los ingredientes. Ya te hablé de los sorprendentes ingredientes de la increíble salsa para espaguetis de mi esposa.

Los ingredientes se unen para desarrollar los sabores y crear el plato. Son tan importantes que algunos chefs no los revelan. Si has visto un programa de televisión en el que un chef de un restaurante famoso cuenta cómo hace su especialidad, sabrás que a menudo no te dirán todos los ingredientes.

Acabamos de repasar los siete «ingredientes» que contribuyen a que una iglesia tenga *eso*. No he guardado nada. Creo que, si tu ministerio tiene esos ingredientes, también tendrá *eso*.

Pero no se trata *solo* de ingredientes.

Si me dieras solo una lista de ingredientes, como cocinero *muy* aficionado te miraría con pánico. Ahora sé lo que necesito, ¡pero no sé qué hacer con ellos!

- ¿Hago estos ingredientes al horno? ¿O los hago a la parrilla?
- ¿Pongo la mantequilla en la sartén y luego cocino el filete en la mantequilla? ¿O cocino el filete y luego añado la mantequilla?
- ¿Corto las zanahorias y, si es así, cómo las corto: en trozos grandes o en juliana? (Confesión: ni siquiera sé lo que significa en juliana).
- ¿Pongo la albahaca fresca en la salsa desde el principio o la añado al final?

De la misma manera, tenemos siete ingredientes que juntos crean *eso*. Pero ¿qué se hace con ellos? ¿Cómo los aplicas? ¿Cómo lideras, a diario, como si *eso* fuera esencial?

Eso es lo que vamos a recorrer a continuación. Tres maneras de liderar como si *eso* fuera esencial:

1. la mentalidad sobre el modelo
2. crear sistemas que potencien *eso*
3. centrado en *eso*

Así que, si estás preparado, vamos a aprender a hacer un suflé. (O macarrones con queso). (O una chimichanga). (No sé, ¡cualquier plato que creas que *lo* representa!).

CAPÍTULO 11

La mentalidad sobre el modelo

Una vez que tu mentalidad cambie, todo lo exterior cambiará con ella.

—Steve Maraboli

Nunca se me ha acusado de ser una persona con estilo a la hora de vestir. Si me has visto y has pensado que tengo algo de sentido de la moda, probablemente sea porque he tenido ayuda.

Un problema es que soy daltónico. Hay una marca de ropa para niños que se llama Garanimals. Cada prenda tiene un animal diferente en la etiqueta. Sabes que una camisa hace juego con un pantalón si los animales de cada uno van juntos. Cuando era niño, los Garanimals eran mi única esperanza para no parecer tonto.

En la universidad, no tenía dinero para estar al día con los cambios de estilo. Lo que sí tenía eran camisetas. Ser jugador de tenis en la universidad (camisetas del equipo gratis) y estar en una fraternidad (camisetas temáticas para cada fiesta y evento) significaba que tenía toneladas de camisetas. En invierno, hacía demasiado frío para las camisetas, así que tenía problemas. Fue entonces cuando tres compañeros y yo decidimos iniciar una tendencia de estilo. Acordamos llevar camisetas (por el factor de parecer genial) sobre sudaderas (por el factor de estar abrigados). Me entristece decir que ese estilo nunca se puso de moda.

Hoy, puedo dar la impresión de que tengo un sentido de la moda decente. No. Necesito ayuda. No, no llevo Garanimals (¡aunque una versión adulta de Garanimals podría ser una idea millonaria!), pero recibo ayuda, mucha ayuda. Por mi cuenta, no puedo encontrar el estilo adecuado.

Entonces una iglesia se da cuenta de que no tiene *eso*. Deciden que es hora de conseguirlo. Están dispuestos a hacer lo que sea necesario.

¿Qué pasa después?

Con demasiada frecuencia piensan que tienen que cambiar el estilo de su iglesia. Los líderes de una iglesia tradicional en dificultades pueden llegar a la conclusión: «Tenemos que empezar una reunión contemporánea para llegar a los jóvenes». Pronto buscan a un líder de alabanza con tatuajes y pantalones vaqueros a la moda. Compran unos tambores. Ponen un cartel afuera que dice «Reunión tradicional a las 9:45 y reunión contemporánea a las 11:15». Problema resuelto, ¿verdad?

Ni siquiera cerca. ¿Por qué? Porque el problema no es el estilo de la iglesia.

No es el modelo; es la mentalidad.

No es el modelo; es la mentalidad.

Hemos recorrido siete ingredientes del liderazgo que conducen a *eso*. Pero ¿qué se hace con ellos? ¿Cómo los aplicas? A medida que creces en cada uno de esos siete factores , ¿cómo piensas en *eso* y diriges hacia *eso*? Vamos a profundizar en tres ideas que nos ayudarán. La primera es la mentalidad sobre el modelo.

Para entender cómo tiene que cambiar la mentalidad, empecemos por cómo han evolucionado los modelos de iglesia en las últimas décadas. (Me refiero principalmente a las iglesias de Occidente. Sé que hay ejemplos más amplios y diferentes a nivel mundial). Pensemos en los años cincuenta. Durante la época de las iglesias de *Días felices*, era normal que las familias estadounidenses asistieran juntas a la reunión del domingo. Durante esta época, la mayoría de los edificios de las iglesias tenían un aspecto similar. Muchos eran atractivos, adornados, con vitrales y altos campanarios celebratorios. La mayoría de las iglesias eran largas y estrechas, con asientos de madera llamados bancos. Cuando se celebraba el culto, se cantaban himnos con acompañamiento de órgano. A la gente le encantaba. Hasta que dejó de hacerlo.

A medida que los valores e intereses cambiaron lenta y sutilmente, una nueva generación comenzó a asistir menos a la iglesia. No es que no necesiten a Dios, sino que no ven la necesidad de ir a la iglesia. La iglesia no parecía necesaria ni relevante. Iban con menos frecuencia. Solo en Pascua y Navidad. Y luego, algunos dejaron de ir por completo.

Los líderes espirituales renegados de la década de 1980. Con una lealtad inquebrantable a la iglesia y un amor profundo por los perdidos, algunos pastores jóvenes y revolucionarios (y duramente criticados) abrieron nuevos caminos espirituales. Su lema era claro: «Nunca cambiaremos el mensaje. Pero nuestros métodos deben cambiar». Y cambiaron. Dejaron de insistir en que los verdaderos hombres cristianos llevaran traje y las mujeres piadosas llevaran vestido para el culto. Cambiaron las normas casi de la noche a la mañana. Estas nuevas iglesias comenzaron a proclamar: «Vengan tal como son. Todo el mundo es bienvenido». Por primera vez, algunas personas llevaban vaqueros a la iglesia. ¡Impresionante! A partir de ahí, todo se volvió más salvaje. Algunos llevaban zapatillas de tenis. En una iglesia, incluso se vio a un hombre con una gorra de béisbol. Es difícil de creer, pero es cierto.

Crecí llevando un traje incómodo a la iglesia. (No, no tenían trajes Garanimals). Honestamente, odiaba ir a la iglesia, pero no odiaba a Dios. Todo lo contrario. Sabía que necesitaba a Dios. Quería a Dios. Pero no podía encontrarlo en la iglesia. Durante el servicio de una hora del domingo, siempre sentía una combinación enfermiza de aburrimiento y confusión. Pero con el auge de la «iglesia contemporánea», todo cambió. En lugar de bancos duros e incómodos, las iglesias tenían sillas blandas y cómodas. Dejaron de cantar de un libro y empezaron a ver las letras en una pantalla. En lugar de adorar con un órgano, las iglesias adoraban con una banda. Para los primeros en adoptar estos cambios, estos nacieron de un auténtico deseo de atraer a los perdidos. La iglesia podía ser relevante, atractiva y divertida.

El nuevo modelo parecía funcionar. Algunas de estas iglesias contemporáneas crecieron. Como otros pastores querían aprender, estas iglesias de éxito organizaron conferencias. Otros pastores emularon su modelo.

¿Es eso un problema? Bueno, tal vez. Porque recuerda, no es el modelo. Es la mentalidad.

Los pastores que iniciaron una forma diferente de hacer el trabajo de la iglesia lo hicieron porque se preocupaban por las personas que estaban sin Cristo. Creían de todo corazón en el poder transformador del evangelio. Simplemente pensaban que el antiguo método estaba cansado y era anticuado e irrelevante. Su nuevo modelo reflejaba su mentalidad de llevar el evangelio a un mundo perdido y quebrantado.

Eso funciona. De *eso* se trataba.

Pero creo que, en algún momento del camino, algunas iglesias perdieron esa mentalidad y en su lugar confiaron en el modelo.

Ahora nos encontramos con un par de décadas después del año 2000, y lo que era nuevo y diferente hace treinta o cuarenta años es en su mayoría normal. La mayoría de los edificios de las iglesias más recientes tienen el mismo aspecto. En lugar de tener un altar, tienen un escenario. En lugar de tener una atmósfera solemne, el culto parece un concierto de *rock*. Los vestíbulos son más grandes y están llenos de refrescos gratuitos. Si la iglesia puede permitírselo, la sala de niños rivaliza con la de Disney. (Y, sí, soy consciente de que podría estar describiendo mi propia iglesia).

El problema es que el poder no está en el modelo. Incluso empiezo a preguntarme si el modelo que hemos estado utilizando está agotado.

Apuesto a que no conoces a muchas personas que estén entusiasmadas con el modelo de iglesia contemporánea. ¿Cuándo fue la última vez que has escuchado a alguien decir: «¡Vaya! Vamos a esa nueva iglesia. ¡He oído que presentan obras de teatro allí!». O, «¿Es cierto? Mi amigo me ha dicho que en esa iglesia se pueden llevar pantalones cortos en verano. ¡Eso es descomunal!». No oirás a nadie en el supermercado decir con entusiasmo: «Oye, tienen tambores en la iglesia. Es totalmente radical». El nuevo estilo ya no es nuevo. No es diferente. Es casi esperado. Incluso podrías sugerir que lo contemporáneo es el nuevo tradicional.

Puede que haya llegado el momento de que el estilo de la iglesia cambie de nuevo. Si es así, estaría bien. En un sentido importante, no importaría en absoluto. Porque el modelo nunca cambia vidas. Jesús cambia vidas. Nunca se trata del modelo. Se trata de una mentalidad impulsada por la fe para alcanzar a las personas que no tienen a Cristo.

Por eso no hay que obsesionarse con el modelo. Tenemos que obsesionarnos con la mentalidad.

Nueva generación, nuevo pensamiento

En su libro, *Creciendo juntos,* Kara Powell, Jake Mulder y Brad Griffin exponen argumentos convincentes sobre la generación más joven de hoy en día y sobre cómo los líderes de la iglesia deberían acercarse a ella. (Muchas de mis ideas en este capítulo derivan de ese libro). Explican cómo la generación más joven se siente más sola, más estresada y más asustada de lo que la mayoría de nosotros puede imaginar. Esos sentimientos solo se exacerbaron cuando pasaron meses encerrados en sus casas por temor a una pandemia mundial. Están expuestos al sufrimiento del mundo en su alimentación diaria. Desde que tienen memoria, han visto las injusticias de maltrato brutal transmitidas directamente a sus dispositivos móviles. Esta generación emergente no conoce un mundo sin redes sociales, la droga que vende la ilusión de la intimidad, pero que nos deja ahogados en comparaciones y anhelando una conexión real. Son bombardeados a diario con la tentación del porno, que aísla, avergüenza y redefine su forma de relacionarse.

La mayoría de los adolescentes o veinteañeros temen no tener lo necesario para triunfar en la vida. Se plantean preguntas sobre el propósito y el significado. «¿Por qué estoy aquí? ¿A qué lugar pertenezco? ¿Tengo lo que hace falta?».

No es que la generación emergente no sea espiritual. Muchos lo son. Pero hay una gran diferencia entre ser espiritual y conocer a Cristo. Algunos dirían que la creencia dominante de la generación emergente es el deísmo terapéutico moralista (un término introducido en el libro *Soul Searching [Búsqueda del alma]*, en 2005). ¿Qué es eso, te preguntarás? Es más sencillo de lo que parece.

1. El moralismo equipara la religión con ser una persona buena y moral.
2. Lo terapéutico equipara la fe a sentirse mejor con uno mismo.
3. El deísmo es la creencia de que Dios existe, pero no está involucrado en los asuntos cotidianos de la gente.[10]

Muchos en la generación más joven (y algunos en todas las generaciones) creen esencialmente que se supone que debes ser amable y, si lo eres, un Dios mayormente desinteresado hará que tu vida sea mejor.

¿Puedes ver los desafíos que crea esta mentalidad? El pecado no está en la ecuación. Implica que la felicidad es el objetivo. Por lo tanto, si algo te hace feliz, debe ser bueno. Si no te hace feliz, debe ser malo. La felicidad, no la verdad, es el árbitro final. Si Dios no mejora tu vida, no está haciendo su trabajo. Esta enseñanza no es el evangelio y en muchos aspectos es lo opuesto.

Vi esta creencia al hablar con un joven de la iglesia al que llamaré Grant. Grant creció en nuestra iglesia, se bautizó al principio de su adolescencia y asiste fielmente a la iglesia. Empezó a contarme que uno de sus líderes estudiantiles le estaba animando a dejar de mirar porno. Grant parecía frustrado e incluso confundido por el desafío de su líder juvenil de luchar por la pureza sexual en su mente. Grant me explicó apasionadamente: «Sé que incluso te he oído predicar que el porno es malo y peligroso, y estoy seguro de que eso era cierto cuando eras pequeño. Pero tienes que admitir que las cosas han cambiado. No puedes esperar que un chico no mire de vez en cuando, ¿verdad?». Lo más interesante para mí es que Grant, que está muy involucrado en la vida de la iglesia, cree que algo pudo estar mal antes pero que no está mal hoy.

El punto de vista de Grant tiene sus raíces en el deísmo terapéutico moralista, no en el cristianismo histórico con sus conceptos de pecado, arrepentimiento y santidad. Por eso, como líderes de la iglesia, no solo debemos reconocer esta mentalidad creciente, sino también comprender cómo y por qué una generación puede alejarse rápidamente de las raíces cristianas históricas o rechazarlas. Cuando tratamos de comprender y empatizar en lugar de condenar y juzgar, podemos aprender a contextualizar el mensaje inmutable del evangelio a las mentalidades culturales siempre cambiantes.

El calor es el nuevo frío

Cuando se trata de la iglesia, muchos de la generación más joven son escépticos, hastiados y desconfiados. No digo que los culpe. Si yo hubiera crecido viendo lo que ellos han visto, probablemente tendría opiniones similares. Para llegar a ellos, tenemos que entenderlos. Si no podemos entenderlos realmente, al menos debemos empatizar con ellos y preocuparnos de verdad por ellos.

Esta generación rechaza lo «relevante» y pide a gritos lo «verdadero».

Te aseguro que no están buscando un determinado estilo de iglesia. Mientras que muchos pastores se esfuerzan por hacer que sus ministerios sean más relevantes, una generación está rechazando lo «relevante» y clamando por lo «verdadero». Muchas iglesias intentan ser elegantes, profesionales, geniales o modernas, pero están perjudicando sus posibilidades con personas que no buscan ser modernas, que solo quieren a alguien a quien le importe. Para llegar a una generación más joven, debemos entender que la calidez relacional es la nueva moda.

Como dice el viejo dicho: «A las personas no les importa cuánto sabes, hasta que saben cuánto te importan». ¿Los amarás si son diferentes? ¿Los aceptarás aunque no crean como tú? ¿Les permitirás hacer preguntas sinceras sin hacerles sentir tontos o menospreciados? ¿Los amarás aunque no estés de acuerdo?

No se trata del modelo. Se trata de la mentalidad.

Hablemos claro. Es fácil para los pastores quedar atrapados en los números. La mayoría de nosotros queremos llegar a más gente. Espero sinceramente que así sea. Pero las personas que sufren no les importa el tamaño de nuestras iglesias. Se preguntan por el tamaño de nuestros corazones. No buscan una iglesia que se preocupe por los números. Ansían una comunidad que se preocupe por las personas.

Tres mentalidades esenciales

Si todo es cuestión de mentalidad, ¿en qué debemos fijarnos? Centrémonos en tres mentalidades esenciales.

1. Debemos tener el enfoque en las personas y centrarnos en Jesús

«¿El enfoque en las personas y centrarnos en Jesús? Vaya, Craig, ¡es una locura! Nadie jamás ha propuesto una idea tan radical». Lo sé, lo sé, todos creemos en estar enfocados en la gente y centrados en Jesús. Pero no siempre lo mostramos con nuestras acciones. Si se trata de la mentalidad, realmente abrazaremos y viviremos prácticamente la idea: la gente es nuestro corazón. Jesús es nuestro mensaje.

Esas dos frases son importantes. *La gente es nuestro corazón.* En otras palabras, nos importan de *verdad*. Las personas no son un número para hacer crecer nuestra iglesia. No son proyectos para ayudar. Son hijos de Dios, personas a las que estamos llamados y obligados a amar.

No nos detenemos ahí. *Jesús es nuestro mensaje.* Nuestro mensaje no es cómo ser feliz o cómo salir de las deudas, tener un mejor matrimonio o crecer en la comprensión expositiva del libro del Apocalipsis. Nuestro mensaje es Jesús. De nuevo, supongo que estarás de acuerdo. Pero tenemos que estar centrados en Jesús, enfocados en Jesús e impulsados por Jesús más que nunca. En una cultura que desaprueba la religión formal, que no le gusta el poder y que desconfía de la autoridad, debemos señalar a la gente a Jesús.

Incluso si alguien es espiritual, es un gran salto para ellos creer en un Dios que no pueden ver. Para algunas personas, la idea del Espíritu Santo puede parecer inusual en el mejor de los casos y espeluznante en el peor. Sin embargo, Jesús no es solo la respuesta, sino que también es más fácil de explicar y difícil que no les guste.

Jesús es una persona histórica real. Casi nadie lo discute. Así que ya tenemos un firme inicio. E incluso si no eres religioso en absoluto, lo que Jesús enseñó es hermoso.

- Ama a Dios.
- Ámense los unos a los otros.
- El más grande es el que sirve.
- Con Dios, todo es posible.
- No he venido a ser servido, sino a servir.
- Entrega tu vida.
- Mi paz te doy.
- Ven a mí y te daré descanso.

Jesús amaba a los marginados. Se hizo amigo de los pecadores. Abrazó a los quebrantados. Defendió a los débiles. Defendió la justicia. Sanó a los enfermos. Nunca pecó. Sufrió injustamente. Murió por nuestros pecados. No hace falta ser religioso, espiritual o miembro de una iglesia para apreciar lo que Jesús enseñó y cómo vivió.

Para llegar a la gente, no solo predicamos a Jesús, sino que seguimos a Jesús, no solo con nuestras palabras, sino con nuestra forma de vivir. No solo enseñamos lo que creemos, sino que mostramos a la gente cómo vivir y amar como Jesús. El deísmo terapéutico moralista implica que Dios quiere que seas bueno, y si lo eres, hará que tu vida sea mejor. El evangelio centrado en Jesús dice: «Has pecado, pero Jesús te restaura, te libera, te redime y te hace nuevo. Es por su gracia que eres salvo». Nuestro mensaje no es unirse a una iglesia, sino pertenecer a Cristo. No es para comportarse como nosotros sino para creer en Jesús. (No estoy descartando la santidad personal, pero la santidad comienza con la obra de Dios, no con nuestro esfuerzo).

Para tener *eso,* debemos ser todo sobre Jesús.

2. Debemos permitir conversiones en proceso

Mientras compartimos a Jesús, también queremos crecer en paciencia para la obra de Dios en otras personas. En lugar de esperar que las personas que vienen a nuestra iglesia se comporten como creyentes maduros, somos sabios en permitir «conversiones en proceso». No encontramos ese término en la Biblia, pero vemos ejemplos de ello a lo largo de las Escrituras.

La mayoría de nosotros celebramos las conversiones inmediatas. Ya conoces las dramáticas historias de «estaba ciego, pero ahora veo». El fiestero se salva (como yo). El drogadicto ora a Jesús y no vuelve a drogarse. El esposo dominante experimenta la gracia de Jesús y se convierte en una persona nueva. Nos encantan los grandes momentos que cambian vidas, como el de Saulo, que fue salvado en el camino a Damasco. En un momento está matando cristianos. Poco después, está arriesgando su vida predicando sobre Jesús.

Algunas personas se transformarán en un momento. Pero para muchos, la conversión lleva tiempo, tal vez incluso mucho tiempo. Puede ser la chica que ha sufrido abusos sexuales durante años. Viene a la iglesia, pero su confianza es escasa. Se acerca a las cosas de Jesús, y luego se va rápidamente. Meses después, vuelve a la iglesia y parece estar más abierta. Pero está indecisa y le cuesta confiar. ¿Quién podría culparla? O quizás sea el hombre de negocios cuya esposa lo arrastra a la iglesia. Es un hombre de negocios, exitoso y en la cima de su carrera, con su negocio en ascenso. No ve mucha necesidad de Dios. Su vida es buena. Entonces, una semana en la iglesia, le impacta una canción. E instantáneamente está abierto a la obra del Espíritu. Pero el estado de ánimo se desvanece y vuelve a la normalidad. Meses después, pierde un gran negocio y un amigo ora por él. De nuevo, está abierto, pero no por mucho tiempo. Estas personas están «en proceso». Están espiritualmente abiertas, incluso ocasionalmente curiosas o hambrientas. Luego se muestran indecisos, pero pueden volver a abrirse pronto.

Para tener *eso,* hay que aceptar que el camino hacia Cristo puede ser más largo hoy para muchas personas que en años pasados. La gente tiene preguntas. Muchos tienen preguntas mucho más complicadas. No quieren respuestas de calcomanía. Cuando una persona duda de Dios porque ha perdido un bebé, no quiere una respuesta cristiana fácil como: «La Biblia lo dice. Yo lo creo. Eso lo resuelve».

Tenemos que dar a la gente permiso para dudar en su camino hacia la fe. Tomás dudó y Jesús no lo rechazó. Cuando alguien está luchando y haciendo preguntas reales sobre la fe, podemos entrar en la lucha con ellos. No necesitamos tener todas las respuestas. Probablemente sea incluso bueno cuando ocasionalmente no las tenemos. En lugar de tratar de resolver los problemas de alguien, a veces deberíamos simplemente dolernos con ellos. Podemos tener conversaciones sinceras. Dejar que la gente haga las preguntas difíciles. Escuchar. Empatizar. Y seguir confiando en el Espíritu de Dios para que haga lo que nosotros no podemos.

En lugar de enfadarnos cuando alguien vuelve a las drogas o duda de la Biblia o cede a su adicción sexual, podemos creer que esto puede ser parte del proceso. Piensa en Pedro. ¿Cuándo se salvó? ¿Cuándo maduró en su fe? Dejó su barco y su carrera para seguir a Jesús. Luego trató de disuadir a Jesús de su misión e hizo que lo llamara diablo. Declaró su lealtad a Jesús y luego lo negó varias veces. Pedro predicó con valentía en Pentecostés y luego Pablo tuvo que enfrentarse a él porque despreció a los gentiles. Parece que Pedro era constantemente una historia en proceso. Necesitamos tener la misma paciencia con las personas que la que tuvo Dios con Pedro.

3. Deberíamos obsesionarnos con regalar llaves y camisetas

En la cultura actual, las iglesias que tienen *eso* se obsesionan con dar llaves y camisetas. (Quédate conmigo, te prometo que esto tendrá sentido).

Para ilustrarlo, imaginemos que hay dos iglesias. Llamaremos a una Mega Iglesia Local (MIL) y a la otra Pequeña Iglesia Bíblica Fiel (PIBF). La MIL y la PIBF están a dos millas de distancia la una de la otra. La MIL está en la boca de todos. En este lugar tienen cinco reuniones, que es solo uno de los tres campus de la ciudad. La PIBF es pequeña, pero fuerte. A pesar de que solo asisten ciento veinte personas a la PIBF, están involucradas en la iglesia y aman a Jesús.

¿Por qué crees que la gente se queda en la PIBF aunque la MIL está a unas pocas cuadras? Por dos razones principales. Las personas tienden a quedarse en la PIBF porque se las necesita y porque se las conoce. Con solo ciento veinte personas, cada una tiene un trabajo, un papel, una posición en el ministerio. Alguien abre la iglesia, otra saluda, hay una persona que llena las copas de la santa cena, otra que visita a los enfermos y otra que hace las comidas para los enfermos. Todo el mundo es necesario. Y todos son conocidos. Como la iglesia es más pequeña, si alguien falta a un servicio, todos lo notan. A las 2:00 p. m. del domingo, el asistente que falta puede recibir dos mensajes de texto y una llamada de sus amigos para asegurarse de que está bien.

Ahora tomemos la iglesia en auge a pocas cuadras. ¿Por qué la gente va a la MIL? Sinceramente, hay demasiadas razones para enumerarlas. La iglesia está en llamas. El líder de adoración es de clase mundial. La predicación puede ser la mejor de la ciudad (o al menos la más enérgica). El ministerio de los niños es muy divertido. El programa de misiones está haciendo una gran diferencia en todo el mundo. Tienen un ministerio de deportes, un ministerio de solteros, un ministerio de atención a los divorciados, un ministerio para salir de las deudas, un ministerio de preparación para el matrimonio, un ministerio de cómo llevar a la gente a Cristo, un ministerio de las mejores opciones de moda para daltónicos. (Vale, ninguna iglesia tiene eso, ¡pero debería!). La MIL lo tiene todo. ¿Por qué la gente asiste a la megaiglesia? Por muchas razones.

¿Pero por qué crees que la gente deja la MIL? Porque la verdad sobre la MIL es que, aunque muchas personas se salvan allí, muchas se van. Hay una puerta giratoria. Hay dos razones principales por las que la gente no se queda. La gente tiende a dejar la MIL porque no se les necesita y porque no se les conoce. Cuando alguien llega a la MIL, nota que todo se hace con excelencia. Parece que todas las bases están cubiertas. No sienten que puedan contribuir. Y como hay tanta gente en la MIL, si faltan una semana (o dos o tres o cinco meses), es probable que nadie lo note. No se sienten necesarios y no se sienten conocidos. Por eso, para tener *eso*, hay que repartir llaves y camisetas.

LLAVES

Mis seis hijos ya conducen. Y sí, cuando cada uno cumplió dieciséis años, duplicamos las oraciones que hacíamos. El momento más dramático de un nuevo conductor fue con mi hijo mayor, Sam. Acababa de aprobar su examen de conducir y había ganado el dinero para pagar la mitad de su automóvil, como habíamos acordado. Caminábamos juntos lentamente hacia su automóvil y la gravedad del momento se hizo presente. Le dije sobriamente: «Sam, has demostrado ser responsable. Has trabajado duro. Has ahorrado tu dinero. Has aprobado el examen de conducir. Y estás preparado para conducir». Cuando mis ojos se encontraron con los suyos, me di cuenta de que se sentía más orgulloso de lo que me imaginaba. Estaba emocionado, y eso me emocionó. «Ahora eres un hombre joven», le dije mientras asimilaba el momento. «Confío en ti. Aquí están las llaves». Sam sonrió suavemente, tomó un gran respiro y dijo: «Bueno, esta es mucha responsabilidad». Luego me dio un gran abrazo de padre e hijo.

Sam se sintió confiado, empoderado y responsable. Las iglesias que tienen *eso* ayudan a los seguidores de Cristo a sentirse igual. No se limitan a ir a la iglesia. Son la iglesia, la encarnación de Cristo en la tierra. Parte de nuestra responsabilidad como líderes de la iglesia es ayudar a las personas que forman parte de nuestras iglesias a abrazar su llamado al reino, su responsabilidad divina de representar a Jesús. Tenemos que hacerles saber que se les necesita.

Esa es una de las razones por las que nuestro mensaje centrado en las personas y en Jesús debe ser claro y convincente. Dios no nos salva solo para darnos una vida mejor. Nos salva para que podamos glorificarle y servir a la gente con nuestras vidas. No solo somos salvos *de*, somos salvos *para*. Sí, somos salvos de nuestros pecados pasados. Pero somos salvados para un propósito futuro.

No solo somos salvos *de*, somos salvos *para*.

Cuando Pedro confesó el señorío de Cristo, Jesús le dijo: «Te daré *las llaves del reino* de los cielos» (Mateo 16:19a, énfasis añadido). Jesús le dio a Pedro las llaves. Jesús le dijo: «Todo lo que ates en la tierra quedará atado en el cielo, y todo lo que desates en la tierra quedará desatado en el cielo» (v. 19b). En esencia, Jesús dijo: «Confío en ti. Te necesito en mi equipo».

Las iglesias que tienen *eso* son iglesias que capacitan a la gente para vivir *eso*. Nuestro mensaje no es solo «eres un pecador, así que cambia». Ayudamos a las personas a ver que son necesarias. Dios les ha creado para que sean una parte importante de una comunidad mayor que ama e impacta al mundo. Nuestro lenguaje es importante. Por eso en Life.Church no nos limitamos a llamar a la gente voluntarios. Les recordamos que son líderes espirituales voluntarios. Una y otra vez, recordamos a nuestro equipo que «no reclutamos voluntarios, sino que liberamos líderes. Los voluntarios hacen cosas buenas; los líderes cambian el mundo». No nos limitamos a pedir a la gente que sirva.

Les damos la posibilidad de liderar. Queremos que sepan que se los necesita.

También queremos que sean conocidos.

CAMISETAS

A mis hijos les encanta el fútbol. Como tenemos televisión por satélite, no solo ven equipos profesionales de Estados Unidos, sino que tienen acceso a ver algunos de los mejores equipos del mundo, incluido el de Barcelona. No tengo suficientes conocimientos para decir si el «Barça» es realmente el mejor equipo del mundo. Pero para mis hijos, es un hecho indiscutible. ¿Y qué crees que llevan? Calcetines del Barça, gorras del Barça y (lo más importante) camisetas del Barça. Nunca han estado en España y nunca jugarán al fútbol profesional, pero lucen con orgullo la camiseta. Una vez les pregunté si se sentían más importantes llevando la camiseta del Barça. Ambos me miraron como si les hubiera hecho la pregunta más tonta del mundo. Claro que se sentían importantes. La camiseta revelaba su lealtad.

En nuestra iglesia, regalamos muchas camisetas de Life.Church. Al principio no era una estrategia. Comenzó como una forma económica de apreciar a la gente. Pero una vez que mucha gente empezó a tener muchas camisetas, nos dimos cuenta de que algo sucedía en la ciudad. Cuando una persona de Life.Church llevaba una camiseta de Life.Church y veía a otra persona con una camiseta de Life.Church, había un vínculo inmediato. «¿Eres parte de mi iglesia? Me encanta. Me convertí hace tres años». Dos personas que nunca se habían conocido se sintieron inmediatamente identificadas.

Las iglesias que tienen *eso* ayudan a la gente a saber que pueden pertenecer incluso antes de creer. Sí, así es. Porque sabemos que convertirse en discípulo de Jesús puede ser un proceso, mostramos amor incondicional. Al igual que yo estaba nervioso al acercarme a las puertas de la enorme iglesia histórica, la mayoría de las personas se sienten cohibidas o incómodas la primera vez que visitan una iglesia. Y eso si ya son cristianos. Si no lo son, es probable que se asusten mucho. Ahí es donde entra el amor. Queremos que todo en nuestro edificio, nuestras reuniones y nuestra gente comunique: «Te esperamos. Eres bienvenido. No tienes que creer en lo que nosotros creemos. No tienes que comportarte como nosotros nos comportamos. Este es un lugar seguro al que pertenecer antes de creer».

¿Cómo conseguirán ese sentido de pertenencia? Empecemos con cómo es que no lo tendrán. No se sentirán parte de tu comunidad por el hecho de que tu equipo de alabanza toque una canción secular a la entrada muy buena. No se sentirán amados por las donas gratis o las brillantes ilustraciones del sermón o los nuevos y costosos paneles de LED que sabías que haría que la iglesia duplicara su tamaño. Jesús lo dijo mejor. (¿Acaso no es así siempre?). Explicó que sabrán que somos de él, que somos sus discípulos, *si nos amamos unos a otros.* (Ver Juan 13:35).

Hace poco conocí a un hombre en nuestra iglesia llamado Ali, que me explicó que le encanta venir cada semana a pesar de ser musulmán. Le pregunté por su familia, su origen y sus intereses personales. Después de varios minutos de una conversación interesante, le pregunté amablemente por qué le gusta nuestra iglesia cuando tiene un trasfondo de fe diferente. Ali sonrió y dijo: «Había escuchado todas las formas en que Life.Church sirve a la gente en la ciudad, y entonces pensé en venir a ayudar. Empecé a servir, y la gente fue tan cariñosa conmigo que seguí viniendo». Ali no ha cambiado sus creencias en este momento, pero dice que le encanta aprender sobre Jesús.

Las iglesias que tienen *eso* tienden a amar a más personas que las iglesias que no *lo* tienen. Pero no solo aman a las multitudes. Aman a todas y cada una de las personas. Todos son importantes para Dios, así que todos son importantes para nosotros. Jesús nos dijo que cuando un pastor tiene cien ovejas y una se aleja, el buen pastor deja las noventa y nueve para ir en pos de una. ¿Tienes un corazón para una? ¿Tiene tu iglesia espacio para un Alí? ¿O para un incrédulo? ¿O alguien que está confundido sexualmente? ¿O alguien que parece diferente?

Es posible que los pastores y los líderes de las iglesias quieran hacer crecer sus iglesias a gran escala y rápidamente. Ese es un buen punto de partida. Pero no harán crecer *eso* con el modelo. Es la mentalidad. La mejor manera de hacer crecer una iglesia es uno por uno. Jesús explicó: «Hay alegría en presencia de los ángeles de Dios cuando un solo pecador se arrepiente» (Lucas 15:10, NTV).

Cuando Jesús le dijo a Pedro que le había confiado las llaves del reino, dijo: «Edificaré mi iglesia, y las puertas del reino de la muerte no prevalecerán contra ella» (Mateo 16:18). Intento recordarme a mí mismo que Jesús ama a nuestra iglesia más que yo y que es él quien la edifica. ¿Cómo? La edifica a través de las personas. Jesús nos dijo que predicáramos el evangelio. Es fácil perder nuestro enfoque. Al diablo le encanta distraernos de la misión. En vez de estar enfocados en la gente y centrados en Jesús, podemos empezar a pensar que la iglesia es acerca de nosotros y nuestras preferencias. En lugar de permitir conversiones en proceso, teniendo paciencia mientras el Espíritu hace lo que solo él puede hacer, podemos caer en el juicio y el orgullo, mirando con desprecio a las personas que no son como nosotros. También podemos olvidar el poder de ayudar a las personas en el reino de Dios a aceptar que son necesarios y conocidos.

El poder no está en un estilo de culto. Los edificios de última generación no cambian vidas. Las series de sermones relevantes no son el secreto del crecimiento de la iglesia. Nunca se trata de un modelo. Se trata de una mentalidad, de pensar como Jesús, de abrazar su misión y de mostrar su amor.

Jesús no vino por los sanos. Vino por los enfermos.

Factores para tenerlo

- Las iglesias que no tienen *eso* suelen pensar que la solución es cambiar el estilo de su iglesia. No es así. El problema no es el modelo, sino la mentalidad.
- A lo largo de la historia, los líderes eclesiásticos renegados han cambiado (a veces drásticamente) el modelo y han visto

resultados. Pero los resultados han llegado por la mentalidad que impulsó el cambio más que por el nuevo modelo.

- La iglesia debe estar centrada en las personas y en Jesús. La mayoría de los cristianos dirían que lo están. Tenemos que vivirlo en nuestras acciones y en nuestra enseñanza.
- La iglesia debe permitir las conversiones en proceso. Sabemos que la transformación es un proceso, y por eso damos a la gente espacio para dudar y hacer sus preguntas.
- En lugar de enfadarnos cuando alguien tarda en progresar espiritualmente o da un paso atrás, elegimos creer que esto puede ser parte del proceso.
- Necesitamos tener la misma paciencia con la gente que Dios tiene con nosotros.
- Tenemos que ayudar a las personas a saber que son necesarias y conocidas.

Preguntas para el debate o la reflexión

1. Mirando hacia atrás en tu historia en el ministerio o en la historia de tu iglesia, ¿dónde puedes ver una confianza en los modelos en lugar de la mentalidad?
2. ¿Cómo has visto que el deísmo terapéutico moralista sea un problema en la vida de los seguidores de Cristo?
3. ¿Están tú y tu iglesia enfocados en las personas? ¿Dónde ves que las personas son vistas más como números, cargas u objetivos? ¿Cómo podrías avanzar hacia la visión de las personas como hijos amados de Dios que importan y necesitan tu ayuda?
4. ¿Está tu iglesia verdaderamente centrada en Jesús? ¿Dónde ves más confianza, en las técnicas de crecimiento, los sermones de consejos prácticos, en lugar de confiar y predicar a Jesús?
5. ¿De qué manera tu iglesia da llaves a la gente? ¿Cómo ayudas a las personas (especialmente a las más nuevas) a saber que son necesarias?

6. ¿De qué manera regala tu iglesia camisetas? ¿Cómo ayudan a las personas (especialmente a las más nuevas) a saber que son conocidas y amadas?

CAPÍTULO 12

Crear sistemas que potencien *eso*

No te elevas al nivel de tus objetivos, caes al nivel de tus sistemas.

—James Clear

O bjetivos.

Ahora tienes algunos objetivos. ¿No es así? Sé que después de leer un libro como este, tengo una lista de objetivos que estoy listo para alcanzar. Con el final de este libro a la vista, puede que tengas algunos objetivos como estos:

1. Crear más camaradería entre el equipo de trabajo.
2. Enseñar a los líderes que el fracaso es aceptable y un camino de aprendizaje.
3. Conseguir que la gente se enfoque más en los de afuera.

Estos objetivos son buenos. Soy un fanático de los objetivos. Pero los objetivos no son la solución. Los objetivos no determinan el éxito.

Ya lo sabes, aunque quizá no lo hayas pensado así.

¿Cómo lo sabes? Porque te das cuenta de que la mayoría de las personas, y la mayoría de las iglesias, tienen objetivos bastante similares, pero resultados muy diferentes. ¿No es cierto?

La gente tiene más o menos los mismos objetivos de salud. Apuesto a que no conoces a nadie que tenga como objetivo tener el colesterol súper alto y morir a los cincuenta años de un ataque al corazón.

La gente tiene objetivos financieros similares. No creo que tengas amigos con los objetivos de estar constantemente estresados por el dinero y estar en bancarrota a los cuarenta y cinco años.

La gente tiene objetivos matrimoniales casi idénticos. No creo que conozcas a nadie que tenga como objetivo discutir todo el tiempo y divorciarse después de que los niños salgan de la escuela secundaria, pero en algún momento antes de que vayan a la universidad.

No. Nuestros objetivos son básicamente los mismos. Todo el mundo quiere perder el peso extra, experimentar la libertad financiera y estar felizmente casado.

Lo mismo ocurre con las iglesias. Ninguna iglesia tiene estos objetivos:

1. Pelear por el estilo de adoración y el color de la alfombra.
2. Fomentar la disminución de la ofrenda.
3. Que haya más gente que muera de la que nace, y más gente que abandone la iglesia de la que se bautiza.

No. Todas las iglesias quieren predicar el evangelio a toda la creación, hacer discípulos de todas las naciones, experimentar la comunidad de Hechos 2 y tener una adoración con sabor a cielo.

Entonces, ¿por qué tenemos objetivos bastante similares, pero resultados muy diferentes? Obviamente, no son los objetivos. Los objetivos no determinan el éxito.

¿Qué lo hace?

Sistemas.

Ahora que tenemos nuestros siete ingredientes de liderazgo que conducen a *eso*, ¿cómo los aplicamos para desarrollar el ministerio de manera efectiva? Creamos sistemas que lo potencien y *lo* sostengan.

Sistemas.

Las iglesias que tienen *eso* crean sistemas que lo sostengan.

Si no estás logrando tus objetivos, el problema no son tus objetivos, sino tus sistemas.

Si tienes problemas en tu ministerio, es probable que el problema esté relacionado con tus sistemas.

Las iglesias que tienen *eso* crean sistemas que lo sostengan.

Si siempre te quejas de que no hay suficientes horas en el día o siempre estás apagando incendios o tiene un equipo confundido que no sabe quién es responsable de qué, el problema son tus sistemas.

Tendemos a culpar a nuestra gente. Si tuviéramos mejores personas, tendríamos mejores resultados. Si tuviéramos gente que tenga *eso*, tendríamos *eso*.

El problema no es tu gente. El problema son tus sistemas.

Historia de dos restaurantes de pollo

La famosa novela de Charles Dickens *Historia de dos ciudades* comienza así: «Era el mejor de los tiempos, era el peor de los tiempos, la edad de la sabiduría, y también de la locura; la época de las creencias y de la incredulidad; la era de la luz y de las tinieblas; la primavera de la esperanza y el invierno de la desesperación». Ni siquiera sé lo que es una época, pero me gustaría contarles la historia de dos restaurantes de pollo. La historia comienza así: «Fue el mejor de los restaurantes de pollo, se convirtió en el peor de los restaurantes de pollo, fue la época de las alitas, fue la época de las freidoras, fue la época de la creencia en un nuevo restaurante y la época de la incredulidad en uno antiguo, fue la época de la luz (carne), fue la época de la oscuridad (carne), fue la primavera de la esperanza, fue el baño de la desesperación».

Quiero ilustrar el poder de los sistemas comparando dos restaurantes de pollo.

Uno del que tengo que hablar mal, así que cambiaré el nombre. Cuando crecía, Grandma's Chicken (no es el nombre real) era el lugar al que había que ir. Todo el mundo quería comer su filete de pollo frito y puré de patatas con salsa y judías verdes. Tenían una abuela (no es su nombre real) que iba por ahí con un bonito delantal de abuela repartiendo bizcochos con miel y mantequilla. La comida era «una buena bofetada a tu abuela». (Si nunca has oído esta frase, el Urban Dictionary dice que significa que «algo es tan bueno que te asombra al punto de que estás tan desorientado que podrías abofetear a tu abuela por error»).

Hacía probablemente veinte años que no veía un restaurante Grandma's Chicken cuando un día, con los seis niños en el automóvil, pasamos por delante de uno. Me encendí. «¡Chicos! ¡No van a creer este sitio! Les va a encantar». Junté a los seis niños y los introduje rápidamente en el restaurante, anticipando que se quedarían asombrados al punto de desorientarse por lo mucho que les iba a gustar Grandma's Chicken.

Lo primero que noté fue que no había nadie detrás del mostrador. Esperamos hasta que por fin salió una adolescente y se mostró molesta de que estuviéramos allí. Me pregunté si tal vez estábamos interrumpiendo su tiempo de besuqueo con su novio en la cocina. Nos tomó el pedido, aunque le costó hacerlo bien y fue grosera todo el tiempo. Después de pedir, nos sentamos y esperamos a que Dios enviara a la abuela vestida con delantal y con los bizcochos celestiales. La abuela nunca llegó. No había abuela, ni galletas, ni miel, ni mantequilla. Finalmente, llegó nuestro pedido. No era tan bueno. Mis hijos me miraron como si estuviera delirando o tuviera demencia precoz. Me levanté, con el corazón roto, fui al baño y mis pies se pegaron al suelo. ¡Qué asco! Siempre pienso que baño sucio es igual a cocina sucia, pero tuve que desterrar ese pensamiento de mi mente porque ya me sentía un poco mal.

Un par de años después, pasamos por delante de otro Grandma's Chicken en otra ciudad. Anuncié que el que habíamos visitado debía ser la excepción. Este sería mejor. Este me llevaría a mí y a mi familia de vuelta a los días de gloria tal y como los recordaba. Pero no fue así. Fue una experiencia casi idéntica a la de la última vez.

Contrasta con el segundo restaurante de pollo: Chick-Fil-A. Hace años, cuando estuvimos en Florida, llevamos a los seis niños a este restaurante en el que nunca habíamos estado y que tenía un nombre muy gracioso. Nuestros hijos eran pequeños y corrían por todas partes, entrando a toda prisa en el restaurante de comida rápida con aspecto a seis ardillas borrachas. Una señora salió de detrás del mostrador y, de forma apropiada y cariñosa, preguntó si podía ayudar con nuestros hijos. Le dije: «¡Puede quedarse con mis hijos!». Tomó en brazos a nuestra bebé, Joy, y la puso en un pequeño asiento para bebés. Les dio un globo y un juguete a mis hijos pequeños. Estamos pidiendo, ¡y esta empleada está cuidando a mis hijos! Todo sobre la experiencia fue increíble. El edificio estaba impecable. El ambiente se sentía divertido y vivo. Los empleados eran encantadores, amables y parecían encantarles su trabajo y preocuparse sinceramente por nosotros. La comida salió rápidamente y era adictivamente deliciosa. El personal rellenó nuestras bebidas como si estuviéramos cenando en un restaurante de servicio completo. No fue solo un buen servicio, fue realmente excepcional.

Descubrí que el dueño de la franquicia estaba sentado en un puesto en la esquina, así que me acerqué y le dije que debía duplicar el sueldo de sus increíbles empleados. Me reconoció de una conferencia sobre liderazgo en la que había hablado, me dio las gracias por invertir en los líderes y me dio diez cupones para sándwiches de pollo gratis.

Me quedé tan sorprendido por toda la experiencia que escribí sobre ella en el blog que tenía en ese momento. De alguna manera, el director general de Chick-Fil-A se enteró y me envió un ejemplar autografiado de su libro con veinte cupones para sándwiches de pollo gratis.

Pregunta: ¿Por qué mi experiencia en Grandma's fue tan terrible y en Chick-Fil-A tan increíble? La mayoría de la gente respondería: «La gente».

No. Apostaría a que los empleados ineptos de Grandma's podrían haber sido empleados excelentes en Chick-Fil-A, y los empleados exitosos de Chick-Fil-A podrían haber tenido problemas en Grandma's.

¿Por qué?

Porque el problema no son las personas. El problema son los sistemas.

Los sistemas fuertes hacen que las personas buenas se vean muy bien. Los sistemas débiles hacen que la gente buena parezca mala.

Cómo conseguir el qué

¿Qué es un sistema? Un sistema es la forma de lograr el *qué*.

El *qué* es el objetivo. Es lo que esperas lograr. De nuevo, el qué de cada pastor y líder de la iglesia es básicamente el mismo. Lo que diferencia a los que consiguen *eso* de los que no es el *cómo*.

Los sistemas crean comportamientos. Los comportamientos se convierten en hábitos. Los hábitos conducen a los resultados.

Podríamos decirlo así: Los sistemas crean comportamientos. Los comportamientos se convierten en hábitos. Los hábitos conducen a los resultados. Por lo tanto, si quieres obtener mejores resultados, crea mejores sistemas. Buenas noticias: pequeños cambios en tus sistemas pueden crear grandes cambios en tus resultados.

¿Conoces esas iglesias con grandes números? Gran parte de ello se debe a sus sistemas. Tienen muy claro lo que quieren lograr. Y han creado en oración el mejor plan para lograr consistentemente los resultados espirituales deseados. Las iglesias que tienen *eso* crean los sistemas que lo sostienen. Son las pequeñas cosas que nadie ve las que traen los resultados que todos quieren.

Acabo de buscar Chick-Fil-A en Internet. En la década de 2010, aumentaron sus ingresos un 15 % anual, mientras que el resto de la industria solo creció un 3,4 %. Han abierto más tiendas que otras cadenas. E incluso abriendo más locales, en 2018, Chick-Fil-A tuvo un promedio de 4,7 millones de dólares en ventas por local, muy por encima del promedio de 1,3 a 2,8 millones de dólares de la mayoría de sus compañeros.[11]

Estos son objetivos que todo el mundo tiene, resultados que todo el mundo quiere. ¿Cómo los consigue Chick-Fil-A? Son las pequeñas cosas que nadie ve. Es la forma en que capacitan a los empleados lo que hace que su servicio al cliente sorprenda a aquellos que vienen por primera vez como yo, y que hace que esos clientes vuelvan una y otra vez.

Se trata de sus sistemas.

Intención o defecto

Podrías estar pensando, *todavía no entiendo a qué te refieres. No creo que tengamos ningún sistema.*

Yo te diría, respetuosamente, que sí.

Tu sistema podría ser: Conduce hasta el edificio de la iglesia. Destrabar las puertas y encender las luces. Responder a los problemas durante todo el día. Apagar las luces y cerrar las puertas. Irte en tu automóvil del edificio de la iglesia.

Eso es un sistema. No es uno que vaya a crear los resultados que esperas, pero *es* un sistema.

La verdad es que los sistemas se tienen por intención o por defecto, pero se tienen.

Tu sistema surgió porque lo has creado estratégicamente o por apatía y por accidente. Es hora de dejar de tolerar y empezar a crear, de diseñar un sistema que deje poco al azar, de crear un plan detallado de quién hace qué, cuándo y cómo.

He mencionado que todos nuestros campus son muy similares. La razón es que tenemos un sistema.

Mientras escribo esto, nuestra iglesia se reúne en más de cuarenta lugares y está libre de deudas al 100 %. Cuando lanzamos un campus, ya tenemos el dinero para pagar el edificio sin tener que pedir

Equipo de lanzamiento

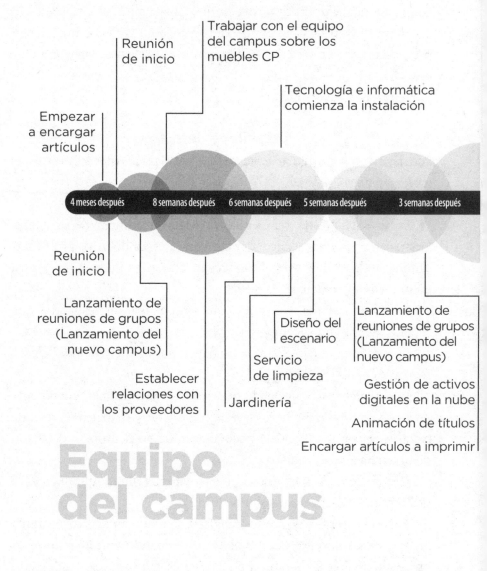

Reunión de inicio

Trabajar con el equipo del campus sobre los muebles CP

Tecnología e informática comienza la instalación

Empezar a encargar artículos

4 meses después | 8 semanas después | 6 semanas después | 5 semanas después | 3 semanas después

Reunión de inicio

Lanzamiento de reuniones de grupos (Lanzamiento del nuevo campus)

Establecer relaciones con los proveedores

Diseño del escenario

Servicio de limpieza

Jardinería

Lanzamiento de reuniones de grupos (Lanzamiento del nuevo campus)

Gestión de activos digitales en la nube

Animación de títulos

Encargar artículos a imprimir

Equipo del campus

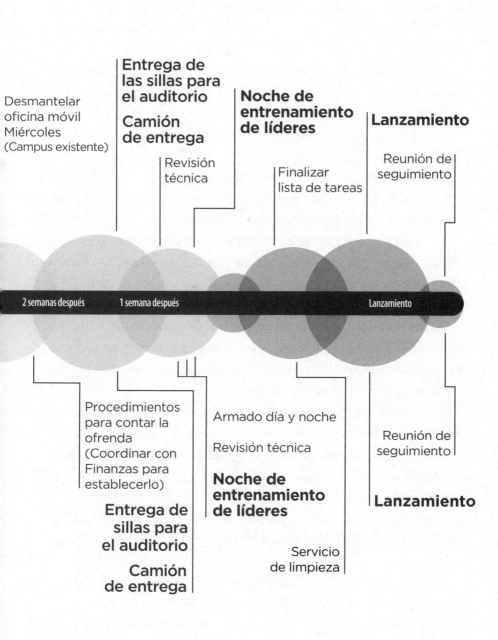

Desmantelar
oficina móvil
Miércoles
(Campus existente)

Entrega de
las sillas para
el auditorio
Camión
de entrega

Revisión
técnica

Noche de
entrenamiento
de líderes

Finalizar
lista de tareas

Lanzamiento

Reunión de
seguimiento

2 semanas después   1 semana después   Lanzamiento

Procedimientos
para contar la
ofrenda
(Coordinar con
Finanzas para
establecerlo)

Entrega de
sillas para
el auditorio
Camión
de entrega

Armado día y noche

Revisión técnica

Noche de
entrenamiento
de líderes

Servicio
de limpieza

Reunión de
seguimiento

Lanzamiento

prestado. En un año, pusimos en marcha cinco nuevas sedes en cinco estados. Hemos financiado cinco edificios de 36.000 pies cuadrados con capacidad para unas ochocientas personas cada uno.

Hubo un día en el que era dolorosamente difícil para nuestra iglesia añadir una reunión. Estábamos histéricos por saber si teníamos suficientes voluntarios y si podíamos hacerlo. Empezar nuevas reuniones solía ser abrumador, pero ahora podemos lanzar con éxito nuevos lugares.

¿Qué sucedió? Los sistemas nos ayudaron.

Hemos creado sistemas muy buenos. Tenemos un proceso de lanzamiento que utilizamos antes de iniciar un campus.

En el gráfico, verás elementos como las reuniones iniciales, que son las mismas para cada nuevo campus de Life.Church. En cada sede, compramos exactamente los mismos productos a los mismos proveedores. Los hemos probado a lo largo del tiempo y sabemos que funcionan. El equipo de jardinería y el de limpieza, así como los equipos de escenografía y tecnología, vienen a establecer sus sistemas al mismo tiempo en todos los campus. El equipo de recuento recibe la misma formación al mismo tiempo.

Ese sistema se creó con intención y no se desarrolló de la noche a la mañana. Cuando empezamos, nuestro enfoque de lanzamiento del campus era mucho más aleatorio. ¿Recuerdas lo que pasó? Tuvimos que cerrar los campus de la iglesia en Phoenix porque simplemente no podían hacerlo.

Si quieres un resultado mejor, necesitas un sistema mejor. Crea un sistema diseñado para obtener los resultados que deseas.

¿Cuál es tu qué?

Quizás te he convencido y te preguntas: *¿por dónde empezamos?*

Se empieza por el *qué*. Para conseguir tu qué, necesitas el *cómo* correcto, pero para establecer el cómo correcto, necesitas saber tu qué. (¡Creo que acabo de graduarme en la Universidad del Dr. Seuss!).

Dije que no se trata del objetivo, sino del sistema. Eso es cierto. Pero quieres diseñar tu sistema para lograr un objetivo específico. Así que tu *qué* debe estar claramente definido y comunicado. Ya hemos hablado del poder de la visión, así que seguiremos adelante. Pero no puedes seguir adelante hasta que sepas cuál es tu qué.

Permíteme compartir otro ejemplo. Hace un tiempo, en Life. Church decidimos que necesitábamos tener una cultura más evangelizadora y de invitación. El qué: queríamos que nuestra gente se sintiera inspirada a invitar a sus amigos a Life.Church. Ese era el objetivo, pero no se trata del objetivo, sino del sistema. El sistema es el cómo. Entonces, ¿cómo inspiramos a nuestra gente?

Establecimos un sistema de siete puntos diseñado para animar a nuestra gente a invitar a sus amigos a cada nueva serie de sermones:

1. Hemos enviado una tarjeta a todas las personas de nuestra base de datos explicando la nueva serie. Nota: No enviamos la tarjeta a toda la comunidad. Eso no estaría mal, pero nuestro objetivo era que nuestra gente se entusiasmara con la serie e invitara a sus amigos, así que enviamos la tarjeta a nuestra gente.
2. El fin de semana anterior, mostramos un vídeo de promoción de la nueva serie.
3. Ese mismo fin de semana, hablé de la nueva serie en mi mensaje.
4. Al final de la experiencia de adoración, los pastores locales hablaron sobre la próxima serie y por qué era importante traer a otros a escucharla.
5. Colocamos una tarjeta de invitación en cada asiento, sabiendo que nuestra gente podría utilizarla como herramienta de evangelización al ponerla en manos de un amigo sin iglesia.
6. Colocamos una pancarta que destacaba la nueva serie para que la gente la viera al salir del aparcamiento.
7. Durante toda la semana, utilizamos todas nuestras plataformas de redes sociales para dar publicidad a la nueva serie.

¿Ves cómo funciona? Tienes que saber tu qué, y luego crear un sistema para conseguirlo.

Profundicemos un poco más.

Una vez que sabemos nuestro qué, hay tres preguntas que debemos responder para crear los sistemas para las personas de nuestros equipos.

1. *¿Qué se debe esperar?* ¿Qué esperamos de los que dan la bienvenida, de nuestro equipo de seguimiento, de la gente del ministerio de niños, de los voluntarios del ministerio de estudiantes y de nuestro equipo técnico? ¿Qué queremos ver en nuestra cultura? ¿Qué mentalidades, enfoques y actitudes? Recuerda, estamos diseñando un sistema que deja poco al azar. Queremos un plan detallado de quién hace qué, cuándo y cómo.

2. *¿Qué debe ser premiado?* Tenemos claro qué comportamiento es una victoria. Celebramos cuando vemos las cualidades o comportamientos que esperamos. *Eso es exactamente. ¡Así se hace! ¡Gracias! ¡Estoy orgulloso de ti!* A la gente le encanta que la celebren y hará lo que tú premies.

3. *¿Qué debe ser corregido?* Cuando alguien se sale del sistema, de nuestros valores o de nuestra cultura, no podemos ignorarlo. Tenemos que hablar de ello y corregirlo.

Así que tenemos una expectativa, recompensamos y corregimos el comportamiento. El problema es que, con demasiada frecuencia, lo que se premia y se corrige no es coherente con lo que se espera.

Un claro ejemplo de esto es la mala crianza. No es que yo haya sido culpable de mala crianza. De acuerdo, caigo en el modo de mala crianza como todo el mundo. Cuando lo hago, empiezo a anunciar nuevas metas «¡Todos apagarán sus teléfonos a las 10:00 p. m.!», y dos noches después, algunos de los niños no lo hacen y yo digo: «Van a hacer lo que yo les diga. ¡Voy a contar hasta tres y más vale que ese teléfono esté apagado!… Bueno, ¡voy a contar hasta treinta!… Bien, si apagas el teléfono nos vamos a comer un helado… ¿Te gusta el helado? Espera, ¿apagaste tu teléfono?». Por dentro, estoy pensando, *Groeschel, ya lo sabes. ¡No puedes negociar con terroristas!*

¿Cuál es el problema? Tal vez un qué no bien pensado, y definitivamente no responsabilizar a la gente de lo que se espera. Tenemos que crear un sistema que premie a las personas cuando hacen lo que esperamos y las corrija cuando no lo hacen.

Por ejemplo, digamos que decides que quieres que cada persona nueva que se presente en tu iglesia reciba un mensaje de texto de bienvenida en un plazo de doce horas. Si dejas claro quién tiene que hacer qué para que eso ocurra, y recompensas a las personas que lo hacen y corriges a las que no lo hacen, surgirá un sistema.

Los sistemas saludables facilitan *eso*. Los sistemas sanos nunca ocurren por accidente. Suceden con intencionalidad. Hay que trabajar duramente para crear los procesos que dejan en claro el *cómo*, pero una vez que se establecen, tu vida será más fácil. Habrás automatizado lo que quieres que ocurra. El comportamiento que antes era difícil de conseguir que la gente hiciera, se convertirá en difícil de conseguir que no lo haga. Por eso, siempre que veas una iglesia que tiene *eso*, verás los sistemas que ayudan a crearlo y mantenerlo.

Podrías argumentar: «Pero ¿qué pasa con el Espíritu Santo, la unción, el poder de Dios? Los sistemas no son espirituales». Aunque es innegable que siempre necesitamos al Espíritu Santo, la unción y el poder de Dios, los sistemas son profundamente espirituales. Cuando Dios habló y creó el mundo, ¿en qué resultó? Un sistema solar. Para algunos pastores, lo más espiritual que pueden hacer es organizarse.

La calidad, la consistencia y el éxito nunca son accidentes. Ocurren gracias a sistemas saludables. Pero se necesita tiempo, esfuerzo e intencionalidad. Los sistemas saludables nunca ocurren por accidente. Ningún pastor jamás ha dicho: «¡Uy, he desayunado, sacado a pasear al perro ¿y qué sucedió?! ¡Listo! Ya tenemos sistemas claros, saludables y que honran a Dios». Tal vez te estés dando cuenta de que «no tenemos un problema de seguimiento, tenemos un problema de sistemas». O, «No tenemos un problema de excelencia, tenemos un problema de sistemas». Sabes que corregir el problema requerirá mucho trabajo y energía. Puede que sientas que no tienes tiempo. Recuerda que, si estás demasiado ocupado para crear los sistemas adecuados, *siempre* estarás demasiado ocupado. Sí, tienes tiempo y es hora de ser disciplinado.

Usar o no usar hilo dental, esa es la disciplina

Usar hilo dental cambió mi vida.

Odio usar hilo dental. (¿No lo odia todo el mundo?) Pero para alegría de los higienistas dentales de todo el mundo, el hilo dental cambió mi vida.

¿Por qué? Porque el uso del hilo dental no me resultaba natural, así que tuve que crear un sistema para automatizar su uso. Cada vez que uso hilo dental, este me dice que soy disciplinado.

Del mismo modo, tengo un sistema en el que me levanto temprano cada mañana y hago mi estudio bíblico de YouVersion. Tomo la Palabra de Dios, que me ayuda a conformar la imagen de Cristo.

Entonces llego al trabajo temprano y soy productivo. Empiezan a llegar otras personas, y me hace sentir bien saber que ya he logrado mucho gracias al sistema que me he disciplinado para vivir.

Llevo los mismos alimentos saludables al trabajo todos los días, salgo del trabajo un poco antes y estoy en el gimnasio a las 4:00, normalmente seis o siete días a la semana. Estoy sano, y la razón es un sistema que he creado.

Llego a casa del trabajo y consigo pasar la noche con mi esposa. Ella es feliz, y eso nos ha llevado a tener *seis* hijos, todo gracias a que uso hilo dental.

Si no utilizara el hilo dental, no me sentiría tan disciplinado, lo que podría llevarme a trasnochar demasiado. Si me quedara despierto hasta muy tarde, podría no levantarme temprano para hacer mi estudio bíblico. Probablemente llegaría tarde a la iglesia. Estaría molesto todo el día, no sería muy productivo, tendría que trabajar más tarde, no llegaría al gimnasio, saldría del trabajo dándome cuenta de que Amy se iba a enfadar porque trabajé hasta tarde, entonces volvería a casa a toda velocidad y me detendría un policía. No querría la multa, así que trataría de dejar atrás a la policía, sería arrestado y encarcelado. ¿Por qué? Porque no usé hilo dental.

De acuerdo, eso puede ser una ligera exageración. Pero nunca subestimes lo que Dios puede hacer a través de un pequeño hábito. Nunca subestimes lo que Dios puede hacer cuando en lugar de tener solo una meta, te disciplinas en crear y vivir según un sistema que es el cómo para tu qué. Me encanta el aliento que recibimos en Zacarías 4:10, NTV: «No menosprecien estos modestos comienzos, pues el SEÑOR se alegrará cuando vea que el trabajo se inicia».

> Nunca subestimes lo que Dios puede hacer a través de un pequeño hábito.

Objetivos. Los objetivos son buenos. Soy un fanático de los objetivos. Pero los objetivos no son la solución. Los objetivos no determinan el éxito. Los sistemas sí lo hacen. Así que empieza a crear los sistemas adecuados, el cómo que te llevará a tu qué. Puede que no te parezca importante, pero no desprecies los pequeños comienzos y nunca subestimes lo que Dios puede hacer con un pequeño hábito. Define el qué, luego decide lo que se debe esperar, lo que se debe recompensar y lo que se debe corregir. Comienza a vivir de acuerdo con esos sistemas y observa *cómo* sucede.

Mi colección de bolígrafos

Dije que después de leer un libro como este es típico tener una lista de objetivos. «Vamos a llegar a más gente. Nuestra iglesia va a crecer. Vamos a ver más bautismos. Nuestra asistencia a los grupos pequeños va a aumentar el próximo año».

Yo he tenido objetivos similares a lo largo de los años y todavía tengo algunos hoy. Pero ya que estamos hablando de objetivos, quiero animarte a que consideres un tipo de objetivo diferente. La mayoría de la gente se plantea objetivos de cosas por «hacer»: esto es lo que quiero hacer. Pero te animo a que empieces con objetivos de «quién». En lugar de centrarte solo en lo que esperas hacer y conseguir, empieza por quién quieres ser. Espero que al principio de esa lista tengas la meta de ser fiel. Nada es más *eso* que la fidelidad.

En 2005, recibí un bolígrafo. El bolígrafo tenía mi nombre y el año 2005. Nunca he sido un coleccionista de bolígrafos, así que este regalo me confundió un poco. Luego leí la nota. Estaba escrita por otro pastor, una especie de héroe mío. La nota estaba escrita con el bolígrafo que yo recibía. Este pastor explicaba que el bolígrafo representaba otro año de servir a Jesús, ser fiel a mi esposa y servir a mi iglesia con integridad.

Recibí otro bolígrafo al año siguiente, y otro al siguiente. Después de unos seis años, se convirtió en algo muy significativo. Estaba deseando recibir ese bolígrafo.

Después de unos diez años, me encontré con el pastor que los envió. Mientras hablábamos, le pregunté por los bolígrafos. ¿Cuántos bolígrafos enviaba? Me dijo que solía enviar muchos, pero que muchos de los pastores a los que los enviaba ya no ejercían el ministerio.

Me rompió el corazón. Podía imaginarme a esos pastores que se habían quemado o que habían tomado decisiones que los llevaron a la infidelidad matrimonial o a la falta de integridad financiera. Incluso pensé en amigos míos que podrían ser algunos de los pastores que ya no podían recibir los bolígrafos.

Sabía que no cambiaría todo el éxito de crecimiento de la iglesia en el mundo por el honor de obtener uno de esos bolígrafos cada año, porque más que nada, quiero ser fiel.

También me di cuenta de que soy un ser humano débil y caído que es vulnerable a las mismas tentaciones y malas decisiones que aquellos pastores tomaron y de las que estoy seguro se arrepienten. Todos empezamos con los mismos objetivos. No conozco a ningún pastor cuyas metas sean perder lentamente su enfoque en Dios, alejarse de su primer amor por Jesús y tomar decisiones que avergüencen a su Señor, a su familia y a su iglesia.

No. Todo pastor quiere estar cerca de Dios, vivir por el poder del Espíritu, honrar a su familia y escuchar algún día: «Bien hecho, siervo bueno y fiel».

Entonces, ¿por qué los líderes de las iglesias tienen objetivos bastante similares pero resultados muy diferentes? Obviamente no son los objetivos. Los objetivos no conducen a la fidelidad.

¿Qué lo hace?

Sistemas.

Escuchar a mi benefactor de bolígrafos decirme que muchos pastores ya no estaban recibiendo bolígrafos me hizo estar agradecido y más comprometido con los sistemas que he puesto en mi vida. Las disciplinas de leer la Biblia todos los días, crear un espacio para hacer oraciones apasionadas, dar cuentas de lo que hago en mi vida, ser parte del cuerpo de Cristo, dar el primer diez por ciento de todo lo que recibo a Dios y luego dar generosamente.

Por eso me esfuerzo en recordarme a mí mismo que no tengo éxito cuando logro algún objetivo deseado dentro de unas semanas, meses o años. Tengo éxito cuando he sido fiel y obediente a Dios *hoy*. No te desanimes si tu iglesia no tiene *eso* en este momento. Simplemente haz lo que sabes que puede conducir a ello. Define en oración lo que te gustaría ver en tu iglesia. Define quién hace qué, y cuándo y cómo. Celebra cuando veas *eso*. Corrige cuando no lo veas. Sé fiel incluso cuando nadie más esté mirando. Recuerda, son las cosas que nadie ve las que traen los resultados que todos quieren. No es que serás exitoso algún día cuando veas los resultados. Eres exitoso cuando eres obediente y fiel *hoy*.

Uno de los héroes bíblicos de la fidelidad es Daniel. Él fue capaz de enfrentarse a los leones hambrientos y de vivir santamente en una cultura que le exigía que no lo hiciera. ¿Cómo? Vemos el panorama en Daniel 6. Daniel se entera de que el rey ha decretado que cualquiera que ore a Dios será ejecutado. ¿Qué hace él en respuesta? «Sin embargo, cuando Daniel oyó que se había firmado la ley, fue a su casa y se arrodilló como de costumbre en la habitación de la planta alta, con las ventanas abiertas que se orientaban hacia Jerusalén. Oraba tres veces al día, tal como siempre lo había hecho, dando gracias a su Dios» (Daniel 6:10, NTV).

¿Te das cuenta?

Probablemente hayas notado la valentía de Daniel al orar cuando sabía que podía llevarle a la muerte.

Pero ¿te has dado cuenta? Daniel oró «tal como siempre lo había hecho». No fue fiel porque se había fijado el objetivo de ser fiel. Todo el mundo establece el objetivo de ser fiel. Daniel era fiel porque había creado un sistema que lo llevaba a la fidelidad. Su sistema era orar tres veces al día, hacia Jerusalén, con la ventana abierta, dando gracias a Dios. Años de disciplinarse para vivir según ese sistema fortalecieron su relación con Dios y construyeron su intimidad y confianza en él. ¿El resultado? Fue fiel. Recibió el bolígrafo.

Los objetivos no determinan el éxito.

Los sistemas lo hacen.

Factores para tenerlo

- Los objetivos no determinan el éxito. Los sistemas lo hacen.
- No tenemos problemas de personas. Tenemos problemas de sistema.
- Los sistemas fuertes hacen que las personas buenas se vean muy bien. Los sistemas débiles hacen que la gente buena parezca mala.
- Tenemos que dejar de tolerar y empezar a crear.
- Los sistemas crean comportamientos. Los comportamientos se convierten en hábitos. Los hábitos conducen a los resultados.

- Un sistema es un conjunto de principios o procedimientos que determina cómo se hace algo.
- Los sistemas saludables nunca se producen por accidente.
- Con demasiada frecuencia, lo que se premia o se corrige no es coherente con lo que se espera.
- Nunca subestimes cómo Dios puede empezar algo grande a través de un pequeño hábito.
- Lo máximo de *eso* es la fidelidad.

Preguntas para el debate o la reflexión

1. ¿Qué sistemas existen en tu ministerio?
2. ¿Se crearon esos sistemas intencionadamente o por defecto?
3. Se ha dicho que tus sistemas están perfectamente diseñados para obtener los resultados que están obteniendo. ¿Estás contento con los resultados que obtienen tus sistemas?
4. ¿Qué nuevo sistema necesitas crear para avanzar hacia tus objetivos?
5. Para ese sistema, ¿quién tiene que hacer qué?
6. ¿Cómo premiarás y corregirás para reforzar el comportamiento que esperas?

CAPÍTULO 13

Centrados en torno a *eso*

Mantente centrado en tu liderazgo a través de la intención,
la apreciación y la comunicación.
—**Bobbie Goheen**

Cuando tenía ocho años, mis padres me llevaron al Circo Barnum y Bailey. Me impresionaron los elefantes, me asombró el domador de leones y me asustaron un poco los payasos, pero el momento en que perdí totalmente la cabeza fue cuando salió el equilibrista. Esta leyenda medio enloquecida se abrió paso sin miedo a través de un cable que parecía estar a media milla del suelo. El público se quedó boquiabierto, se me cayeron las palomitas y se alteró el curso de mi vida. Su capacidad de equilibrio, de mantenerse centrado, era más que inspiradora. Supe que ya no quería ser solo un jugador de béisbol profesional y un astronauta. Quería ser jugador de béisbol profesional, astronauta y equilibrista.

Practicaba por los salientes de las vallas, las ramas de los árboles y la parte superior de los columpios. Desgraciadamente, parecía que mi sueño no estaba destinado a realizarse.

Hasta años más tarde en un viaje familiar a Colorado. Varios jóvenes veinteañeros aventureros y ridículamente geniales habían colgado unas cuerdas flexibles entre dos árboles. Pero en lugar de caminar por una cuerda floja, estos chicos hacían *slackline* (Equilibrio sobre una cinta tensa). Uno de ellos rebotó hasta el centro, saltó como si estuviera en un trampolín, hizo una voltereta y aterrizó perfectamente en la cuerda.

Mis hijos estaban asombrados y me di cuenta de que era mi oportunidad. Como en una escena de *Karate Kid,* recordé mis años de entrenamiento para ser equilibrista. (Bueno, solo fueron un par de días). Me di cuenta: *¿Quién sabe si he venido a Colorado para un momento como este?* Les pregunté a los amigos de onda si podía probarlo. Me miraron, intentando no reírse y aceptaron. Me coloqué en posición y me detuve, diciéndome a mí mismo: *Todo lo que tienes que hacer es equilibrarte. Mantente enfocado, Groeschel.* De repente, pude oír música. Puede que solo estuviera en mi cabeza, pero era *mi* canción: «¡Eres el mejor! ¡Por aquí! Nada te detendrá jamás». Di un paso confiado y la cuerda se desprendió de mí y me disparó como un cañón directo al suelo.

En cuanto a caminar por la cuerda floja y hacer *slackline,* sabía que lo quería, pero no lo tenía.

¿Qué haces cuando sabes que no tienes *eso,* pero lo quieres?

Puede que veas a otros líderes de la iglesia que *lo* tienen, ese algo especial que es difícil de definir pero imposible de perder. Anhelas tener el impacto que ellos tienen, construir una iglesia como la que ellos lideran, alcanzar a la gente que otros no están alcanzando. Pero te parece que está fuera de tu alcance. Tal vez te resulte difícil relacionarte con sus dones o su situación.

Buenas noticias: siempre es una obra de Dios. Sí, Dios lo hace a través de las personas. Pero no puede ser empaquetada, producida con el esfuerzo humano o comprada. Dios lo hace, a través de las personas, y puede elegir a cualquiera que quiera utilizar para su gloria. Dios puede elegirte a *ti.* Creo que quiere hacerlo.

Aunque nunca podremos atraer, sobornar o engañar a Dios para que haga más cosas a través de nosotros, *podemos* posicionarnos para ser candidatos más fuertes para que Dios nos elija. *Tú* puedes posicionarte. Pero no es fácil. Y resulta que todo tiene que ver con mantener el equilibrio y permanecer centrado. Mantenernos centrados es la forma en que nos ponemos en el lugar donde es más probable que Dios dé *eso*, y cómo vivimos nuestros siete ingredientes de liderazgo a medida que lo conseguimos.

Tenemos que centrarnos en *eso*. Si estás preparado para trabajo duro, te lo explicaré. Pero recuerda que te advertí.

En Espíritu

Los líderes que tiene *eso* no solo motivan, sino que inspiran.

No me malinterpretes, no hay nada malo en motivar. Pero motivar implica conseguir que la gente haga algo que preferiría no hacer. Puedes motivar a alguien para que coma bien, haga ejercicio o se quede hasta tarde en el trabajo para terminar la tarea. Motivar implica empujar.

Inspirar (que viene de la raíz «en-espíritu») que significa sacar lo mejor. En lugar de empujar a las personas a hacer lo que realmente no quieren hacer, los líderes que tienen *eso* tienden a inspirar a las personas para que quieran y elijan hacer lo que es correcto. Sacar dentro de ellos el corazón de jugador de equipo, misionero y persona centrada en el reino. Cuando inspiras a otros, probablemente obtengas de ellos más de lo que esperabas. Las investigaciones demuestran que los empleados que se describen a sí mismos como inspirados son más del doble de productivos que los que se consideran satisfechos.[12]

Cuando hablo de inspirar, lo más probable es que te imagines dando un discurso inspirador. Puede que te imagines a tu entrenador favorito animando al equipo con un discurso de medio tiempo cargado de emoción. O puedes pensar en ese discurso de graduación que cautivó a todos los estudiantes y padres. O podría ser esa charla TED viral que te movió a cambiar algo importante en tu vida.

Tu siguiente pensamiento podría ser: *Pero yo nunca podría inspirar así. Si tengo que ser inspirador para tener* eso, *supongo que nunca lo tendré.*

Permíteme ser claro. Los discursos carismáticos, de salir a la carga, de conquistar al enemigo y no tomar prisioneros, son una herramienta que algunos líderes utilizan para inspirar. Pero es solo una de las muchas maneras disponibles en la caja de herramientas de un líder, y no es la más importante. Los líderes que tienen *eso* lo entienden.

Bain and Company encuestó a más de dos mil empleados e hizo un descubrimiento asombroso que puede ayudarte a conseguir *eso* y mantenerlo en tu liderazgo. Descubrieron que hay treinta y tres atributos que los líderes pueden utilizar para inspirar a sus equipos.

Sin abarcar toda la lista, vamos a destacar algunas cualidades que podrían ser naturales para ti:

- Si tienes una visión optimista, puedes inspirar fácilmente a tu personal o a tus voluntarios para que hagan más por cambiar el mundo.
- Si muestras una postura de humildad consistente y genuina, eres un candidato ideal para ayudar a otros a creer en la llamado de Dios en sus vidas.
- Si estás dotado para ver el panorama general, puedes observar una situación y ver claramente lo que hay que hacer, y es más probable que la gente te siga.
- Si estableces un tono de seguridad y confianza, puedes llevar a la gente a una acción dirigida.
- Si eres generoso en el reconocimiento o lideras con auténtica empatía, puedes sacar lo mejor de la gente de forma consistente.

Todas estas son excelentes cualidades, pero una se destaca por encima del resto. Las investigaciones demuestran que los líderes más inspiradores, los que tienen *eso,* están centrados en su liderazgo. Son seguros, están bien plantados y tienen confianza en sí mismos. Los líderes centrados están plenamente comprometidos, alineados internamente y son claros hacia afuera. Se guían por valores, están impulsados por un propósito y están obsesionados con su misión.

Tolerancia del estrés
Lidiar con el estrés de manera positiva y constructiva

Autoestima
Evaluar tus capacidades confiadamente, pero de manera realista

Autoconciencia emocional
Entender tus emociones, sus causas y el impacto que tienen sobre los demás

Autorrealización
Mejorarte a ti mismo y dedicarte a actividades personalmente significativas

Flexibilidad
Adaptar tus respuestas a las circunstancias dinámicas

Independencia
Mantener la convicción para seguir tu propio curso de acción

Optimismo
Permanecer resiliente y positivo a pesar de los desafíos

Expresión emocional
Dar voz abiertamente a tus emociones

Desarrollar la fortaleza interior

Centralid

Establecer pautas

Cosmovisión
Buscar la comprensión y la incorporación de diversos puntos de vista

Apertura
Demostrar curiosidad, creatividad y receptividad a la información

Ambición compartida
Vivir la misión y los principios operacionales de la organización

Seguimiento
Mostrar integridad y coherencia tanto en palabra como en acción

Reconocimiento
Mostrar apreciación por los esfuerzos y los resultados de otros

Responsabilidad
Comprometerse enteramente, dar crédito por el éxito y ser responsable de los errores

Abnegación
Poner las necesidades del equipo por encima de los beneficios personales a corto plazo

Equilibrio
Respetar los límites de otros en cuanto a sus relaciones y compromisos fuera del ámbito laboral

No es habitual que hablemos así ni que utilicemos la palabra *centrado*. La mayoría de los empleados nunca dicen: «Mi último jefe no

Vitalidad
Mostrar pasión en tu labor energizando a otros

Humildad
Mantener un ego equilibrado

Empatía
Comprender y apreciar las necesidades y sentimientos de los demás

Desarrollo
Ayudar a que otros avancen en sus habilidades

Asertividad
Defender tu punto de vista de forma abierta, honesta y directa

Escuchar
Prestar verdadera atención a los comentarios, las ideas y los sentimientos de otros

Expresión
Transmitir ideas y emociones de forma clara y convincente

Homogeneidad
Compartir intereses y actividades mutuas

volucrar todas las artes de la ente para gar a estar enamente esentes

Conectar con los demás

Liderar el equipo

Visión
Crear un objetivo convincente que genere confianza y anime a que otros quieran anotarse

Enfoque
Orientar a los equipos hacia el conjunto de resultados más relevantes

Armonía
Fomentar la alineación y resolver los conflictos

Dirección
Establecer las expectativas grupales e individuales adecuadas

Servicialidad
Invertir en favor de los demás y encontrar la alegría en sus éxitos

Empoderamiento
Permitir y fomentar la libertad de crecer

Cocreación
Confiar en que la colaboración puede dar mejores resultados

Apoyar
Comprometerse a ayudar a otros a alcanzar sus grandes aspiraciones profesionales

Utilizado con permiso de Bain and Company (www.bain.com).

era centrado. Pero el nuevo sí lo es». Pocos miembros de la iglesia le dirán alguna vez: «Ahora que tenemos un pastor centrado, Dios está empezando a moverse». Puede que no lo digan, pero a menudo lo sienten. La ausencia de un liderazgo centrado desmotiva. La presencia de este inspira.

Descentrado

Si llevas mucho tiempo por aquí, habrás sido testigo de algunos líderes no centrados. Los hay de todas las formas y tamaños. Puede que conozcas a uno que sea un fanático del control. Otros están desconectados, son pasivos y no se involucran. Algunos son dominantes. Hay líderes no centrados que no se confrontan con la gente. Algunos son arriesgados y no tienen sentido de la realidad. Otros tienen miedo de dar un paso. No hay dos líderes descentrados que se parezcan. Pero la sensación que se obtiene de ellos nunca cambia.

Los líderes no centrados crean seguidores inseguros.

Si alguna vez has servido bajo un líder no centrado, un líder sin *eso*, es probable que hayas querido comprar la visión, has tratado de comprar la visión, pero simplemente no pudiste.

Por otro lado, los líderes que tienen *eso* están centrados. Lo que tienen es difícil de describir, pero imposible de pasar por alto. Tus compañeros de obra nunca dirán: «Nuestro pastor estuvo descentrado durante un tiempo. Parecía inclinarse ligeramente hacia la izquierda. Finalmente, está encaminado y centrado de nuevo». No lo dirán, pero lo sentirán. Un equipo sabe si el líder está centrado o no. El líder centrado que tiene *eso* dirige con una calma tranquila y segura. Tiene una brújula interior. Su confianza es contagiosa. El equipo se siente inspirado por la determinación del líder.

> El líder centrado que tiene *eso* dirige con una calma tranquila y segura.

¿Eres un líder centrado?

Malas noticias: si no estás centrado, no engañas a nadie.

Buenas noticias: si no estás centrado, si no tienes *eso*, puedes estar centrado y puedes conseguirlo.

Las tres ofensas del liderazgo descentrado

Si has trabajado con un líder descentrado, habrás observado una o más de las importantes desventajas. Hablemos de las tres ofensas del liderazgo descentrado y examinemos cada una de ellas con detenimiento. Una advertencia: Es probable que veas al menos una en tu propio liderazgo. Es difícil de admitirlo, pero más peligroso es ignorarlo.

1. *Los líderes descentrados son irritantemente inseguros.* ¿Has estado cerca de un líder inseguro? Rara vez lo dicen en voz alta, pero sus acciones gritan: «Dime que soy bueno. Dime que te gusto. Soy un buen líder, ¿verdad?». El líder inseguro suele dar la impresión de estar necesitado. Puede que evite los conflictos. Puede parecer que carece sistemáticamente de la resolución necesaria para tomar decisiones difíciles o seguir un plan.

   Puede que algunos líderes inseguros no lo parezcan, pero en realidad son los más desestabilizados. A veces su inseguridad se manifiesta como arrogancia. En lugar de ser pasivos, estos líderes inseguros suelen intimidar a los demás, microgestionar o ser unos imbéciles sabelotodo. Estos líderes que carecen de *eso* y no se dan cuenta tienden a llevarse todo el mérito y a dar toda la culpa. Es difícil trabajar con ellos y aún más difícil creer en ellos. Su impacto negativo es real y el coste es alto.

   Cuando el líder carece de confianza, el equipo carece de compromiso. Con el tiempo, el equipo se debilita. ¿Por qué? Los líderes inseguros tienden a producir seguidores inseguros.

2. *Los líderes descentrados son siempre impredecibles.* Si sigues a un líder que no tiene *eso*, nunca sabrás qué esperar. Suelen ser inestables e inseguros. Lo único que el equipo sabe con certeza es que la dirección cambiará. Pronto habrá un nuevo proyecto,

una nueva iniciativa, un nuevo programa, una nueva estrategia, un nuevo enfoque, un nuevo énfasis o una nueva solución.

Un líder impredecible puede tratar de empoderarte delegando en ti la autoridad y dándote libertad para dirigir, solo para retirarla y dejarte confundido. Tu líder puede animarte, luego criticarte y después repetir el proceso hasta que te sientas siempre al límite. De nuevo, el coste de esta ofensa es alto. Los líderes impredecibles producen seguidores indecisos. Sientes que tienes que andar con pies de plomo. Te ves obligado a ir a lo seguro. Si tienes una idea, probablemente te la guardes. La experiencia te ha enseñado a no complicar las cosas.

3. *Los líderes descentrados son desagradablemente egocéntricos.* Los líderes que carecen de *eso* tienen una forma de absorber la vida de las mejores personas. El líder egocéntrico se centra en sí mismo. Es *su* equipo. Es *su* visión. Lo que haces es un medio para su fin, sus objetivos, su bienestar.

Es probable que hayas sido testigo de un líder dominante y narcisista que no puede hablar de mucho más que de sí mismo. Te sientes como un actor secundario en la historia de otra persona. Con el tiempo, todos pierden bajo este tipo de liderazgo. Los líderes egocéntricos producen seguidores resentidos. Sabes cuando un líder no se preocupa realmente por ti. Aunque no lo haga, igual quieres que se preocupe, pero descubres que no puedes, al menos no por mucho tiempo. Tenía un amigo que trabajaba para un líder egocéntrico. Quería dar lo mejor de sí mismo, pero cada vez estaba más desanimado y resentido. Recuerdo que decía de su jefe: «Puede comprar mi tiempo, pero no puede comprar mi corazón».

Los líderes que carecen de *eso,* que están descentrados, producen seguidores inseguros, indecisos y resentidos. Es posible que hayas notado más de un problema en la frase anterior. No solo los adjetivos son un problema (inseguro, indeciso, resentido). También es el sustantivo que modifica (seguidores). Esa es otra cualidad que distingue a los líderes verdaderamente centrados. Los líderes centrados no crean seguidores. Crean líderes. Reproducen lo que son. Los líderes que tienen *eso* crean a otros líderes que lo tienen y, al hacerlo, lo multiplican continuamente.

Entonces, ¿cómo conseguir *eso* en tu liderazgo? Me alegro de que lo preguntes.

Centrarse

Aquí es donde la teoría se encuentra con la realidad. Te voy a pedir que seas abierto y honesto en la oración y que luego hagas algo con lo que Dios te muestre.

Me parecería que estás un poco descentrado. Yo también. Todos lo estamos. Se trata de una cuestión tanto de teológica como de práctica. Las Escrituras dejan claro que todos somos pecadores. La palabra griega para pecado, *hamartia,* es un término de arquería que significa errar al blanco. Cuando pecamos, estamos descentrados. Nuestra naturaleza pecaminosa impacta cada área de nuestras vidas, incluyendo nuestro liderazgo.

Recuerda las tres ofensas del liderazgo descentrado. Los líderes que están descentrados son:

1. irritantemente inseguros
2. siempre impredecibles
3. desagradablemente egoístas

La mayoría de los líderes (y yo no soy una excepción) tienen al menos pequeñas dosis de dos de estos desafíos. Es probable que uno se destaque como tu mayor oportunidad de crecimiento. Te voy a pedir que elijas solo un área para desarrollar. Pedirle a Dios que te ayude en esta área podría transformarte en un líder espiritual más centrado. Si estás leyendo este libro con otros, puedes pedirles que oren por ti y te hagan rendir cuentas. Este único cambio podría prepararte para conseguir todo *eso* que Dios quiere darte. Dios puede multiplicar tu crecimiento en esta área, para que tengas un impacto en cascada en otras áreas de tu liderazgo.

Así que, ¡hagámoslo! ¿Cuál es el área que necesitas crecimiento? Ora acerca de esto si es necesario, pero supongo que ya lo sabes. Si estás escribiendo notas en tu libro, ¿por qué no lo marcas con un círculo en la lista? Si estás escuchando el audiolibro, ¿por qué no lo dices en voz alta? Puede que alguien te mire raro. No pasa nada. Devuelve la sonrisa. Podrías decirles: «Eso pasa, y *está* pasando».

¿Lo has nombrado? Bien.

Ahora vamos a repasar cómo podría ser el crecimiento en cada una de las tres áreas.

Confianza interior

Los líderes que tienen *eso* son diferentes. En lugar de ser irritantemente inseguro, el líder centrado tiene confianza en sí mismo. Esto puede parecerte una mala noticia porque te consideras indigno, incapaz o poco preparado. Puede que sientas que eres demasiado joven, demasiado verde, demasiado inexperto. O puede que te preocupe ser demasiado viejo. Yo me sentí demasiado joven durante años. Ahora estoy en el otro extremo. ¿Cuándo tuve la edad justa? Me lo habré perdido.

> En lugar de mostrarse irritantemente inseguro, el líder centrado se muestra interiormente confiado.

Si no es tu edad, tu enemigo espiritual te dará otras razones para dudar de ti mismo. No tienes la educación necesaria. Eres del género «equivocado» para tu papel. No estás casado. No eres una persona extrovertida. No eres lo suficientemente intelectual. No eres un gran predicador. No tienes experiencia. No tienes la apariencia (sea lo que sea que eso signifique). La lista de excusas que tu enemigo puede ponerte y tentarte a creer es interminable.

La buena noticia es que no hay excusa que Dios no pueda superar. No hay hábito que no pueda cambiar. No hay fortaleza que no pueda romper. No tienes que confiar en ti mismo, en tus dones, en tus talentos o en tu currículum. Puedes encontrar tu confianza en él.

La confianza en uno mismo puede ser superficial y fugaz. Te sorprendería saber cuántos líderes parecen seguros de sí mismos, pero es una fachada. La confianza en uno mismo puede ser una confianza de porrista. ¿Sabes a qué me refiero? ¿Alguna vez has visto un partido de baloncesto y tu equipo va perdiendo por treinta puntos a falta de pocos minutos, pero las porristas siguen cantando «¡V-I-C-T-O-R-I-A!»? Es como: «¿Te mantienes al tanto de la actualidad? ¿Te fijas alguna vez lo que está sucediendo en el partido?». La confianza en uno mismo puede ser poco convincente e incluso una negación de la realidad.

Pero la confianza en Dios es sustancial y duradera. La confianza no consiste en tener un increíble sentido de la moda y un presupuesto acorde. No se trata de ser el más carismático, el más elocuente o el más guapo. Y no es solo para los que han «llegado». Creo que la verdad es que nunca llegamos. La confianza no viene de dominar el liderazgo o la predicación, sino de estar abierto a la obra de Dios. ¿Recuerdas cómo Pablo llegó a los corintios con debilidad y temor, sin una predicación elocuente, pero con confianza? ¿Por qué? Él atribuyó su confianza al «poder del Espíritu» y a tener fe no en nada humano «sino en el poder de Dios». (Ver 1 Corintios 2:3-5). Saber que Dios está trabajando en mí me da confianza. Tú puedes tener esa misma confianza.

La necesidad repele. La confianza atrae. Pide a Dios que te ayude a crecer en una confianza fundamentada en él.

En este viaje, puedes considerar pedirle a Dios que te dé una habilidad que desarrollar, una debilidad que aceptar o una creencia que cambiar.

Si es una habilidad a desarrollar, nombrémosla. Tal vez sea el momento de convertirte en un mejor oyente, de aprender a dar reacciones o de priorizar mejor tu tiempo. Tal vez debas aprender a leer los estados financieros, a dirigir reuniones más eficaces o a mejorar tu capacidad para que tu equipo rinda cuentas. Si puedes definirlo, puedes hacerlo. ¿Qué es lo que esperas? Pídele a Dios que te dirija a la clase correcta, que te lleve al libro perfecto, que te dé un buen mentor. Si permites que Dios te haga crecer en un área, tu confianza crecerá en todas las áreas.

Puede que no sea una habilidad a desarrollar, sino una debilidad que aceptar. Una de las mejores formas de aumentar la confianza en uno mismo es aceptar que no es necesario ser increíble en todas las áreas. Aceptar una debilidad, elegir sentirte cómodo con no ser genial en una forma específica, puede cambiar las reglas de juego de la confianza.

Con las mejores intenciones, muchos líderes gastan enormes cantidades de tiempo y energía tratando de desarrollar un rasgo o una habilidad que Dios no les ha dado. En lugar de centrarte siempre en lo que no puedes hacer, puedes aceptar tus debilidades y liberarte para centrarte en lo que *puedes* hacer. En lugar de intentar hacer algo que nunca podrían hacer bien, los líderes centrados delegan con confianza en otros líderes de confianza. Esos otros líderes se sienten valorados, lo que aumenta su confianza.

Si eres padre, puedes considerar esta idea. Si tu hijo llega a casa con una calificación sobresaliente, algunas muy buenas y una desaprobada, como la mayoría de los padres, es posible que te fijes inmediatamente en la desaprobada. Puede que dediques más tiempo a trabajar con tu hijo en esa tarea o que contrates a un tutor para que mejore su calificación. Aunque esa puede ser una buena estrategia para subir la nota de tu hijo, eso no lo ayudará a tener éxito en la vida. Es poco probable que él o ella cambie al mundo en la asignatura que apenas aprueba. Lo mismo ocurre contigo como líder. Aceptar tus debilidades te libera para perseguir tus puntos fuertes. John Zenger dijo: «Los grandes líderes no se definen por la ausencia de debilidades, sino por la presencia de claras fortalezas».

Para crecer en tu confianza interior, puede que tengas una habilidad que desarrollar o una debilidad que aceptar, o quizás tengas una creencia que cambiar. Cuando tu crítico interior te susurre que no eres, que no puedes y que no lo harás, recuérdate que Dios dice que eres, que puedes y que, con su ayuda, lo harás. Determina qué pensamiento limitante te está frenando y sustitúyelo por la verdad de Dios. Si eres un seguidor de Jesús, tienes la mente de Cristo. Estás eternamente seguro. Tú puedes hacer todas las cosas a través de Aquel que te da fuerza. Tal vez tengas una creencia que cambiar.

Si necesitas ayuda con esto (y creo que todos la necesitamos) he escrito un libro entero sobre ello: *Gana la guerra en tu mente: Cambia tus pensamientos, cambia tu vida.* Escribí ese libro porque he luchado con la confianza casi toda mi vida. Siempre me he sentido inseguro e incierto de mí mismo como líder y aún más como predicador. Empecé a predicar siendo un creyente muy joven. Me faltaba confianza en mis conocimientos bíblicos. Estaba seguro de que todos podían ver que no era lo suficientemente bueno. Así que antes de predicar, empecé a hacer un ritual personal. Lo sigo haciendo hasta el día de hoy. Al subir a la plataforma, justo antes de predicar, doy un gran paso hacia adelante. Ese paso significa para mí más de lo que puedo describir. ¿Por qué? En mi mente, estoy saliendo de mis inseguridades, miedos, dudas y limitaciones. Con ese paso hacia adelante, estoy entrando en el llamado, la unción y la asignación de Dios para que yo diga lo que él quiere que se diga en ese día.

Un. Paso. Hacia adelante.

Tal vez sea eso lo que tienes que hacer. Da un paso hacia *eso.* Puede que necesites dar un paso hacia una habilidad a desarrollar. O has encontrado una debilidad que aceptar. O estás saliendo de tus excusas hacia una nueva creencia sobre ti mismo. Estás saliendo de los grilletes de las mentiras del diablo y entrando en el llamado divino de Dios para ti. ¿Puedes sentirlo? ¿Lo creerás?

Dios quiere que tengas *eso.*

Toma. Un. Paso. Hacia adelante.

Estratégicamente coherente

Muchos líderes son constantemente impredecibles, pero los líderes que tiene *eso* son estratégicamente consistentes. Me encanta cómo describió esto el CEO Jack Welch. Dijo: «Los grandes líderes son a la vez implacables y aburridos». Esa cita me hace sentir bien. Hace poco, antes de que hablara en un evento sobre liderazgo, el anfitrión dijo de mí: «Craig es uno de los líderes más aburridos que he conocido». No es broma. Lo dijo de verdad. Luego explicó, en una de las presentaciones más significativas que he tenido, por qué mi coherencia era contagiosa para crear una cultura convincente.

Mucha gente da por sentado que los líderes que tienen *eso* se elevan, inspiran con fuerza y salen disparados como Superman volando para salvar el día, estos superlíderes tienen superpoderes. Son más rápidos que una economía cambiante. Más poderosos que una adquisición corporativa. Capaces de crear grandes beneficios de un plumazo. El problema es que Superman no es real, y los superlíderes tampoco. Los más exitosos generalmente no son los que más arriesgan o los que más se balancean. Son los líderes que se presentan y hacen las cosas correctas de forma consistente a lo largo del tiempo. Siempre he dicho a nuestro equipo que los líderes de éxito hacen de forma constante lo que otros hacen de forma ocasional.

Los líderes de éxito hacen de forma constante lo que otros hacen de forma ocasional.

Para estar más centrado, tal vez debas solo ser más coherente. Digo intencionalmente las mismas cosas una y otra vez. La visión no ha cambiado. La estrategia es consistente. Puede que no se convierta en algo viral. Puede que no atraiga a los famosos. Pero nuestro equipo sabe qué esperar. Entienden el plan. Adoptan la estrategia. Creen en la misión. Y, en consecuencia, las vidas cambian.

Me gusta la forma en que lo describió uno de los antiguos vicepresidentes de Google. Piensa en el poder que hay detrás de estas palabras. Laszlo Bock explicó: «Si un líder es coherente, las personas de sus equipos experimentan una enorme libertad, porque saben que, dentro de ciertos parámetros, pueden hacer lo que quieran. Si tu jefe está rodeándote todo el día, nunca vas a saber lo que puedes hacer y lo vas a experimentar como muy restrictivo».[13] Descubre lo que funciona y hazlo una y otra vez.

Si esta es tu única área de crecimiento, toma un momento para pensar en qué aspectos puedes estar enviando mensajes contradictorios a tu equipo. (Si no estás seguro, pregúntale a alguien de confianza). ¿Tienes a menudo la tentación de comparar? ¿A buscar pastos más verdes? ¿De encontrar la bala de plata? ¿El nuevo programa? Seguro que hay momentos en los que quieres estar abierto a que Dios te guíe en una dirección diferente, pero Dios no cambia de opinión cada seis semanas. Tal vez podrías crecer en consistencia. Podrías llevar a cabo de forma consistente reuniones cargadas de espíritu y atractivas. O celebrar y abrazar consistentemente a aquellos que crean victorias espirituales. O compartir consistentemente la visión hasta que tu iglesia esté al rojo vivo con la pasión por los no salvos. O despertarte cada día y formar consistentemente líderes. Confía en ellos. Tú los empoderas. Los liberas. Cambias el mundo a través de ellos.

Mira a tu alrededor a los líderes que *lo* tienen. En la mayoría de los casos, son brillantes y estratégicamente coherentes. Los líderes centrados son fáciles de seguir. Las acciones coherentes crean resultados coherentes. La comunicación coherente desarrolla una confianza profunda y duradera. Los valores coherentes unen a las personas con una pasión insaciable. No es lo que haces ocasionalmente lo que hará que tu ministerio tenga éxito. Es lo que haces de manera consistente.

Impulsado por la misión

Cuando escuché por primera vez a Nick Harris predicar, estaba dispuesto a dejar mi trabajo en ventas y hacer lo que él necesitara en la Primera Iglesia Metodista Unida. Me habría ofrecido como voluntario, a tiempo completo, pero él me convenció de mantener mi trabajo en Honeywell hasta que se abriera la puerta adecuada para el ministerio. ¿Por qué estaba dispuesto a dejar de percibir ingresos para dedicarme a una causa? El pastor Nick era el líder más orientado a la misión que había conocido.

Los líderes que tienen *eso* son consumidos por una misión más grande que ellos mismos. Ese impulso ardiente, esa pasión insaciable, suele generar resultados. Eso es bueno, ¿verdad? Al principio, sí. Pero el éxito puede crear problemas. Una de las trampas comunes del éxito es cuando un líder empieza a creerse su propia prensa. Por extraño que parezca, no es necesario que un líder, una iglesia o una empresa tengan un éxito desmesurado para que se vuelvan peligrosamente egocéntricos. Al igual que la gravedad siempre tira hacia abajo, el éxito del liderazgo siempre atrae la atención hacia el líder. Esa atención y el poder que puede venir con ella pueden ser intoxicantes. Si un líder no se opone a ello, aunque tenga *eso,* lo perderá. Y si no *lo* tiene, nunca la obtendrá.

Los líderes que tienen *eso* son consumidos por una misión más grande que ellos mismos.

Para crecer en la centralidad, para ser un líder que tiene *eso,* tendrás que estar totalmente consumido por tu vocación. ¿Cuál es tu misión? Es mucho más que lo que haces. La misión es por qué haces el qué. El autor y conferenciante Simon Sinek dice: «La gente no se cree lo que haces. Se cree el por qué lo haces». Es cierto. El porqué es lo que suele atraer *eso.*

Toma un momento para evaluar tu adhesión personal a la misión. Podrías preguntarte, en una escala del uno al diez, ¿cuál es tu grado de pasión por la misión? ¿Qué diría tu equipo? Si te clasificas por debajo de un diez, probablemente sea un fuerte indicio de que no tienes *eso* o es probable que no lo mantengas.

Atención, es muy difícil ser objetivo. Es difícil ver la complacencia en un espejo. Lo más natural es derivar hacia la comodidad. Rara vez acabamos sacrificándonos por una causa más grande que nosotros mismos por accidente. A menos que luchemos con fuerza contra el flujo natural hacia la comodidad, es probable que sacrifiquemos la misión en aras de objetivos egoístas.

Si mis palabras suenan duras o dramáticas, es solo porque tengo experiencia personal con las distracciones en el camino de la misión.

Hace unos quince años, cuando nuestra iglesia pasaba por una época difícil, los miembros de mi equipo me dieron su opinión en una revisión anónima de 360 grados. Varios de ellos me dijeron que estaba distraído y que no lideraba con tanta fuerza como en el pasado. Para mí, no solo estaban equivocados, sino que estaban totalmente equivocados. Me importaba. Estaba comprometido. Más tarde, otro grupo me hizo comentarios similares. Atónito, me di cuenta de que me había vuelto ciego a mis propios fallos. La verdad es que sí me importaba, pero acababa de escribir mi primer libro, acababa de hablar en mi primera gran conferencia y acababa de empezar a recibir atención de afuera de la iglesia. Aunque seguía amando a la iglesia, no me daba cuenta de lo mucho que el ministerio adicional me había distraído de mi ministerio principal. Había perdido algo de pasión misionera.

¿Y tú?

Cuando Jesús llamó a la gente a seguirle, no dijo: «Vengan y denme un sólido seis. Un siete es mejor, pero aceptaré lo que me puedan dar». No, Jesús llamó a la gente a llevar una cruz y a entregar sus vidas. No pidió nada menos que un diez. Los que dijeron sí lo dejaron *todo* para seguir a Jesús.

Jesús no invitó a la gente a seguirle en una misión de confort. Nunca enseñó cinco pasos para una vida más feliz. Fue audaz e inflexible en su misión. Vino a buscar y salvar a los perdidos, a servir y no a ser servido. No vino por los sanos, sino por los enfermos. No vino por los justos, sino por los pecadores. Vino lleno de gracia y de verdad. Vino a liberar a los cautivos.

Si quieres que tu iglesia tenga *eso,* la misión debe permanecer en el frente y en el centro. Debes arder por dentro hasta que el fuego se extienda a todos los que están cerca de ti. Si reconoces que has perdido parte de la pasión, trabajemos para recuperarla. Cuando Jesús estaba corrigiendo a los creyentes de Éfeso, les dijo: «Sin embargo, tengo en tu contra que has abandonado tu primer amor» (Apocalipsis 2:4). Jesús podría decirte algo parecido. No lo has perdido. Lo has *dejado.*

Sin quererlo, dejaste tu primer amor. Como alguien dijo una vez, quizás la forma en que estás «haciendo la obra de Dios está destruyendo la obra de Dios en ti». Jesús continuó su amorosa reprimenda y dijo: «¡Recuerda de dónde has caído! Arrepiéntete y vuelve a practicar las obras que hacías al principio» (v. 5).

Tal vez sea el momento de volver a lo básico. Recuerda por qué empezaste. Recuerda tu salvación, la emoción de saber que tus pecados han sido perdonados. Recuerda la alegría de ver a alguien más encontrar a Cristo y ser llenado con el Espíritu Santo, cambiado por la gracia, y abrumado con la esperanza. Recuerda la primera vez que Dios te usó. Recuerda cuando todo lo que soñabas y orabas era para ser usado por Dios en la iglesia. Ahora tómate un momento para afligirte porque te estás quejando de lo mismo que solías soñar. Arrepiéntete y haz las cosas que hiciste al principio.

La pasión de la gente no superará la pasión del líder. No queremos que nuestra gente haga un trabajo. Queremos que cumplan una misión. Recuerda y adopta tu «por qué». La gente trabajará por un qué, pero dará su vida por un por qué. Si quieres *eso*, recuerda por qué empezaste. Vuelve a enamorarte de la misión de Cristo.

Jesús tenía *eso*

Sin duda, el líder más centrado de la historia del mundo fue Jesús. Es indudable decir que fue el único líder verdaderamente centrado de manera consistente. Nunca pecó. Nunca se desvió. Nunca falló el objetivo. Jesús siempre vivió la voluntad de su Padre.

Cuando reflexionas sobre tu liderazgo, ¿cuál es el área que quieres que Dios te ayude a desarrollar? ¿Necesitas superar tu molesta inseguridad y entrar en la confianza del reino? ¿Necesitas la ayuda de Dios para superar tu atracción pecaminosa hacia la inconsistencia y permitir que su Espíritu te capacite para ser estratégicamente (incluso aburridamente) consistente? ¿O necesitas renovar tu pasión misionera, enamorarte de tu vocación y volver a ministrar como si toda la eternidad pendiera de un hilo?

Una vez que has identificado tu única área, mira a Jesús. Él tenía una confianza inquebrantable en aquel que le había enviado y que nunca lo abandonaría. Era coherente hasta la médula, siempre y solo en los asuntos de su Padre. Y él sangró la misión. La sangró en la cruz, derramando su sangre inocente para cubrir nuestros pecados.

Si tu organización parece desequilibrada, recuerda que reproducimos lo que somos.

- Los líderes inseguros producen seguidores inseguros.
- Los líderes impredecibles producen seguidores indecisos.
- Los líderes egocéntricos producen seguidores resentidos.

Con la ayuda de Dios, te estás convirtiendo en un líder centrado. Estás lleno de confianza interior en el poder de Dios dentro de ti. Tienes la seguridad de que «el que comenzó tan buena obra en ustedes la irá perfeccionando hasta el día de Cristo Jesús» (Filipenses 1:6). Porque estás lleno del mismo Espíritu que resucitó a Cristo de entre los muertos, eres estratégicamente consistente. Entiendes que los líderes exitosos hacen consistentemente lo que otros hacen ocasionalmente. Y estás enfocado en la misión. Estás consumido por tu por qué, y eso impulsa tu qué. Debido a quién es Jesús y a lo que ha hecho, eres parte de la mayor misión en la tierra. No solo estás construyendo una iglesia. Estás llenando el cielo.

Factores para tenerlo

- Siempre es una obra de Dios. Dios lo hace a través de las personas, y Dios puede elegir a quien quiera.
- Puedes posicionarte para ser un candidato más fuerte para que Dios te elija.
- Los líderes que tienen *eso* no solo motivan, sino que inspiran.
- Hay muchas maneras de inspirar, pero la más eficaz es proporcionar un liderazgo centrado. El liderazgo centrado es seguro,

confiado, plenamente comprometido, guiado por valores y obsesionado con la misión.

- Los líderes descentrados crean seguidores inestables.
- Los líderes descentrados son molestos e inseguros y producen seguidores inseguros.
- Los líderes descentrados son siempre impredecibles y producen seguidores indecisos.
- Los líderes descentrados son desagradablemente egocéntricos y producen seguidores resentidos.
- Los líderes centrados tienen una confianza interna en Dios que es sustancial y duradera.
- Los líderes centrados son estratégicamente consistentes, implacables y aburridos. Descubren lo que funciona y lo hacen una y otra vez.
- Los líderes centrados están impulsados por la misión. Los consume la misión y la mantienen al frente de su organización.

Preguntas para el debate o la reflexión

1. ¿Te encuentras motivando a tu equipo (sientes que estás empujando a la gente a hacer lo que no quieren hacer) o inspirándolos (sacando lo mejor del corazón de la gente)?

2. Si tu equipo entendiera el liderazgo centrado y descentrado, ¿crees que describiría tu liderazgo como más centrado o descentrado?

3. Se honesto: ¿Cuál es la mayor lucha en tu liderazgo: ser irritantemente inseguro, consistentemente impredecible o desagradablemente egoísta?

4. Cualquiera que sea tu mayor necesidad de crecimiento, ¿qué vas a hacer al respecto? ¿Quién podría ayudarte?

CAPÍTULO 14

¿Tienes *eso*? ¿*Eso* te tiene a ti?

*Una de las cualidades de la libertad es que, mientras se
lucha por ella, sigue expandiéndose. Por lo tanto, el hombre
que se para en medio de la lucha y dice: «La tengo», solo
demuestra con ello que acaba de perderla.*

—Henrik Ibsen

En este capítulo, voy a ser sincero sobre algo que rara vez comparto. Cuando vine a Cristo, tenía *eso*. Cuando entré en el ministerio, lo perdí. Te contaré toda la historia, pero realmente no quiero hacerlo. Es muy doloroso. Pero voy a compartirla porque es mi oración que te ayude y porque es el tema más importante que cubriremos en todo este libro.

Si quieres que tu ministerio tenga *eso*, *tú* debes tenerlo.

> Si quieres que tu ministerio tenga *eso*, *tú* debes tenerlo.

Cuando se ha filtrado a través de tu corazón (esa rara combinación de pasión, integridad, enfoque, fe, expectativa, impulso, hambre y unción de Dios) Dios tiende a infundir tu ministerio con *eso*. Él bendice tu trabajo. La gente cambia. Los líderes crecen. Los recursos fluyen. El ministerio parece tomar vida propia. A veces parece que solo te aferras por tu vida.

¿Has notado que los nuevos creyentes a menudo tienen *eso*? Están «irracionalmente» entusiasmados con Cristo. Piensan que Dios siempre les está hablando (y es probable que a menudo lo haga). Ven todo como espiritual (y probablemente tienen razón). Creen que Jesús podría volver pronto (y es muy posible que lo haga). Todo lo que hacen se centra en él.

Lo tienen.

Por otro lado, algunos creyentes «más maduros» deciden ayudarlos a madurar. «Esto es solo una fase por la que estás pasando», les explica el creyente maduro. «Es emocionante, pero se te pasará». La persona experimentada podría describir cómo Moisés experimentó una vez la presencia de Dios y brilló. Pero el brillo se desvaneció.

¿Qué sucede? El cristiano racional, que lleva mucho tiempo sin pasión, convence sin querer al nuevo creyente apasionado para que renuncie a *eso* y se haga como el resto de los cristianos aburridos.

Algo similar ocurre ocasionalmente con los ministros. Creyentes bien intencionados entregan con gusto sus vidas al ministerio vocacional a tiempo completo. Sueñan con dedicar el resto de sus días a glorificar a Dios y servir a su pueblo. Sin embargo, con el tiempo, la pureza de sus motivos se nubla. Se vuelven «profesionales». Sin darse cuenta, se posicionan para la promoción, posan para hacerse notar, o juegan a la política de la iglesia. Puede que se promocionen «en el nombre de Jesús». «Construyen su marca» (sea lo que sea que eso signifique). Hacen que su nombre «salga a la luz». Con el tiempo, cambian. Y lo que antes era bonito se vuelve feo.

Cómo *lo* perdí

Así que aquí está la parte en la que voy a ser dolorosamente honesto. Es mi oración que te ayude.

Cuando vine a Cristo, *lo* tenía. Sabía que Dios estaba conmigo. Sabía que Dios me hablaba. Sabía que Dios me guiaba. Dios parecía bendecir todo lo que tocaba.

A los veintitrés años, como flamante pastor, tenía mucha más pasión que sabiduría. Como muchos pastores maravillosamente jóvenes e ingenuos, no sabía lo que no se podía hacer. Si creía que Dios me guiaba a hacer algo, aunque todos los demás no estuvieran de acuerdo, seguía lo que entendía que era la voz de Dios.

En aquel momento, era muy consciente de lo que no sabía. Sin un título del seminario, me sentía solo un poco mejor que un analfabeto bíblico. (Había aprendido que en inglés Job se pronuncia *jobe* y no *job*. Ese es un error vergonzoso que no volveré a cometer). Con una experiencia de liderazgo limitada, me basé más en la oración que en el conocimiento. Sin una gran experiencia de liderazgo, simplemente intenté tratar a la gente con amor. Sin toneladas de recursos, confié en que Dios utilizaría lo poco que teníamos.

Como joven pastor, sin pensar en mi futuro, simplemente trataba de seguir a Jesús. Entonces, un día alguien me dijo que podría llegar a ser un buen pastor. Había pensado en Dios como un buen Dios, pero nunca en mí como un buen pastor. Esas palabras me sacudieron, me asustaron, me atormentaron. ¿Podría realmente llegar a ser un buen pastor? Tal vez sí. Pero si podía llegar a ser un buen pastor, entonces lo contrario también era una posibilidad. Podía ser un *mal* pastor.

¿Cómo podría llegar a ser lo suficientemente bueno? Si llegara a ser lo suficientemente bueno, ¿podría seguir siéndolo? ¿Y si un día era bueno y al siguiente no? Me sentí emocionalmente empujado al breve tiempo que pasé en ventas. Mi antiguo jefe solía decirme que solo era tan bueno como mi última venta. Estaba empezando a sentir lo mismo en el ministerio. Solo era tan bueno como mi último sermón. O la última reunión. O la última clase de membresía. O mi última visita al hospital. Sentí una presión que nunca antes había conocido.

Sin darme cuenta, quité mi atención del poder de Dios y la puse en mi desempeño. Casi instantáneamente, sentí que no tenía tanto tiempo para leer y disfrutar de la Palabra de Dios. En cambio, tenía que producir mensajes desafiantes y atractivos con títulos pegadizos, ilustraciones memorables y finales emotivos. La preparación de los sermones se convirtió en un sustituto barato del tiempo real en la Palabra de Dios. En lugar de orar apasionada y consistentemente, mis oraciones más largas eran ahora las que oraba en público. En lugar de desarrollar amistades con personas que no conocían a Cristo, me esforcé por parecer espiritual frente a los que ya lo conocían.

Después de años de tener *eso,* lo abandoné sin saberlo y traté de producir mi versión con mis propias fuerzas.

No funcionó.

El alejamiento

Nadie se habría dado cuenta de lo que había empezado a suceder en mi interior. Mi enfoque había cambiado, muy ligeramente. No me consumían las cosas malas; solo que no me consumían las mejores cosas. Me preocupaban más las cuestiones que nunca me habían pasado por la cabeza. Me obsesioné con los números, todo tipo de números. En lugar de medir el éxito por mi obediencia a Dios, medí el éxito por el número de personas que se presentaron y por el número de invitados que regresaron.

También me guiaba por las apariencias. Con todo mi corazón, quería ser ese buen pastor. Dado que la gente ofrecía más comentarios que Dios, se convirtieron en mi principal audiencia. Quería que supieran lo mucho que trabajaba, lo mucho que me importaba y lo devoto que era.

Es difícil de describir, pero mientras hacía el trabajo de Dios, me alejé de Dios. Muchos de nosotros lo hacemos. Como pastores, creemos de todo corazón que Dios existe, pero a menudo hacemos el ministerio como si no existiera. Nuestros sermones están llenos de fe, pero con demasiada frecuencia nuestras acciones demuestran que carecemos de ella. Nuestras oraciones públicas declaran que todo es posible con Dios, pero nuestro estilo de liderazgo dice que todo es posible *si* nos esforzamos lo suficiente.

Juan el Bautista dijo en Juan 3:30 (NTV): «Él debe tener cada vez más importancia y yo, menos». En el ministerio, a veces tratamos de aumentar por nuestros propios esfuerzos, sin darnos cuenta de que estamos disminuyendo la influencia de Cristo. Se podría decir que a medida que nos hacemos más importantes, *eso* disminuye.

Buscando *eso* en los lugares equivocados

En los primeros años de nuestra iglesia, aunque teníamos muy pocos recursos, teníamos la presencia y la bendición de Dios. Eso es todo lo que realmente necesitábamos. *Lo* teníamos en nuestros corazones. Esa pasión por él, mezclada con su Espíritu, ganó gente para Cristo. A medida que nuestra iglesia crecía, también lo hacían nuestros recursos. (Recuerda, no es el resultado de los recursos —edificios, letreros, correos, luces, videos—, pero sí atrae recursos). De repente pudimos comprar cosas que antes apenas eran un sueño.

Podíamos comprar planes de estudio para niños. Podíamos iniciar un programa del Día de la Madre. Podíamos imprimir boletines en cuatro colores. Podíamos comprar una computadora a cada miembro del equipo. Podíamos comprar un proyector de vídeo. (¡Incluso podíamos encontrar un voluntario con los diez dedos para manejarlo!). Podíamos comprar luces de escenario que no explotaran. Si no teníamos algo, podíamos comprarlo.

No te pierdas la sutileza de lo que ocurrió. Cuando teníamos recursos limitados, pensábamos que Dios era todo lo que necesitábamos, y que era la respuesta a todos nuestros problemas. Luego, cuando teníamos cada vez más recursos, pensamos que los necesitábamos, y se convirtieron en la respuesta a todos nuestros problemas. Sin darnos cuenta, nuestro equipo empezó a pensar: *«Si no tenemos eso, podemos trabajar para conseguirlo, comprarlo o crearlo».* Por el camino, perdimos el foco de lo que se trataba todo.

Al principio, Dios era todo. Él era todo lo que necesitábamos. Ahora pensábamos que ciertas cosas eran necesarias para crecer. Se volvió menos sobre Dios y más sobre todo lo demás. Y como es de esperar, empezamos a perder *eso*. ¿Por qué? Porque cuando confías en lo material en lugar de lo espiritual, siempre lo perderás.

Cuando confías en lo material en lugar de lo espiritual, siempre *lo* perderás.

¿Qué ha pasado? Fue como si nuestro tanque de *eso* tuviera una pequeña y lenta fuga. Con el tiempo, ya no era tan especial como antes. No vino tanta gente a Cristo. Menos dieron con sacrificio. La cantidad de personas dispuestas a servir disminuyó. Aumentó el número de los que simplemente consumían. Quedó claro que *lo* estábamos perdiendo. Decidimos que teníamos que recuperarlo.

Lamentablemente, en nuestras mentes eso significaba más creatividad, más trabajo duro, más ministerios para atraer a más gente. Nos equivocamos. Nos habíamos deslizado en la peligrosa creencia de que podíamos crear *eso*, o recrearlo. De una manera sutil (pero enfermiza), dejó de ser sobre Dios y se convirtió en algo sobre nosotros.

Mirando hacia atrás, parece tan obvio. Cuando teníamos *eso*, teníamos una visión alineada y un enfoque divino. Ahora, con todos los recursos, teníamos la opción de hacer cosas nuevas. El hecho de que pudiéramos no significaba que tuviéramos que hacerlo, pero eso no nos detuvo. Abordamos nuevos proyectos a diestro y siniestro mientras nos alejábamos lentamente de *eso* que lo hacía especial en primer lugar.

En los primeros años, teníamos una camaradería inconfundible. Éramos un equipo. Pero cuando llegamos a creer erróneamente que necesitábamos *cosas* para producir *eso*, empezamos a competir por los recursos. En lugar de completarnos unos a otros, competíamos entre nosotros. Los miembros del equipo se volvieron más egocéntricos, territoriales y peligrosamente competitivos.

Antes, sin mucho que perder, asumíamos regularmente grandes riesgos. Año tras año, declaramos con valentía: «Somos personas llenas de fe, que piensan a lo grande y que apuestan por el riesgo. Nunca insultaremos a Dios con pensamientos pequeños y una vida segura». Pero eso era fácil de decir cuando acabábamos de empezar. Ahora que teníamos algo que perder, nos volvimos más cautelosos, protegiendo lo que ya teníamos. En lugar de decir: «¿Qué tenemos que perder? ¡Vamos a por ello!», nos encontramos diciendo: «Nos jugamos mucho. Será mejor que vayamos a lo seguro». En lugar de liderar con fe, empezamos a vivir con miedo.

Es asombroso lo feo que puede llegar a ser un ministerio sin ello. Mientras que antes éramos generosos y nos preocupábamos por el reino, ahora teníamos una preocupación malsana por cualquier iglesia a la que le fuera bien. *¿Cuál es su secreto? ¿Cómo podemos competir? ¿Por qué Dios los bendice más que a nosotros?* Poco a poco, pero con seguridad, *lo* estábamos matando.

Uno de los mayores golpes fue contratar nuevo personal y reclutar voluntarios sin comunicarles de qué se trataba. Dimos por sentado que entenderían su esencia. En los viejos tiempos, todo el mundo lo hacía. Pero a medida que los nuevos miembros se incorporaban al equipo, lo malinterpretaban. Muchos simplemente no lo entendían. Lo que hacía que el ministerio fuera especial antes eran las cualidades invisibles en el corazón de las personas. Los nuevos miembros del personal no conocían la historia, así que pensaban que lo que *lo* hacía especial era lo que *podían* ver: las luces, los vídeos, las lujosas habitaciones para niños. Para tener *eso*, suponían, necesitábamos más campanas y silbatos. Pero lo que realmente necesitábamos era más de lo que habíamos dejado atrás: una pasión que ardía por Dios y por la gente.

¿Tienes eso?

En 1986, me gradué en el instituto Ardmore. (Y no enviaste un regalo de graduación. Todavía estoy esperando). Ese mismo año, *Top Gun* se convirtió en un éxito de taquilla del verano. (Que era el regalo de graduación que realmente necesitaba, porque algunas personas pensaban que me parecía a un Tom Cruise no tan atractivo). Si eres lo suficientemente mayor, quizá recuerdes la clásica escena del bar en la que Maverick y Goose cantan «You've Lost That Lovin' Feeling» [Perdiste la emoción del amor] a Charlie (interpretada por Kelly McGillis). En el verano de 1986, me encantaba esa canción. Incluso hoy, la letra es difícil de olvidar. (Perdiste la emoción del amor).

¿Estás cantando un lamento similar en este momento? ¿Necesitas admitir humildemente «lo *he* perdido»? Perderlo siempre es doloroso.

No serías el primero en perderlo. Se puede ver cómo la gente lo pierde en prácticamente todos los segmentos de la sociedad. Un país puede ser una potencia mundial durante décadas o siglos antes de desvanecerse silenciosamente. Las empresas suben y bajan. Los ministerios suben y bajan. Las acciones suben y bajan. Un equipo deportivo puede dominar un año y estar en último lugar al siguiente. Alguien tiene un clip de TikTok que se hace viral. Está de moda. Y días después, ya no. Los actores y las actrices están «de moda» un mes y «fuera» al siguiente. Lo mismo ocurre con los políticos, los pastores, los fontaneros, los pediatras, los profesores, los pintores, los podcasters y los criadores de cerdos. El hecho de tener *eso* no significa que tengas la garantía de conservarlo.

¿Tienes *eso*? No lo tenías antes. ¿Lo tienes hoy? ¿En tiempo presente?

Sé sincero. ¿Tienes ese algo especial que es solo de Dios y solo para Dios? ¿Piensas más en complacerle a él que en elaborar una estrategia para hacer crecer tu iglesia? ¿Deseas más su placer que el aplauso de la multitud? ¿Te preocupa más su opinión sobre ti que la de la gente?

Esperemos que puedas responder con confianza a esas preguntas con respuestas que honren a Dios. Si es así, probablemente *lo* tengas.

Durante años, no pude. Quería que se fijaran en mí, que me apreciaran, que me afirmaran, que me admiraran. Necesitaba que la gente pensara bien de mí, que hablara bien de mí, que admirara mi éxito en el liderazgo. Por supuesto, quería ver que la gente se salvara y creciera espiritualmente, pero si soy sincero, eso no era lo que me impulsaba. En cambio, me perseguía el deseo de probarme a mí mismo ante algo o alguien desconocido. Si hacía más, lograba más, alcanzaba más, tenía más seguidores, entonces tal vez sería lo suficientemente bueno.

Si ese es tu caso hoy, puede que hagas lo mismo que yo. Llorar. Arrepiéntete. Suplícale a Dios, *Dios, devuélvemelo. ¡Por favor! Devuélvemelo de manera que no lo pierda nunca más.*

Cómo recuperarlo

¿Cómo recuperas *eso*?

Si pudiera poner *eso* en una botella y dar un poco a todo el mundo, lo haría en un segundo. Pero es Dios quien lo da. Y parece que lo da a los que lo quieren, o para ser preciso, a los que lo quieren más que nada. Tal vez sea hora de que él se convierta en el verdadero centro de tu vida y de que se *lo* pidas.

Compartiré contigo mi viaje con Dios y cómo *lo* recuperé. Espero que mi historia despierte tu deseo de volver a buscar a Dios con todo tu corazón.

¿Cómo recuperé *eso*? Primero, tuve que admitir que lo había perdido. Eso fue difícil para mí. Probablemente no será fácil para ti. Por naturaleza, la mayoría de los líderes ministeriales quieren creer que tienen razón y que están teniendo éxito. Admitir el fracaso, especialmente el fracaso espiritual, es difícil. (Mi fracaso fue espiritual). Puede que empieces con la confesión: «Lo he perdido. He quitado mis ojos del premio. Me he distraído de la búsqueda incondicional de Cristo».

¿Es posible que te hayas desviado un poco, o más de un poco, del camino? Tal vez:

- Has permitido algún pecado en tu vida.
- Has descuidado algunas disciplinas espirituales básicas.
- Has leído tu prensa positiva y empezaste a creerla.
- Te cansaste de las críticas y te enfadaste.
- Viste cómo crecía tu presencia en las redes sociales y no te diste cuenta de que tu orgullo crecía a la par.

- Has dado y dado y dado y te olvidaste cómo recibir de los demás.
- Alguien cercano te hirió y, como resultado, te has amurallado.
- Ofreciste lo mejor de ti, pero no te pareció que lo mejor fuera suficiente.
- Simplemente te cansaste y has bajado la guardia.

Sea cual sea la situación, si *lo* tenías y lo perdiste, admítelo. Eso fue lo que hice.

En segundo lugar, decide *recuperarlo*. Hay que desearlo. Joe Ballard dijo: «Te da más hambre después de haberlo perdido el año pasado». Si lo has perdido, quizás ahora tengas más hambre que nunca. Pero permíteme ser honesto: no es probable que un pequeño ajuste te lo devuelva. Si todo lo que necesitas es ajustar algo, ya lo habrías hecho hace tiempo. Supongo que hará falta un cambio significativo de dirección o de prioridades. Si crees que has encontrado una solución rápida, te garantizo que no es una solución.

En mi caso, tuve que obligarme a hacer algo que consideraba bastante radical. Estaba tan metido en el mundo del ministerio que estaba descuidando mi relación con Dios. Se puede decir que estaba obsesionado con el ministerio. Leía revistas de la iglesia. Escuchaba los sermones de los pastores. Veía ciertas transmisiones cristianas. Leía los libros de mis pastores favoritos. Asistí a las mejores conferencias de la iglesia. Devoré podcasts. Todo el tiempo hacía estas cosas y más.

La iglesia me consumía. La iglesia era lo primero. Dios era lo segundo. Bueno, era peor que eso. Dios era el cuarto o el quinto.

Mi papel como pastor estaba interfiriendo con mi pasión por Dios, lo que rebotaba y paralizaba mi papel como pastor. Era el momento de hacer finalmente algo al respecto. Como no podía dejar el ministerio para volver a desarrollar mi amor por Dios, simplemente dejé de devorar la información ministerial que me distraía. Sentí que Dios quería que derribara mis ídolos ministeriales. Esto fue lo correcto para mí. El mismo enfoque podría no ser lo correcto para ti. Pero puede que esta idea provoque otra igualmente extraña, pero divinamente necesaria en tu corazón.

Durante dos años, hice un ayuno de información ministerial. Acabé con los libros del ministerio, revistas del ministerio, conferencias de la iglesia, sermones de otros pastores. Fue algo extremo, lo sé. En cambio, leí la Biblia. Y oré. Y ayuné. Y leí la Biblia un poco más. Poco a poco, empecé a enamorarme de Dios de nuevo, no de su novia, la iglesia. (Ella ya tiene esposo, y no soy yo). El Espíritu Santo estaba haciendo algo especial en mi corazón y la intensidad aumentaba cada día. Era como si volviera a nacer de nuevo. Con esto no estoy haciendo una afirmación teológica; solo estoy describiendo mi percepción de la experiencia. No perdí mi salvación solo para recuperarla. Había perdido ese sentimiento de amor, pero volví a encontrar *eso* de una forma nueva y significativa, y oro para no volver a perderlo.

El apóstol Pablo fundó una iglesia muy conocida en Éfeso. En muchos sentidos, esta iglesia *lo* tenía. Años más tarde, Juan, que ayudó a supervisar esta iglesia después de Pablo, registró un mensaje de Jesús a la iglesia de Éfeso en Apocalipsis 2:4-5. Jesús dijo: «Sin embargo, tengo en tu contra que has abandonado tu primer amor. ¡Recuerda de dónde has caído! Arrepiéntete y vuelve a practicar las obras que hacías al principio».

¿Has abandonado tu primer amor? Sé sincero. ¿Amas el ministerio más que a Cristo? ¿Te preocupa más lo que la gente piensa de ti que lo que Dios piensa de ti? ¿Piensas en cómo hacer crecer tu ministerio más que cómo hacer crecer al pueblo de Dios? ¿Estudias la Biblia para predicar con más frecuencia que para escuchar a Dios? ¿Oras más a menudo en público que en privado?

¿Has perdido tu primer amor?

¿Has perdido tu primer amor?

Jesús dijo que recuerdes la altura desde la que has caído. ¿Recuerdas un tiempo en que lo único que te importaba era lo que le importaba a Dios? ¿Recuerdas haber anhelado su Palabra? ¿Recuerdas que te entusiasmaba compartir tu fe con cualquiera que quisiera escuchar? Piensa en lo que tenías con Dios, ese algo especial que ahora puede haber desaparecido.

Jesús dijo: «Arrepiéntete», o en otras palabras, «Date la vuelta». Deja de hacer lo que has estado haciendo. Haz lo que solías hacer. Si solías orar, ora. Si solías ayunar, ayuna. Si solías amar libremente, ama libremente. Si antes dabas hasta que te quedaba poco y luego dabas un poco más, vuelve a dar así. Si solías adorar mientras conducías, sin importarte quién te viera, vuelve a adorar. Si solías tener amistades espirituales íntimas, pero estabas demasiado ocupado, reaviva esas relaciones o empieza otras nuevas. Si solías servir a la gente sin restricciones, empieza a servir de nuevo.

Hace varios meses, comí con un amigo pastor. Con profunda emoción, me explicó cómo él había perdido *eso*. Uno de los miembros de su junta directiva dejó la iglesia y se llevó a varios miembros clave. La iglesia de este pastor estaba atrasada en su presupuesto. No quería predicar. No quería visitar a nadie en el hospital. No quería leer la Palabra de Dios. Ni siquiera quería orar. Después de descargar mucho dolor, mi amigo me confesó que si no fuera el pastor de su iglesia, no adoraría allí.

Escuché en silencio, pidiendo a Dios sabiduría. Reconocí su dolor, comprendí su frustración y me identifiqué con su agotamiento espiritual. Sabiendo que necesitaba mis oraciones más que mis limitados consejos, le pregunté si podíamos orar. Sin mucho entusiasmo, accedió a dejarme. Simplemente le pedí a Dios que lo «perturbara» a lo grande.

Ese día no ocurrió nada importante.

Un par de meses más tarde, mi amigo llamó y exclamó: «¡Estoy perturbado! ¡Estoy perturbado!». Me explicó con gran alegría cómo Dios lo había perturbado. Mi amigo se había disgustado de repente con su pecado de complacencia espiritual. Estaba perturbado por la tibieza de su iglesia. Estaba perturbado por los necesitados. Estaba perturbado por la gente sin Cristo.

Al abrir la Palabra de Dios, su hambre de Dios aumentó. Decidió ayunar, negando a su cuerpo la nutrición, buscando solo ser llenado por Dios. Con el tiempo, su compasión por la gente creció, su pasión por predicar aumentó y se enamoró de nuevo de Jesús, todo haciendo las cosas que hacía al principio. Dios lo perturbó, en el mejor de los sentidos.

Eso le pasó a él, y puede pasarte (otra vez) a ti.

Un domingo, prediqué sobre 2 Reyes 6, contando la historia del joven que perdió en un río la cabeza de un hacha prestada. Sobrecogido del pánico, el hombre clamó al profeta Elías. Con la fe del cielo, Elías arrojó un palo al agua donde se había hundido la pesada hacha y Dios hizo flotar milagrosamente el hacha hasta la superficie del agua. ¿El tema clave del sermón? *Dios te ayudará a encontrar lo que no querías perder.*

Esa tarde, Amy y yo nos sentamos en nuestro sofá para reflexionar sobre esa idea. Ella se puso a llorar y me dijo que daría cualquier cosa si Dios la ayudaba a encontrar su anillo de boda, que había perdido nueve meses antes. Cuando ocurrió, todos habíamos buscado en la casa de arriba abajo con la esperanza de encontrar su tesoro perdido, pero sin éxito. Finalmente, perdimos la esperanza y nos rendimos.

Pero esas palabras del sermón parecían renovar nuestra fe. *Dios te ayudará a encontrar lo que no querías perder.*

Con Dios (y Amy) como testigos, en ese momento me sentí extraña e inusualmente impulsado. Atravesé la habitación hasta una silla, levanté el cojín del respaldo, metí la mano en el mueble y saqué el anillo de boda que faltaba.

Lloramos. Reímos. Adoramos. Alabamos a Dios.

Me costaría creer esta historia si no la viviera yo mismo. Sea que te importe lo del anillo o no, espero que te importe la verdad.

Dios te ayudará a encontrar lo que no querías perder.

Si has perdido *eso*, Dios sabe dónde está. Él te ayudará a encontrarlo y recuperarlo. Lo encuentras al hacer aquellas cosas cuando lo tuviste. Tu relación con Dios es tan buena como tú quieras que sea. Obtendrás lo que pongas en ella.

Entonces, ¿qué esperas? *Eso* está esperando, y es el momento de buscarlo.

Ahora.

Factores para tenerlo

- Si quieres que tu ministerio tenga *eso*, más importante que todo lo que hemos discutido, debes tenerlo.
- A medida que aumentamos, *eso* disminuye.
- Dios es lo que necesitas y es la respuesta a tus problemas.
- Si crees que puedes comprar *eso*, ya lo has perdido.
- Puede que tengas que empezar con la confesión: «Lo he perdido. He quitado mis ojos del premio. Me he distraído de la búsqueda incondicional de Cristo».
- Pídele a Dios que te devuelva *eso*.
- Para recuperarlo, haz las cosas que lo trajeron antes.
- Dios te ayudará a encontrar lo que no querías perder.

Preguntas para el debate o la reflexión

1. Nombra a alguien o alguna organización que haya tenido *eso* y lo haya perdido. ¿Qué crees que pasó? ¿Por qué lo perdieron? ¿Qué crees que haría falta para que lo recuperaran?

2. ¿Tienes *eso*? Si es así, ¿qué contribuye a ello? Si la respuesta es no, ¿cuándo empezaste a perderlo? ¿Qué cambió en ti? ¿Cómo has apartado tus ojos de Cristo?

3. ¿En qué medida estás comunicando el corazón de *eso* a los que son nuevos en tu ministerio? ¿Los nuevos asistentes lo entienden? ¿Y los voluntarios? ¿Y los miembros del personal? Si no entienden lo que Dios está haciendo, ¿cómo puedes expresarlo mejor?

4. Si *lo* has perdido, probablemente hará falta algo más que un pequeño ajuste para recuperarlo. ¿Qué paso radical podrías dar

para recuperarlo (o para conseguir más de eso)? ¿Y los líderes de tu iglesia? ¿Hay algo que solían hacer que contribuía a *eso* y que ya no hacen? ¿Qué es lo que Dios te llama a hacer que has estado descuidando?

Conclusión

Cómo conservar *eso* una vez que lo tienes

*Considero que mi vida carece de valor para mí mismo,
con tal de que termine mi carrera y lleve a cabo el servicio
que me ha encomendado el Señor Jesús, que es el de dar
testimonio del evangelio de la gracia de Dios.*

—El apóstol Pablo (Hechos 20:24)

Estoy sentado frente a mi computadora con lágrimas en los ojos. Estoy orando, pero no con palabras. Esta oración nace en mi corazón. En este momento, soy muy consciente de la presencia de Dios. Él está aquí conmigo. Son las 4:23 a. m., y estoy sentado en la mesa de la cocina, escribiendo estas palabras, abrumado por Dios. Mientras escribo, o lo intento, lo adoro, lo necesito, lo lloro. Nada está mal. Mi familia está sana. Nuestra iglesia está creciendo. La vida es buena. Sin embargo, todo está mal. A pesar de que todo parece bueno, estoy en agonía espiritual. Me duele la gente, profundamente. Lloro a menudo. Me despierto por la noche y oro durante horas antes de volver a dormir. Me consumen las cargas de Dios. Otros ven nuestra iglesia y dicen que está teniendo éxito. Yo siento que estamos fracasando.

Somos tan grandes. Hemos hecho tan poco.

No es que esté deprimido. Es todo lo contrario. El fuego de la presencia de Dios está ardiendo dentro de mí, consumiéndome. Cuando digo «consumiéndome», eso es exactamente lo que quiero decir. Está quemando las peores partes de mí. Me identifico con las palabras de Pablo: «He sido crucificado con Cristo, y ya no vivo yo, sino que Cristo vive en mí. Lo que ahora vivo en el cuerpo, lo vivo por la fe en el Hijo de Dios, quien me amó y dio su vida por mí» (Gálatas 2:20).

Tengo *eso*, otra vez.

Y no quiero perderlo nunca.

Hemos recorrido un largo camino juntos en nuestro viaje. Hemos visto cómo los ministerios llenos de *eso*, tienen una visión inspirada por Dios y se centran en las cosas que realmente importan. Hemos abrazado la verdad de que la gente con *eso* lo comparte con profunda y sincera camaradería. Nuestra innovación ministerial ha aumentado debido a nuestra creciente pasión por compartir el evangelio. Hemos reconocido que no tendremos éxito en todo y que fracasar es a menudo un paso hacia el éxito. Estamos entusiasmados porque a medida que Dios nos da corazones enfocados hacia el exterior y con mentalidad de reino, tiende a darnos más de *eso*. Sobre todo, hemos reconocido que para que nuestras iglesias *lo* tengan, necesitamos tenerlo.

Si no tienes *eso, oro para que lo recuperes*. Una vez que lo tengas (la pasión, el fuego, la pureza, el hambre de Dios) oro para que lo conserves siempre. Sé lo que es tenerlo y perderlo.

Quiero caminar siempre cerca de Dios, disfrutando de su presencia y dirección constantes. Por eso, he convertido tres oraciones en parte de mi vida de oración diaria. Estas oraciones sinceras y peligrosas me han ayudado a *conservarlo*.

Estírame

Cuando te vuelvas cómodo y complaciente en tu relación con Dios, *lo* perderás. La comodidad es el enemigo de la fe. La complacencia es el veneno que contamina la pasión. Hebreos 11:6 dice: «Sin fe es imposible agradar a Dios». Jesús suplicó a sus seguidores, sabiendo que el tiempo era corto, recordándoles siempre: «¡Estén alerta!

¡Vigilen!» (Marcos 13:33). Por eso queremos pedirle a Dios que nos estire constantemente.

Hace años, mientras nadaba con mis hijos, conocí a otro padre que era entrenador de ejecutivos. Después de una conversación informal, me preguntó de forma competitiva de padre a padre: «¿Cuánto tiempo crees que puedes aguantar la respiración bajo el agua?». Incluso siendo un tipo de mediana edad, pude sentir la emoción de anticipar un concurso entre hombres. *No sabe con quién está hablando,* pensé con suficiencia. *¡Crecí viendo Aquaman!*

«No lo sé», respondí, con el corazón bombeando. «Quizá un minuto». Esta fue una respuesta bastante humilde; secretamente creía que podía hacer más que eso.

Me retó a que lo intentara y segundos después estaba bajo el agua listo para demostrar mi condición de acuamán.

A medida que los segundos pasaban lentamente, sentí que mis pulmones se tensaban. El pánico se apoderó de mí. *¿Puedo ahogarme haciendo esto?* Decidiendo que ahogarse es mejor que perder, me quedé sumergido. Sentí que mi cara se volvía azul. Mis ojos se abrieron más. *Un poco más. Un poco más de tiempo. Solo unos segundos más.* Finalmente, después de lo que me pareció una vida, salí del agua jadeando. Todavía estaba vivo.

El entrenador sonrió y dijo: «¡Impresionante! ¡Has permanecido debajo del agua durante un minuto y doce segundos!».

¡Eso es lo que te estaba diciendo!

El entrenador dijo: «¿Qué dirías si te dijera que puedo ayudarte a doblar tu tiempo?». *¿Qué?* Me la habían jugado. No iba a competir contra mí. *¡Idiota!* Estaba tratando de enseñarme una especie de lección de «soy un entrenador y tú no». Tal vez él no sabía que casi había muerto.

«Estás fumando crack», solté. «Es lo que te diría».

El entrenador continuó, preparándose para que Yoda le enseñe el poder de la Fuerza a mi joven Jedi: «Si prestas atención, te enseñaré algo que te inspirará a hacer aún más de lo que has hecho antes».

Había captado toda mi atención.

El entrenador me hablaba casi hipnóticamente, explicándome una técnica tranquilizadora que seguramente aumentaría mi tiempo. «Puedes hacer mucho más de lo que crees», me aseguró. «Tu cuerpo puede sobrevivir bajo el agua durante varios minutos. Tu mayor limitación es tu mente. Debes silenciar tu mente. Tu cuerpo puede hacer más de lo que tu mente puede entender. Respira profundamente cuatro veces. Inhala todo el oxígeno que puedas. Al hacerlo, estás ampliando la capacidad de tus pulmones. Deslízate lentamente en el agua. Cierra los ojos. Quédate perfectamente quieto. Cuando tus pulmones se contraigan, no te preocupes. Todavía tienes mucho más tiempo. Cuando creas que no puedes seguir, abre los ojos. Concéntrate en algo. Cuenta lentamente hasta veinte. Cuando llegues a veinte, vuelve a contar».

Armado con este consejo, seguí sus instrucciones. Después de cuatro respiraciones, me deslicé tranquilamente bajo el agua. Me esforcé por desconectar mi mente. Cuando mis pulmones se tensaron, me relajé. Cuando llegué a mi límite, abrí los ojos y conté. Luego conté un poco más. Cada pocos segundos, mi entrenador decía: «Más… tienes más en ti. Más… tienes más en ti».

Finalmente, me harté y salí a tomar aire. Esta vez, cuando salí del agua, mi entrenador estaba radiante mientras me decía que mi nuevo récord era de 2:45. ¿Entiendes esos números? Había un dos y un cuarenta y cinco y esa cosa de dos puntos en el medio. Dos minutos y cuarenta y cinco segundos.

Estaba eufórico, entusiasmado, emocionado y conmocionado. *¿Cómo lo hice? Me mantuve bajo el agua durante casi tres minutos enteros.* No sabía que tenía eso en mí.

Entonces el entrenador me miró a los ojos y me dijo: «Tienes más en ti de lo que crees. Dios ha puesto en ti más de lo que nadie sabe».

Dios me habló ese día. Se trataba de algo más que el potencial de oxigenación. Por eso ahora le digo regularmente, *Estírame.*

Me gustaría decirte las palabras del entrenador. Tienes más en ti de lo que crees. Dios ha puesto en ti más de lo que nadie sabe.

Pide a Dios que te estire. Él quiere hacerlo. Quiere que vivas por fe, que le creas. Significará ponerte en nuevos ambientes, experimentar algo diferente.

Tienes más en ti de lo que crees. Dios ha puesto en ti más de lo que nadie sabe. Pídele a Dios que te estire y luego sigue su dirección. Puede que te dirija a cambiar tu estilo de liderazgo o tu forma de predicar. Puede que te desafíe a ir a un país en desarrollo y dejar atrás parte de tu corazón. Puede que te pida que des como nunca antes lo has hecho. Puede que te lleve a hacer algo que tus amigos más cercanos creen que es tonto e imposible. Tal vez te presente a un nuevo líder de la iglesia que sacudirá tu cómodo mundo, o tal vez a una persona perdida que necesita desesperadamente a Dios.

Deja que te estire. Intenta lo que otros dicen que no se puede hacer. Tienes más en ti de lo que crees. Dios ha puesto en ti más de lo que los demás ven.

Pide a Dios que te estire. Cuando lo haga, puede que empieces a encontrar *eso* de nuevo.

Arruíname

El domingo 8 de octubre de 1871, Dwight L. Moody estaba terminando su sermón del domingo por la noche cuando la campana de incendios de la ciudad comenzó a sonar. Al darse cuenta de que gran parte de la ciudad estaba ardiendo, la primera preocupación de Moody fue por su familia. Se apresuró a terminar su sermón y pidió a la gente que evaluara su situación con Dios y volviera la semana siguiente. No sabía que muchos de ellos nunca volverían. Murieron en el peor incendio de la historia de Chicago.

Más tarde, Moody agonizó, preguntándose si alguno de los fallecidos había muerto sin Cristo. Estaban en el edificio de su iglesia y los dejó irse sin confrontar su pecado. Quebrado y cambiado, Moody juró a Dios que nunca más se detendría. Cada vez que se paraba frente a una multitud, les rogaba que siguieran a Cristo. D. L. Moody estaba arruinado, en el buen sentido.

Cada vez que conozco a alguien que tiene *eso*, un corazón que abandonó a Jesús, me encuentro con una persona arruinada. No estoy hablando de una ruina destructiva. El pecado destruye y arruina. El agotamiento puede destruir y arruinar. La ira puede destruir y arruinar. No, me refiero a la obra de un Dios amoroso que nos rompe y arruina para su gloria. Josh Billings dijo: «La vida es corta, pero es lo suficientemente larga para arruinar a cualquier hombre que quiera ser arruinado». Tal vez sea el momento de dejar que Dios te arruine.

Déjame explicarte. Te hablé del entrenador que me ayudó a aprender a contener la respiración. Ese breve ejercicio en la piscina inició lo que se convirtió en una fuerte amistad. El amigo que hice ese día en la piscina se llama Mark Button. Mark tiene *eso*. Fue el cofundador de Koosh Toys, desarrolladores de la pelota Koosh y del balón de fútbol vortex. (He inventado una técnica que me permite lanzar un balón de fútbol vortex más lejos de lo que tú podrías. En serio, estoy listo cuando tú lo estés. Adelante). (Mis habilidades con el balón Koosh no son tan impresionantes, pero dame tiempo).

Me llevó tiempo escuchar toda la historia de Mark. Cuando me la contó, mi aprecio por él se convirtió rápidamente en un profundo amor y un gran respeto. Durante varios años, Mark y su esposa, Ronnie, intentaron quedar embarazados. Se decepcionaron mes tras mes. Después de años de expectativas rotas, Mark y Ronnie descubrieron que estaban embarazados. No de un niño, ni de dos, sino de trillizos. Dios había respondido a sus oraciones. Tres veces.

O eso es lo que pensaban.

El embarazo progresó perfectamente hasta el Día de la Madre. Ese fue el día en que Ronnie ingresó en el hospital con un dolor de cabeza insoportable y murió repentinamente, junto con sus tres bebés, víctima de un aneurisma cerebral. Tengo que secarme las lágrimas cada vez que pienso en la pérdida de Mark. Había vendido su empresa.

Habían comprado la casa de sus sueños. Por fin se habían quedado embarazados, con trillizos. Mark tenía todo lo que una persona podía desear, pero perdió a las personas que más quería.

Arruinado.

Esta tragedia ocurrió hace más de veinte años. Desde entonces, Mark se ha vuelto a casar y Dios ha bendecido a su nueva familia con hijos sanos. Cuando le pregunté qué es lo que más le entusiasma hoy en día, me miró con sinceridad y me dijo: «Dios me usa para arruinar a la gente». Gracias a su experiencia empresarial, Mark tiene muchos amigos influyentes. Su objetivo es llevar a algunos de los mayores líderes del país a uno de los rincones más pobres del mundo y arruinarlos.

Mark expone a las personas a cosas que prefieren ignorar y deja que Dios las destroce. ¿Quieres *eso*? Pídele a Dios que te arruine en el buen sentido. Deja que te rompa el corazón. Permítele que te dé un descontento divino. Deja que Dios te aplaste con una carga.

Cuando miro hacia atrás en mi vida, cuando *lo* tenía, estaba arruinado. Dios me había estropeado para sus propósitos. Todo lo que pensaba era en él. En complacerlo. Obedecerle. Hablar de él. Cuando veía a la gente sin Cristo, me dolía el corazón por ellos. Compartir a Jesús me consumía. No servía para mucho más. Estaba arruinado.

Sin embargo, con el tiempo, volví a las rutinas normales. No me importaba tanto la gente. No me importaba tanto Dios. Ya no estaba arruinado, y no *lo* tenía.

Al igual que Isaías, yo era más útil para Dios cuando estaba arruinado. Puede que te sientas identificado con un incidente de la historia de Isaías registrado en Isaías 6. (Escribí un capítulo entero sobre la experiencia de Isaías con Dios en mi libro *Oraciones peligrosas: Porque seguir a Jesús siempre ha sido arriesgado*). Fue el año en que murió el rey Uzías. Como el rey Uzías había sido un rey muy piadoso e influyente, se sintió como «el año en que terminó el mundo tal como lo conocíamos». En el peor momento que Isaías podía imaginar, vio al Señor. Y consiguió *eso*. El versículo 5 registra sus pensamientos cuando experimentó la presencia pura de Dios: «Entonces grité: "¡Ay de mí, que estoy *perdido*! Soy un hombre de labios impuros y vivo en medio de un pueblo de labios blasfemos, ¡y no obstante mis ojos han visto al Rey, al Señor Todopoderoso!"» (énfasis añadido).

Isaías no volvió a ser el mismo. Había experimentado a Dios. El encuentro lo aplastó, exprimió todo su orgullo y lo vació de su propia ambición. Ahora era apto para el propósito de Dios, para la mayor realización que Isaías podría encontrar. Con *eso*, Isaías estaba ahora plenamente disponible para Dios. Cuando Dios preguntó a quién debía enviar con un mensaje a su pueblo, Isaías respondió: «Aquí estoy. ¡Envíame a mí!» (v. 8).

Al reflexionar sobre los momentos de mi vida en las que viví sin *eso*, recuerdo que Dios intentó arruinarme. Pero luché contra eso. En el ministerio, había construido un muro de protección alrededor de mi corazón. Sinceramente, pensaba que era una fortaleza, algo necesario para sobrevivir.

Siempre que visitaba a alguien que estaba sufriendo, separaba mis sentimientos de la conversación, pensando que eso me ayudaría a ser un mejor pastor. Cuando alguien se enfrentaba a una tragedia, como una muerte accidental o un suicidio, me las arreglaba para mantenerme fuerte, sin mostrar nunca debilidad.

Tal vez hayas caído en la misma falacia. Puede que pienses: *Pero si me permito el llanto, seré una ruina para mi familia. No podré sobrevivir emocionalmente. Las personas que confían en mí dejarán de consultarme.* Sí, son preocupaciones legítimas, pero puede que te sorprendan los resultados reales de dejar caer tus escudos emocionales. Tu familia podría estar encantada de compartir contigo tus heridas. Dios podría sostenerte emocional y espiritualmente de maneras que nunca se te habían ocurrido. Los que te miran podrían sentirse inspirados por tu vulnerabilidad. Claro, se sentirá arriesgado. Pero es más arriesgado quedarse encerrado.

A lo largo de los años, Dios me expuso una y otra vez a cosas que podrían haberme arruinado en el buen sentido. El 19 de abril de

1995, Timothy McVeigh detonó una bomba al otro lado de la calle de la iglesia donde yo servía en Oklahoma City. Esa bomba mató a 181 personas. La onda expansiva recorrió el mundo entero cuando la CNN mostró imágenes de la carnicería. Para mí, fue algo más que las imágenes que parpadeaban en la pantalla del televisor. Los socorristas utilizaron el vestíbulo de nuestra iglesia como morgue. Cuando pasé por allí y vi los cuerpos destrozados de hombres, mujeres y niños pequeños, se me revolvió el estómago, pero no dejé que me arruinara.

Cuando visité a los pobres en un país en vías de desarrollo y tomé las pequeñas y frágiles manos de niños que no habían comido durante días, me molestó, me confundió, me estremeció. Ver a esos niños inocentes sufriendo despertó una mezcla de emociones: rabia, depresión y todo lo demás. Aunque esta experiencia podría haberme arruinado en el buen sentido, de alguna manera conseguí reprimir las emociones y volver a la vida normal.

Dios intentó arruinarme. Yo no dejé que *eso* sucediera.

El hermano de mi mujer, David, murió a los treinta y cuatro años. Decir que esto impactó muchas vidas sería quedarse corto en este libro. Ver a nuestra familia dejarlo ir fue lo que, de alguna manera, me hizo volver a mi descuidada realidad espiritual. Su funeral fue uno de los momentos más aleccionadores de nuestras vidas. La vida es corta. La eternidad es real. No estaba haciendo mucho al respecto.

Fue entonces cuando empecé a evaluar mi liderazgo en la iglesia. Desde una perspectiva externa, teníamos un gran éxito. Pero ¿lo teníamos realmente? ¿Importaría realmente en nuestras comunidades si nuestra iglesia no estuviera allí? ¿Eran puros mis motivos? ¿Estaba Dios complacido? ¿Estaba siendo obediente como líder?

Finalmente, me rendí. Completamente. Totalmente. Enteramente. Sin retener nada. Con un corazón arrepentido y blando, quise recuperarlo: el celo por él, el deseo de complacerlo, la pasión por la gente. Así que dije desde lo más profundo de mi corazón: *Bien, Dios, quieres arruinarme, adelante. Hazlo. Arruíname por completo.*

Lo hizo.

Ahora, en lugar de ser sólido como una roca en mis emociones, lloro a menudo. Lloro cuando la gente se siente herida. Llevo sus cargas a casa conmigo. Me preocupo profundamente por las personas que lo necesitan. El sufrimiento me molesta. La injusticia me persigue. Cuando alguien que conozco está sufriendo, me destroza.

Si quieres conservar *eso,* y sé que lo quieres, pídele a Dios que te arruine. Exponte a algo que sepas que te va a emocionar. No te retraigas. No luches contra tus emociones. No pongas otro ladrillo sobre tu muro de protección hecho por ti mismo. Entrégate al corazón. Alimenta el dolor. Deja que *eso* crezca. Deja que te moleste. Invita a que te supere.

> Si quieres conservar *eso,* y sé que lo quieres, pídele a Dios que te arruine.

A Dios le encanta dar *eso* a la gente arruinada.

Sáname

Es mi oración que Dios te estire. Es mi oración que te arruine. Mi tercera oración es que te sane. Y lo hará, si se lo pides sinceramente. Puede que pienses: *Pero yo no estoy enfermo.* Tal vez no físicamente, pero si eres como la mayoría de las personas que conozco, tienes algunas heridas que Dios quiere sanar.

Para ser sanados, primero tenemos que admitir las formas en que estamos enfermos o necesitados. Puede que tengas que enfrentarte a algo que has reprimido, ignorado o racionalizado durante años. ¿Estás listo para confesar tu necesidad? Para facilitarte las cosas, yo iré primero.

Soy un adicto.

No, no tengo una adicción sexual. No soy adicto al alcohol, a las drogas ilegales, a los medicamentos recetados ni a la lotería. Y no voy a soltar un chiste ingenioso como: «En realidad, tengo tres adicciones: al Padre, al Hijo y al Espíritu Santo», o «Soy adicto al estudio de la Biblia». Tengo una seria adicción que estoy trabajando duro para superar.

La verdad es que muchos de nosotros somos adictos. Algunas adicciones están mal vistas. Otras suelen pasar desapercibidas. Algunas son incluso fácilmente aceptadas. Puede que tengas una de las adicciones «aceptables». Por ejemplo, algunos son adictos a:

- complacer a la gente
- la perfección
- las redes sociales
- hacer ejercicio
- el trabajo

¿Yo? Soy adicto a la adrenalina. Se podría decir que soy un adicto a la adrenalina.

Podrías pensar: *Bueno, eso no es gran cosa.* En realidad, *es* un gran problema. Es peligroso. Estoy luchando para superarlo. Mi cuerpo anhela la descarga de adrenalina. Normalmente la adrenalina es una buena amiga. Dios dio a nuestros cuerpos adrenalina para manejar situaciones desafiantes. Pero para algunos de nosotros, nuestros cuerpos anhelan el subidón de esa hormona que mejora el rendimiento.

Así es como me afecta: si no hay emergencias de liderazgo, inconscientemente anhelo algún problema que resolver. Deseo acción. Cuando las cosas van lentas, me entra el pánico y creo cosas que hacer. Me cuesta mucho relajarme. Y quiero decir que me cuesta *mucho*. Cuando me relajo, normalmente significa hacer un ejercicio de alta intensidad, jugar tenis competitivo o escuchar un libro relacionado con el trabajo, el ministerio o el liderazgo.

En otras palabras, no suelo relajarme.

Demasiadas veces, estoy con mi familia, pero no estoy del todo. Como esta semana. Ayer mismo, Amy y yo visitamos a nuestra hija Mandy y a su marido, James. Mandy está en las primeras etapas de su embarazo. Mientras los tres pensaban en los nombres del bebé, yo estaba sentado en su casa, en la misma habitación, con mi portátil, trabajando en este libro. Es una enfermedad. Lo sé. Últimamente he estado mejor. Pero he vuelto a caer en algunos patrones malos y peligrosos.

Por las tardes, cuando mis hijos adolescentes están cerca (solo están en casa por un corto tiempo antes de lanzarse a la vida adulta), mi mente se consume a menudo con pensamientos relacionados con la iglesia. Nunca olvidaré el desgarrador momento, hace casi dos décadas, en que mi tercera hija, Anna, con lágrimas en los ojos, preguntó: «¿Por qué no me escuchas cuando hablo? ¿Acaso me quieres?». Palabras aleccionadoras. Por eso estoy trabajando duro. *Tengo* que cambiar. Y lo hago. Estoy mejor un tiempo. Durante semanas e incluso meses, mantengo las cosas en perspectiva. Cuando estoy con la familia, estoy plenamente presente. Cuando estoy fuera del trabajo, estoy realmente fuera. Luego, de vez en cuando, vuelvo a caer. Al igual que un alcohólico en recuperación puede «caerse del vagón» y tener una peligrosa borrachera, vuelvo a caer en las tormentas del trabajo y me resulta casi imposible parar.

En un buen día, estoy vivo, comprometido, lleno de alegría y totalmente disponible para los que quiero. En un mal día, cuando mi familia reclama mi atención, mi mente suele estar acelerada, trabajando, elaborando estrategias. Cuando por fin me relajo, generalmente después de unos cuatro días de descanso, mi cuerpo empieza a descongelarse. Siento que mi ritmo cardíaco y mi respiración se ralentizan. Siento un cosquilleo en la cara. Cuando por fin me tranquilizo, me convierto en el simpático y relajado Craig, hasta que vuelvo al trabajo y el peligroso ciclo se repite.

¿Te sientes identificado? Tal vez no sea una adicción a la adrenalina, pero puede que tengas una necesidad igualmente peligrosa y vulnerable. Para ser sincero, he hablado con un consejero para que me ayude. Durante años, pensé que buscar ayuda profesional era un signo de debilidad. No podía estar más equivocado. Juntos, con la ayuda de mi esposa, mi consejero y mis amigos cercanos, estoy trabajando para progresar. Antes de algunos pasos recientes hacia atrás, lo había estado haciendo mucho mejor. Obviamente, todavía tengo que trabajar más.

¿Quieres ser sincero contigo mismo por un momento? ¿Te cuesta confiar? ¿Te han quemado los miembros de la iglesia y te cuesta tener amigos? ¿Estás distante de tu cónyuge? ¿La gente te dice que eres un fanático del control? ¿Te encuentras en un punto alto cuando la gente presume de ti y en un punto bajo cuando te critican? ¿Te sientes bien contigo mismo cuando tu ministerio crece y te deprimes cuando no lo hace? ¿Te comparas constantemente con otros en las redes sociales y odias cuando lo haces? ¿Tienes un pecado secreto? ¿O una vida de fantasía? ¿Eres demasiado crítico y celoso? ¿Estás celoso cuando otros pastores tienen éxito? ¿Sientes que nunca estás a la altura? Clama a Dios, él es tu máximo sanador.

He compartido contigo tres oraciones que son una parte importante de mi vida. Me pregunto, ¿deberían tener un lugar en tu vida?

Estírame.

Arruíname.

Sáname.

Que Dios te bendiga

Gracias por acompañarme durante todo este libro. Hemos recorrido un largo camino juntos. Ha sido un honor compartirlo contigo. Algunas partes del libro pueden haber sido dolorosas de leer. Algunas partes fueron ciertamente dolorosas para mí escribirlas. Espero que Dios te esté moviendo, atrayéndote, hablándote. Cuando lo haga, sé que seguirás su dirección.

Antes de terminar, me gustaría animarte a pasar tiempo con los líderes de tu ministerio. Discute las preguntas al final de cada capítulo. Puede que tú tengas *eso*, pero los que están contigo puede que no. Creo que Dios quiere usarte para ayudarlos a conseguirlo.

Una vez que consigas *eso*, nunca lo des por sentado. Acepta el poder del Espíritu Santo que trabaja en ti para hacer más de lo que puedes pedir o imaginar. Para ayudarte a conseguirlo y sostenerlo, compartiré parte de una bendición franciscana. Esta es mi última oración para ti:

> Que Dios te bendiga con la incomodidad, frente a las respuestas fáciles, las medias verdades y las relaciones superficiales, para que seas capaz de profundizar dentro de tu corazón.
>
> Que Dios te bendiga con la ira, frente a la injusticia, la opresión y la explotación de las personas, para que puedas trabajar por la justicia, la libertad y la paz.
>
> Que Dios te bendiga con lágrimas, para derramarlas por aquellos que sufren dolor, rechazo, hambre y guerra, para que seas capaz de extender tu mano, reconfortarlos y convertir su dolor en alegría.
>
> Y que Dios te bendiga con suficiente locura, para creer que tú puedes hacer una diferencia en este mundo, para que tú puedas hacer lo que otros proclaman que es imposible.

Eso es *eso*. Amén.

Factores para tenerlo

- Cuando te vuelvas cómodo y complaciente en tu relación con Dios, *lo* perderás. La comodidad es el enemigo de la fe. Sin fe, es imposible complacer a Dios.
- Tu mayor limitación suele ser tu mente. Tu cuerpo puede hacer más de lo que tu mente puede entender.
- Deja que Dios te estire. Intenta lo que otros dicen que no se puede hacer. Tienes más en ti de lo que crees. Dios ha puesto en ti más de lo que los demás ven. Pide a Dios que te estire. Cuando lo haga, puede que empieces a encontrar *eso* de nuevo.
- Si quieres conservar *eso*, pídele a Dios que te arruine. Exponte a algo que sepas que te conmoverá. Alimenta el dolor. Deja que

crezca. Deja que te moleste. Invita a que te sobrepase. A Dios le encanta dar *eso* a la gente arruinada.

- Para ser sanados, primero tenemos que admitir las formas en que estamos enfermos o necesitados. Puede que tengas que enfrentarte a algo que has reprimido, ignorado o racionalizado durante años. ¿Estás preparado para confesar tu necesidad?

- Una vez que consigas *eso,* nunca lo des por sentado. Acepta el poder del Espíritu Santo trabajando en ti para hacer más de lo que puedes pedir o imaginar.

Preguntas para el debate o la reflexión

1. ¿Cómo permite el liderazgo de tu iglesia que Dios te estire? ¿A qué necesitas exponerte para salir de una depresión? ¿Te está guiando Dios a intentar algo que aún no has intentado? ¿Qué vas a hacer al respecto?

2. ¿Qué está usando Dios para arruinarte de buena manera? ¿Hay algo que te molesta y que has estado evitando?

3. ¿Tienes una adicción que necesitas tratar? ¿Necesita una parte de tu corazón ser sanado? ¿Has sido herido o desilusionado y necesitas la sanidad de Dios? ¿Qué crees que Dios quiere hacer al respecto?

4. Vuelve a leer la bendición franciscana. ¿Qué te está diciendo Dios a través de esa oración? ¿Qué está diciendo Dios a los líderes de tu ministerio?

Agradecimientos

A todos mis amigos que ayudaron a hacer posible este mensaje, les estoy inmensamente agradecido.

A mi esposa, Amy Groeschel: Te he amado con todo mi corazón durante más de tres décadas, y hoy te amo más que nunca. ¿Cómo es posible? Eres la chica de mis sueños.

A Vince Antonucci: ¡Qué viaje! Eres un regalo para mí, como amigo y socio en el trabajo del reino. Gracias por tu amor y pasión por este mensaje. Demuestra y significa para mí más de lo que puedo expresar. No cabe duda de que *lo* tienes (e incluso podríamos decir que estás lleno de eso). Trabajar con ustedes es uno de los mayores honores de mi ministerio y liderazgo. Sigamos trabajando juntos hasta que muramos o hasta que Jesús vuelva.

A Katherine Fedor: Tienes el don espiritual de la «perfección». Gracias por compartir tu don con nuestra familia de la iglesia y por tu contribución a este libro.

A Webster Younce, Andy Rogers, Brian Phipps, Curt Diepenhorst, Paul Fisher y el resto del equipo de Zondervan: Es un verdadero honor hacer otro libro juntos.

A Mark Schoenwald y Don Jacobson: Me prometieron elevar el nivel y han cumplido su palabra. Gracias por liderar como si *eso* fuera esencial.

A Tom Winters: ¿Ya te has cansado de mí? ¿Cuántos libros hemos hecho juntos? ¿Catorce? ¿Quince? Gracias por ser un agente luchador, una parte fiel de la familia de nuestra iglesia y un amigo de confianza.

A Adrianne Manning: Eres la mejor en lo que haces. Mi vida, mi familia y nuestro ministerio son mejores porque Dios te envió. Nunca podrás irte. Si lo intentas, nos iremos contigo.

A ti, lector(a): Gracias por preocuparte por la novia de Dios, la iglesia. Lo que haces es importante. Tu liderazgo fortalece a las iglesias, capacita a las personas, cambia vidas y tiene un impacto en la eternidad. El liderazgo siempre será difícil. No te desanimes. Nunca estás solo(a). Hagas lo que hagas, lidera como si *eso* fuera esencial.

Notas

1. C. S. Lewis, *Si Dios no escuchase: cartas a Malcom* (Madrid: Ediciones Rialp, 2017), p. 9.

2. Jim Collins, *Empresas que sobresalen* (Bogotá: Editorial Norma, 2002), p. 151.

3. Thom S. Rainer y Eric Geiger, *Iglesia simple* (Nashville: B&H Publishing Group, 2007), p. 76.

4. Stephanie Armour, «Friendship and work: A good or bad partnership?» *USA Today*, 1 de agosto de 2007, https://abcnews.go.com/Business/story?id=3439056.

5. «American Individualism Shines Through in People's Self-Image», The Barna Group, 23 de julio de 2007, https://www.barna.com/research/american-individualism-shines-through-in-peoples-self-image/.

6. «First Hot Balloon», Bible.org, 15 de julio de 1993, https://bible.org/illustration/first-hot-balloon.

7. Kathy Sierra, «Sometimes the Magic Is in the Imperfections», *Creating Passionate Users* (blog), 19 de diciembre de 2006, https://headrush.typepad.com/creating_passionate_users/2006/12/sometimes_the_m.html.

8. Tom Kelley, *Las diez caras de la innovación* (Barcelona: Ediciones Paidós, 2010), p. 2.

9. Seth Godin, *Small Is the New Big* (Nueva York: Penguin Group, 2006), p. 124.

10. Christian Smith y Melinda Lundquist Denton, *Soul Searching: The Religious and Spiritual Lives of American Teenagers* [Búsqueda del alma: las vidas religiosas y espirituales de los adolescentes americanos] (Nueva York: Oxford University Press, 2005).

11. Evie Liu, «McDonald's and Other Fast-Food Chains Should Keep an Eye on Chick-Fil-A», *Barron's*, 10 de junio de 2019, https://www.barrons.com/articles/mcdonalds-has-a-real-competitor-in-chick-fil-a-51560162600.

12. Mark Horwitch y Meredith Whipple Callahan, "How Leaders Inspire: Cracking the Code", Bain and Company, 9 de junio de 2016, https://www.bain.com/insights/how-leaders-inspire-cracking-the-code/

13. Adam Bryant, «In Head Hunting, Big Data May Not Such a Big Deal», *New York Times*, 19 de junio de 2013, https://www.nytimes.com/2013/06/20/business/in-head-hunting-big-data-may-not-be-such-a-big-deal.html.

Nota del autor

Gracias por comprar *Lo esencial de un buen líder*. Todas las ganancias por este libro serán donadas para plantar nuevas iglesias.

¿HAS LEÍDO ALGO BRILLANTE Y QUIERES CONTÁRSELO AL MUNDO?

Ayuda a otros lectores a encontrar este libro:

- Publica una reseña en nuestra página de Facebook @VidaEditorial

- Publica una foto en tu cuenta de redes sociales y comparte por qué te agradó.

- Manda un mensaje a un amigo a quien también le gustaría, o mejor, regálale una copia.

¡Déjanos una reseña si te gustó el libro! ¡Es una buena manera de ayudar a los autores y de mostrar tu aprecio!

Visítanos en EditorialVida.com y síguenos en nuestras redes sociales.